Q&Aでわかる
業種別法務
自治体

日本組織内弁護士協会〔監修〕
幸田 宏・加登屋 毅〔編〕

中央経済社

＊本書中の意見にわたる部分は，各執筆者の個人的な見解であり，
　各執筆者が所属する組織の見解ではありません。

シリーズ刊行にあたって

　本書を手に取る人の多くは，これから法務を志す人，すでに法務に従事している人，異なる業界へ転職を考えている人，他職種から法務に転身してみようという人などでしょう。そういった方々の期待に応えようとしたのが本書です。

　これまで本書のような，シリーズとして幅広い業種をカバーした業種別法務の解説書は存在しませんでした。しかし，経験のない法務や業種に飛び込む前に，その業界の法務のイメージを摑み，予習をしておくことができれば不安を除くことができます。また，一旦業務を開始した後でも，業界の指針となるような参考書がそばにあると安心ではないか，と考えました。

　社会の複雑高度化，多様化，国際化等によって企業法務に対する経済界からの強いニーズが高まるとともに，先行して進められてきた政治改革，行政改革，地方分権推進と関連して官公庁や地方自治体からのニーズも高まり，弁護士の公務員への就任禁止の撤廃や営業許可制度の廃止等による参入規制の緩和，司法試験合格者の増加，法科大学院設立等の法曹養成制度をはじめとする司法制度の抜本的改革が行われました。その結果，企業内弁護士の届出制の導入と弁護士の公務員就任禁止の完全撤廃がなされた2004年当時，組織内弁護士数は約100名だったのが，現在では20倍以上の約2,300人に到達しました。さらに，企業のみならず官公庁，地方自治体，大学，各種の団体など弁護士の職域も拡大し，法化社会への道がますます拓けてきました。

　このような環境変化により，業種別法務も専門化・複雑化しつつあります。以前は，どこの業種に属していても，法務はほとんど変わらない，という声もありました。しかし，これだけ外部環境が変化すると，各業種の企業法務も複雑化し，どこの業種の法務も同じ，という状況ではなくなりつつあります。ま

た，同様に官公庁，地方自治体，NPO法人等の業務も複雑高度化等の影響を受けており，たとえば，自治体内弁護士といってもその職務の内容は千差万別です。

　そんな環境下で，満を持して日本組織内弁護士協会の組織内弁護士たちが業種別法務の解説書シリーズを順に出版していくことになりました。現在および将来の法務の羅針盤として，シリーズでご活用いただければ幸いです。

　2019年7月

日本組織内弁護士協会　理事長

榊原　美紀

は し が き

　自治体は，住民の福祉の増進を図ることを基本として，地域における行政を自主的かつ総合的に実施する役割を広く担います。

　自治体の場合，民間企業とは異なり，契約だけではなく，たとえば税金の賦課決定や生活保護法に基づく保護開始決定，建築基準法に基づく建築許可といった行政処分によって市民に対して権利を付与し，義務を課する関係が生じることが多くあります。

　また，契約についても自治法等で，議会の議決が必要とされる場合や，入札等の契約の方法についても規定がされています。

　自治体の場合，法令に違反してその事務を処理してはならないことが地方自治法に明記されており，また地方公務員法には職員の法令等の遵守義務が明記されています。

　もっとも，行政の行為が適法か否かについては，たとえば，情報公開条例に基づく開示請求は，住民の開示請求権と，開示の是非が問題となる情報についての住民のプライバシー権や企業の財産的利益の調整など，対立する利益の調整が問題になる場合も多く，難しい判断を迫られる（またはリスクの指摘にとどまらざるをえない）場合も多いです。

　そして，このような具体的な事例について，法的な判断を行うにあたっては，裁判例やさまざまな文献を参考に，具体的な事実関係を整理，評価して，法令の定める要件に該当するかを判断することになります。

　その際，法務部門としては，個別の事業に関する法令，事実関係およびその評価について，事案の直接の担当者からのみ情報を収集するだけではなく，類似の事例を担当する他の部署等の情報，考え方を聞いたり，外部の弁護士の意見を聞いたり，他の自治体における事例を調査したりする等，自治体という組織の能力や信用を生かして判断をすることが，妥当な解決につながる場合もあります。

本書では，以上のような特徴を持つ自治体の法務について，法曹資格を有する自治体職員または職員であった弁護士が実務者向けの解説を行っています。

本書が，自治体の法務に関係する方々の判断の一助になれば幸いです。

2019年10月

編者

幸　田　　宏

加登屋　　毅

目　次

シリーズ刊行にあたって… i
はしがき………………………… iii

序章　自治体の特色 …………………………………………… 1

1　自治体（地方公共団体）の概要 ……………………………… 2

2　地方自治の本旨と自治体の役割 ……………………………… 4

　　1．地方自治の本旨 ………………………………………… 4

　　2．地方分権改革 …………………………………………… 5

　　3．自治体の役割と国（都道府県）の関与 ……………… 6

3　地方公共団体の活動を規律するルール …………………… 7

　　1．法律による行政の原理 ………………………………… 7

　　2．公金の取扱いや契約，財産管理等に関するルール …… 8

　　3．行政救済 ………………………………………………… 8

4　法務の特色 ……………………………………………………… 9

　　1．伝統的な法務からの脱却 ……………………………… 9

　　2．時代の変化に応じた新たな法務領域 ……………… 10

第1章　自治体の組織と職員 …………………………………… 11

Q1　条例・予算の制定過程 …12
Q2　地方公共団体の行政組織 …17
Q3　地方公営企業の特徴 …22
Q4　地方公務員制度 …26
Q5　公務災害補償 …30

第2章　自治体の事務一般に関わる事項 ……………………… 35

1　契　　約 ………………………………………………………… 36
Q6　自治体との契約 …36
Q7　入札参加者 …41
Q8　契約の解除，履行管理 …45

2　財産管理 ………………………………………………………… 50
Q9　行政財産の目的外使用許可と法的性質 …50
Q10　行政財産と指定管理者制度 …54
Q11　PFI …58
Q12　公金債権の回収と破産手続，強制競売との関係 …62
Q13　居住者がいる朽廃家屋と「空家問題」…66
Q14　所有者不明土地―共有私道の管理に困るケース …70

3　情報公開・個人情報保護 ……………………………………… 74
Q15　情報公開・個人情報保護制度 …74
Q16　公文書の廃棄 …78
Q17　個人情報の漏えい …82
Q18　情報公開請求の権利濫用 …86

目　次　3

4 処分・行政指導と行政手続 ················· 90

　　Q19　行政指導と処分の違い …90

　　Q20　不利益処分と行政手続 …94

5 内部統制 ··· 98

　　Q21　内部統制制度の導入 …98

6 不当な要求 ·· 102

　　Q22　不当な要求への対応 …102

7 職員の不祥事 ·· 106

　　Q23　職員が逮捕された場合の刑事手続 …106

　　Q24　不祥事対応と懲戒処分 …110

8 公用車の事故 ·· 114

　　Q25　業務中の交通事故に対して自治体が負う責任 …114

　　Q26　業務中の交通事故に対して運転していた公務員個人が負う責
　　　　　任 …118

9 例規業務 ·· 122

　　Q27　条例の制定過程 …122

　　Q28　法制執務の基礎 …126

　　Q29　法制執務の実践 …130

第3章　個別の分野における法務 ················· 135

1 福祉事務所の法務 ·· 136

　　Q30　基礎自治体の役割 …136

　　Q31　地域共生社会の実現と権利擁護—財産管理 …140

　　Q32　地域包括ケアシステムと権利擁護—ケース会議と個人情報保
　　　　　護 …144

4　目　次

Q33　再犯防止推進法と罪に問われた市民の支援 …148

Q34　障害者差別解消法と自治体の責務 …152

2　児童相談所の法務 ──────────────── 156

Q35　児童相談所,市区町村子ども家庭福祉機関の役割と連携 …156

Q36　権利行使上の留意点 …160

Q37　記録作成上の留意点 …164

Q38　情報共有上の留意点 …168

Q39　ケースワーク上の留意点 …172

3　税務事務所の法務 ──────────────── 176

Q40　租税情報の関係機関との共有等 …176

Q41　固定資産税の減免 …180

Q42　財産調査,差押え等(滞納処分) …184

Q43　徴収の緩和制度等(換価の猶予,信用情報の調査等) …189

第4章　自治体の争訟 ─────────────── 197

1　審査請求─申立てから裁決まで ───────── 198

Q44　処分庁の立場から─弁明書作成の留意点 …198

Q45　審査庁の立場から─審査請求の受付等 …202

Q46　審理員の立場から …206

Q47　第三者機関(審査会)の立場から …210

Q48　審査庁の立場から─裁決書の作成・謄本の送達 …212

2　自治体が当事者となる訴訟 ──────────── 216

Q49　指定代理人制度(権限法) …216

Q50　処分の取消訴訟等の抗告訴訟 …221

Q51　国家賠償訴訟における留意点 …226

Q52　自治体から見た住民訴訟 …230

Q53　道路管理瑕疵と自治体の責任 …234

| 第5章 | 災害と自治体 ……………………………… 239 |

Q54 災害対応に関する法律 …240

Q55 地震と国家賠償責任 …244

Q56 津波の予見可能性の判断基準 …248

Q57 災害発生に備える―個人情報に関する事前の検討 …252

COLUMN

1 公務員の勤務関係に関する相談／34

2 協定書や覚書の審査／134

3 まちづくりと法務／195

4 改正民法と自治体実務／215

5 救助実施市／256

索　引 ……………………………………………………………… 257

凡　例

■法令

憲法	日本国憲法
自治法	地方自治法
自治法施行令	地方自治法施行令
地公法	地方公務員法
地公企法	地方公営企業法
行手法	行政手続法
行審法	行政不服審査法
行訴法	行政事件訴訟法
国賠法	国家賠償法
個人情報保護法	個人情報の保護に関する法律
行政機関個人情報保護法	行政機関の保有する個人情報の保護に関する法律
行政機関情報公開法	行政機関の保有する情報の公開に関する法律
改正民法	民法の一部を改正する法律（平成29年法律第44号）による改正後の民法（令和2（2020）年施行）

■文献
〔判例集・雑誌〕

民録	大審院民事判決録
行集	行政事件裁判例集
民（刑）集	最高裁判所民（刑）事判例集
裁時	裁判所時報
判時	判例時報
判タ	判例タイムズ
金法	金融法務事情
判自	判例地方自治
ジュリ	ジュリスト

序章 ▶▶

自治体の特色

2　序　章　自治体の特色

　自治体（地方公共団体）の仕事を一言で表現すると，住民の生活に必要となる種々の行政サービスを提供する仕事ということになります。私たちの日々の生活との関係で意識される行政サービスの主体は，都道府県の県庁や市町村の市役所等のいわゆる役所（本庁や出張所等）であり，その仕事を担っているのが地方公務員です。

　一般的に国の行政機関の職員の業務範囲は，当初採用された各省庁等において所管する特定の行政分野や法令等に限られるのに対して，自治体の職員の場合は，福祉，医療，産業，環境，まちづくり，税金，教育，水道・下水道，警察・消防など地域住民の生活に関わるあらゆる行政分野が対象となります。自治体の職員は，概ね2〜3年の人事異動のサイクルで入庁から定年退職までの間にさまざまな行政分野の業務を経験することになります。また，住民の生活に直接的に関わる仕事であることから，国の行政機関の業務と比較すると窓口等で住民と直接対応する場面も多くその分では苦労もありますが，行政サービスの対象となるお客様の顔が見えるという意味でのやりがいもあることが特徴だと言えます。

　「お役所仕事」という言葉もあるとおり，一般的に行政の仕事は画一的で融通が利かないというイメージがあるかと思います。確かに，すべての住民に等しく行政サービスを提供するためには，法律や条令・規則に加えて行政機関の内部で定めた内規や事務処理のマニュアル等の一定のルールに則った事務処理を行う必要があるという側面も否定はできません。しかし，実際の自治体の現場では，ルールに縛られた古いイメージでのお役所仕事では現実に直面するさまざまな問題に対応することはできず，時代や社会情勢の変化に応じた柔軟な発想でルールを使いこなすことが求められているといえますが，そのためには本書で取り扱っている地方自治法をはじめとする自治体の基本的なルールを正確に理解する必要があります。

1　自治体（地方公共団体）の概要

　地方公共団体については，憲法の第8章「地方自治」において，「地方自治の基本原則」（92条），「地方公共団体の機関，その直接選挙」（93条），「地方公

共団体の権能」(94条)，「特別法の住民投票」(95条) の定めが置かれています。憲法は，地方公共団体が国の法律に規律されることを認めつつ，地方自治につき法律によっても侵すことのできない国家の介入から守られる領域（地方自治の本質的内容）を保障しています。この自治権を有する団体という意味合いで自治体という言葉は用いられることが多いです。

　この地方自治の本旨に基づいて，地方自治法は，地方公共団体の区分ならびに地方公共団体の組織および運営に関する事項の大綱を定め，併せて国と地方公共団体との間の基本的関係を規定しています（下図参照）。同法は地方自治に関する最も重要な法律です。

【地方自治法のイメージ図】

　地方公共団体の種類は，①「普通地方公共団体」（都道府県・市町村）と②「特別地方公共団体」（特別区（東京23区）・地方公共団体の組合（一部事務組合，広域連合等）・財産区等）に分類されます（自治法1条の3）。

　普通地方公共団体のうち市町村が基礎的自治体，都道府県が広域的自治体と位置付けられ，市町村は基礎的自治体として地方公共団体の事務を一般的に処理し，都道府県は広域的自治体として市町村が処理するのに適しない事務を補完的に処理することとされています（同法2条）。

　次に，地方公共団体の構成要素としては，「区域」，「住民」，「法人格」が挙げられます。地方公共団体は，①国土の領土の一部を自己の区域として（同法

4　序　章　自治体の特色

5条1項），②人的構成要素としての住民が存在し（同法10条1項），③地方公共団体は法人とする旨が明文で定められています（同法2条1項）。

　憲法第8章で「地方自治」が保障され，憲法上の地方公共団体について長や議員を選挙する権利が与えられていることから，憲法は，すべての住民は少なくとも1つの地方公共団体に属することを念頭に置いているとみることができ，住民（自然人に限らず法人も含まれる）は，基礎的自治体である市町村およびこれを包括する都道府県に属し，当該普通地方公共団体の役務の提供を等しく受ける権利を有し，その負担を分任する義務を負う（自治法10条2項）こととなります。

　普通地方公共団体の組織としては，議決機関である議会と執行機関（自治体の長・委員会・委員）が置かれます（執行機関についてはQ2参照）。地方公共団体の議会と長の関係については，国の議院内閣制とは異なり，議決機関である議会の議員と執行機関の長が直接に住民の選挙で選ばれ，それぞれが住民に対して直接に責任を負う首長制ないし二元代表制が採用されていると一般に解されています。

2　地方自治の本旨と自治体の役割

1．地方自治の本旨

　憲法92条は，「地方公共団体の組織及び運営に関する事項は，地方自治の本旨に基いて，法律でこれを定める。」と規定しており，この「地方自治の本旨」には「住民自治」と「団体自治」の2つの要素があります。

　住民自治とは，地方の事務処理を中央政府の指揮監督によるのではなく，当該地域の住民の意思と責任の下で実施するという原則をいいます。地方公共団体の長，議会の議員は，その地方公共団体の住民がこれを直接選挙することを定めた憲法93条2項の規定により，間接民主制，代表民主制による住民自治が保障されています。団体自治とは，国家の中に国家から独立した団体が存在し，この団体がその事務を自己の意思と責任において処理することをいいます。地方公共団体は，その財産を管理し，事務を処理し，および行政を執行する権能

を有し，法律の範囲内で条例制定権を有することを定めた憲法94条の規定により，団体自治が保障されています。都道府県や市町村は，権力的・統治的作用を行う権能（行政を執行する権能）と条例制定という立法作用の権能を有しており，団体自治を認められた団体ということになります。団体自治は対外的自治といわれることもあり，団体自治は地方分権主義の理念の表明であるとされています。

　なお，地方公共団体がその自治権に基づいて自主法たる条例を制定することができる，すなわち自治立法権を有するということは，国会を唯一の立法機関として定めた憲法41条の原則に対する重大な例外ということができますが，憲法94条において「法律の範囲内で」と規定されているように条例制定権にも限界があり，条例は法律に違反することはできません（法律と条令の関係についてはQ1「条例・予算の制定過程」参照）。

２．地方分権改革

　国と地方公共団体の関係・役割分担は地方分権改革により大きく変わりました。平成７年に成立した地方分権推進法は，国と地方公共団体の役割分担を明確にし，地方公共団体の自主性・自立性を高めるべく，地方分権改革を行うことを定めました。これを受けて，平成11年に成立した地方分権一括法による第１次地方分権改革以降，国と地方公共団体の関係はそれまでの上下・主従の関係から，対等・協力の関係に改められました。都道府県と市町村の関係も同様です。すなわち，都道府県は市町村を包括する広域の地方公共団体（自治法２条３項・５項）とされていますが，両者は上位・下位の関係にあるわけではなく，対等・同格の法人です。したがって，都道府県の知事は市町村の長の上級行政庁に位置付けられているわけではありません。

　この地方分権改革で最も重要な点は，機関委任事務の廃止にあります。

　従前は，国の機関委任事務を行う限りにおいて，公選の地方公共団体の長も，国の機関とされ，主務大臣の下級行政機関として位置付けられ，主務大臣の指揮監督に従わなければならないことから，地方公共団体の代表としての立場を貫徹することができず，機関委任事務の指揮監督を通じて，国の縦割り行政が地方公共団体にも投影され，地方公共団体が地域の実情に応じた総合行政を妨

げるなど，地方自治を侵害しているとの批判が強くありました。都道府県の機関が行う事務の約7～8割，市町村の機関が行う事務の約3～4割を機関委任事務が占めているといわれていました。

機関委任事務の廃止に伴い地方公共団体の事務は「自治事務」と「法定受託事務」に再編成されました。

法定受託事務は，都道府県や区市町村が行う事務のうち，①国が本来果たすべき役割に係るものであって，国においてその適正な処理を特に確保する必要があるもの（第1号法定受託事務），②都道府県が本来果たすべき役割に係るものであって，都道府県においてその適正な処理を特に確保する必要があるもの（第2号法定受託事務）であり，自治法別表に定められています。その具体的な事務の内容は個別の法律（または法律に基づく政令）で特に定められています。

自治事務は，地方公共団体が処理する事務のうち，法定受託事務以外のものと定義されます（自治法2条8項）。

自治事務・法定受託事務のいずれも地方公共団体の事務であり，事務の帰属主体は地方公共団体となりますので，いずれの事務についても条例を制定することが可能です。地方公共団体は，それぞれの地域の特性に応じて，法律を解釈・適用し，または条例・規則等を制定し，当該事務を処理する必要があります（条例と規則の制定過程についてはQ27参照）ので，地方分権改革により，自治体における法務の重要性はより高まったといえます。

3．自治体の役割と国（都道府県）の関与

地方分権改革による改正後の自治法においては，「地方公共団体は，住民の福祉の増進を図ることを基本として，地域における行政を自主的かつ総合的に実施する役割を広く担うものとする」ことが明記されました（1条の2第1項）。同条は，「国と地方公共団体との適切な役割分担」を定めるものであり，国は外交や防衛，全国的に統一して定めることが望ましい事務などを重点的に担い，住民に身近な行政はできる限り地方公共団体に委ねるというものです。この規定は，地方公共団体の「自己決定権」とその反面としての「自己責任」の拡充を宣言しているものともいわれています。

もっとも，地方公共団体は自らの事務に関して自主的・自立的に行政活動を行うことが望まれますが，地方公共団体の活動も国の行政から無関係ではありえず，国（都道府県）が法的に「関与」する必要性は認められるところです。

上述のとおり自治事務と法定受託事務はいずれも地方公共団体の事務であるため，両者は事務の帰属する主体を区別する意味は持ちませんが，国の地方国共団体に対する関与，または都道府県の市町村に対する関与の手法が異なる点で法的に区別する意味があります。

自治事務については，地方公共団体の自主的判断をより尊重し，国等の関与を制限しますが，法定受託事務については，国または都道府県にとってその適正な処理を確保する必要性が高いため，助言・勧告等に加えて是正の指示や代執行等のより強力な関与の仕組みが設けられています（自治法245条）。

実務上，地方公共団体の職員が法定受託事務を処理するにあたり，国の所管省庁あるいは都道府県からの「技術的助言」（同法245条の4）や「処理基準」（同法245条の9）が，法令等の解釈・適用や事務処理の方針を決定するにあたり重要な手掛かりとなっています。

3 地方公共団体の活動を規律するルール

1．法律による行政の原理

およそ行政活動は国会が制定した法律に基づいて行われなければなりません。地方公共団体は，自ら行う行政事務の範囲を定め，その事務を遂行する自主行政権を有していますが，住民の権利を制限したり住民に義務を課したりする場合には，法律に特別の定めのあるものを除き，条例の根拠が必要となります（自治法14条2項。侵害留保の原則）。

また，住民の権利利益が保護されるためには，実体法的観点のみならず，行政活動が適正・公正な手続を履践して行われ，手続的権利も正しく保障される必要があります。事前手続に係る一般的・統一的ルールを定め，公正・透明な行政運営を図ることを目的とした行政手続法が平成5年に成立し（同法については Q19「行政指導と処分の違い」，Q20「不利益処分と行政手続」参照），各地方

8 序 章 自治体の特色

公共団体においてもそれぞれ行政手続条例が定められています。

２．公金の取扱いや契約，財産管理等に関するルール

　上述のとおり，地方公共団体も法人格を有する一つの法主体であり，公金を収入，支出し，財産を管理，処理したり，あるいは行政主体が私人と対等の立場で経済的取引の主体となります。

　たとえば，行政主体が行政目的を達成するために締結する契約を行政契約といい，民法上の契約の場合，契約自由の原則が妥当し，公序良俗違反（民法90条）などがない限り，契約内容は当事者の自由な意思決定に委ねられるのとは違い，当事者の一方または双方が公的主体であるのが通例であることから，公益的な観点から契約内容や手続には自ずから制約があります。特に契約上の義務の履行として公金支出を伴う場合には，その適切な統制が必要となります。そのため，議会での審議・議決等を通じた統制ならびに入札，契約に関する規定など地方公共団体の運営に関する種々のルールが定められています（Q6「自治体との契約」，Q7「入札参加者」，Q8「契約の解除，履行管理」参照）。

　同様に公共団体の公有財産の管理についても地方自治法の規律があります（Q9「行政財産の使用許可と法的性質」，Q10「行政財産と指定管理者制度」参照）。

３．行政救済

　行政手続について，事前手続を統制するのが行手法，行政手続条例であるのに対し，行政が一定の意思決定をした後，国民が行政機関に対して不服や苦情を申し立て，当該決定につき再考を求める手続が事後手続と位置付けられます。その典型は行政不服申立て制度です。

　行政不服申立てに係る一般法である行審法は昭和37年に制定され，その後長らく法改正はありませんでしたが，平成５年の行手法の改正，平成16年の行訴法の改正を経て，平成26年に手続の公正性の向上と，国民にとっての利便性の向上を趣旨として抜本的な改正がなされました（行審法に基づく審査請求についてはQ44～48参照）。

　また，行政活動の事後的な統制手段として司法手続が位置付けられますが，行政処分の取消訴訟や住民訴訟等の行政訴訟，国家賠償請求訴訟等を通じて，

行政活動の正当性や法適合性を実証することができるよう，事前・事後の的確な法務の対応も求められます（自治体が当事者となる訴訟についてはQ49～53参照）。

4 法務の特色

1．伝統的な法務からの脱却

　自治体法務の定義や範囲は一義的に定まるものではありませんが，伝統的には①「法制執務」，②「訴訟法務」，③「法律相談」の３つの事務領域に分類されることが多いと思われます。

　すなわち，①条例・規則等の審査・立案を主に適法性・妥当性・形式性（所定の形式，用字・用語等の基準への適合性）の見地から行う法制執務（Q27～29），②住民からの訴訟（行政訴訟，民事訴訟，住民訴訟）への応訴，行政不服審査の申立てに関する弁明書等の作成，不服審査の審理・裁決などの争訟関係事務（訴訟法務）（Q44～53），③事務事業を執行している原局・原課等からの相談に応じて法的意見を述べる法律相談です。一般的には，争訟関係事務が何らかの問題が生じた場合の事後的な対応であるのに対して，法律相談は未然に法的な問題が生じないようリスク等を検討する予防法務的な側面を持ち，近年では「政策法務」として重要性が認識されています。

　従来の法務は，戦後の一貫した中央集権システムのもとで，国法を中央省庁の示す注釈書や公定解釈，通達，行政実例によって忠実に執行することに意を注ぎ，自治体の新しい独自政策課題に消極的，否定的な見解を披瀝する局面があったとも評されています。

　しかし，既述のとおり，地方分権改革により，自治体職員は，国が示す通達マニュアルや先例に従って事務を処理し，法的疑義が生じても，国や県に伺いを立て，その解釈に従って事務処理をすればよいというような，いわば「法律による行政」ではなく「マニュアルによる行政」とも称されるような法的処理では許されなくなりました。

２．時代の変化に応じた新たな法務領域

　加えて，相次ぐ自然災害により，避難計画の策定や罹災証明書の発行をはじめとした災害時における法務の重要性が高まっているほか（Q56「津波の予見可能性」，Q54「災害対応」），高齢化社会（Q31）や深刻化する児童虐待（Q35～39）への対応，空家問題（Q14「所有者不在土地」，Q13「空家問題」）など，時代の変化に応じて地方公共団体が新たに直面する種々の課題も生じています。

　また，行政の説明責任との関係で情報公開制度（Q15「情報公開・個人情報保護制度」，Q16「公文書の廃棄」，Q18「情報公開請求権の濫用」）の重要性が高まっている反面，個人情報の管理（Q17「個人情報の漏えい」，Q38「情報共有上の留意点」，Q40「租税情報の関係機関との共有等」参照）についての社会的な要請も高まっています。さらには，PFI（Q11）等の民間的手法を取り入れた経済合理性の観点も踏まえた行政運営等が求められるなど，既存の事務処理の枠組みでは対応できない新たな領域が増大しています。近年，特定任期付職員として自治体の内部で法務を担う弁護士の採用が進んでいるほか，法科大学院で行政法を学んだ職員も増えており，このような地方公共団体が直面する新たな課題に対して，法務部門に期待される役割が大きくなっているといえます。

《参考文献》
宇賀克也『地方自治法概説〔第８版〕』（有斐閣，2019）
櫻井敬子＝橋本博之『行政法〔第５版〕』（弘文堂，2016）
小早川光郎編著『地方分権と自治体法務』（ぎょうせい，2000）

第 **1** 章 ▶▶

自治体の組織と職員

12　第1章　自治体の組織と職員

Q1　条例・予算の制定過程

　次のような内容が含まれている空家対策の条例を制定したいと考えています。空家対策については既に「空家等対策の推進に関する特別措置法」（以下「特措法」といいます）が定められているため，問題ないのでしょうか。

（ⅰ）　人の生命・身体・財産に危害が生じるおそれがあるなど緊急の必要がある場合に市が空家の所有者の同意なくして当該空家に対して必要最小限度の措置を講ずることができるという内容

（ⅱ）　市が倒壊する危険性が高いと判断した空家の所有者に対して当該空家を解体するための補助金を交付することができるという内容

A

　（ⅰ）（ⅱ）いずれについても特措法に抵触することなく条例として制定することは許されると考えられます。もっとも（ⅰ）については「条例」という形式で制定する必要がありますが，（ⅱ）については必ずしも条例による必要はありません。

1．条例制定の際の留意点

　条例（案）の検討に際して考慮すべきことは多いですが，本設問では特に，①制定しようとする事項が（規則や要綱ではなく）条例で定めるべき事項か否か，②仮に条例で定める必要があるとして上位の法令に違反しないかという点を取り上げて解説します。

2．条例の制定事項か否か

(1)　自治法の内容

　条例で制定すべき事項については，自治法14条2項により「普通地方公共団体は，義務を課し，又は権利を制限するには，法令に特別の定めがある場合を除くほか，条例によらなければならない。」とされています。

　したがって，まずは制定しようとする内容が，市民に義務を課し，または権利を制限する場合には，規則（同法15条）や要綱によるのではなく，条例によ

らなければならないことになります（その典型例は税条例です）。

(2) 即時強制（即時執行）とは

本設問(i)を内容とする規定は「緊急安全措置」などと呼ばれており，たとえば空家の屋根や壁が崩れかけていて台風等の襲来によって倒壊する可能性が極めて高い場合に，自治体が当該空家の壁を最小限の範囲で撤去し，あるいは屋根瓦が飛散することを防止するためビニールシートで覆う等の措置をとることを想定しています。

こうした対応は，所有者等の意思に関係なく，自治体の判断で実施することが可能です。このように相手方の義務の存在を前提とせずに，行政機関が直接に身体または財産に実力を行使して行政上望ましい状態を実現する作用のことを，即時強制（あるいは即時執行）といいます。

本設問(i)のような内容の規定は，空家等の所有者に対してその補修義務の存在を前提とせずに，自治体が直接に空家等という財産権に実力を行使して人の生命・身体・財産に危害が生じない状態を実現することから，即時強制（即時執行）にあたります。そして，この場合の即時強制（即時執行）は，空家等の所有者の財産権に制約を加える内容を含みますから，規則や要綱で設けることはできず，自治法14条2項により条例によらなければならないことになります。

3．法令と条例との関係

(1) 法令の範囲内か

では，仮に条例で定めるべき事項だとされても，上位の法律（法令）がある場合にはどのように考えればよいでしょうか。

まず，憲法94条は「地方公共団体は，……法律の範囲内で条例を制定することができる。」と定めています。また，自治法14条1項も「普通地方公共団体は，法令に違反しない限りにおいて……条例を制定することができる。」と定めています。ここで法令とは国会で制定される法律（憲法41条参照）に加えて政省令を指します。具体的に政省令とは，政令と省令に分かれ，政令は内閣が定める行政立法（憲法73条6号）を，省令は各省大臣が定める行政立法（国家行政組織法12条1項）を指します。したがって，自治法14条2項によれば条例は「法令に違反しない限りにおいて」制定することができるのですから，条例

は法律のみならず，政省令にも違反することはできない点に注意が必要です。なお，通常政令は○○法施行令，省令は○○法施行規則という名で呼ばれています。

(2)　判断基準—徳島市公安条例事件

次に，条例が法律（法令）に違反しないか否かの判断基準ですが，徳島市公安条例事件と呼ばれる最高裁判決（最判昭50・9・10刑集29巻8号489頁）がそれを示しています。

具体的には，「普通地方公共団体の制定する条例が……国の法令に違反するかどうかは，両者の対象事項と規定文言を対比するのみでなく，それぞれの趣旨，目的，内容及び効果を比較し，両者の間に矛盾牴触があるかどうかによってこれを決しなければならない。」とされます。

たとえば，①国の法令中にこれを規律する明文の規定がない場合でも，当該法令全体からみて，同規定の欠如が特に当該事項についていかなる規制をも施すことなく放置すべきものとする趣旨であると解されるときは，これについて規律を設ける条例の規定は国の法令に違反することとなります。逆に，②国の法令中にこれを規律する明文があり，条例と併存する場合であっても，(ア)条例が法令とは別の目的に基づく規律を意図するものであり，その適用によって法令の規定の意図する目的と効果をなんら阻害することがないときや，(イ)条例と法令とが同一の目的に出たものであっても，国の法令が必ずしもその規定によって全国的に一律に同一内容の規制を施す趣旨ではなく，地方の実情に応じて別段の規制を施すことを容認する趣旨であれば，条例は法令に違反しないとしました（宇賀克也『地方自治法概説〔第8版〕』（有斐閣，2019）223頁）。

特措法と空家対策条例の関係について検討しますと，いずれも空家等に関する施策を規定しているため，国の法令中に規定があり，条例と併存する場合に当たりますから，上記②に該当することになります。そして，②のうち(ア)か，(イ)のいずれに該当するかですが，この点は法令と条例との目的を比較して判断することになります。

具体的には特措法の目的は「生命，身体又は財産を保護するとともに，生活環境の保全」を図る点にある（同法1条）とされており，他方，空家対策条例の目的は，防災・防犯・生活環境の保全のいずれか（あるいはすべて）が目的

とされていることが多いかと思います。そして両者を比較すると特措法では目的規定に「防犯」についての明示的規定はありませんが，自治体が警察に協力を求めることが否定されるわけではなく，同法の目的の射程の中に含まれる趣旨と思われます（北村喜宣『空き家問題解決のための政策法務―法施行後の現状と対策』（第一法規，2018）153頁参照）。したがって，両者は「条例と法令とが同一の目的に出たもの」と解するのが妥当であるため，上記②(イ)に該当すると考えられます。そして，空家の件数，管理状況，倒壊や保安上の危険性については地域によりさまざまなのですから，各自治体の実情に応じて緊急事態に速やかに対応できる即時強制（即時執行）の規定を条例で設けることを特措法は容認していると考えるべきです。したがって，即時強制（即時執行）の規定を条例で規定しても法令に違反せず，適法であると解されます。

4．補助金の支出

(1) 条例の制定事項か否か

他方，本設問(ii)は条例によって相手方に補助金を給付する内容となっています。このような内容は相手方に義務を課すものでも，権利を制限するものではなく，かえって利益を与えるものですから，条例で定めなければならないとはいえません。

もっとも，条例で定める必要はないということだけであって，条例で定めることが法律上禁止されているわけではありません。

(2) 法令と条例との関係

次に法令（ここでは特措法）との関係についてですが，同様に徳島市公安条例事件の考え方に照らして考えてみますと，特措法には何ら補助金支出に関する規定はなく，それを排除する趣旨を含む規定もないことから，本設問(ii)を内容とする事項を条例で設けても法令に違反せず，適法であると解されます。

実際にも，たとえば佐賀市では「市長は，空家空地等の危険な状態を解消するために必要な措置を講じる者に対し，規則で定める要件を満たした場合に限り，当該措置に要する経費の一部を予算の範囲内において助成することができる。」とする規定を条例に設けています（佐賀市空家空地等の適正管理に関する条例11条）。

5．予算を伴う条例の制定

　もっとも，本設問(ii)を条例で規定した場合には，新たに予算を伴うことになります。このように新たな予算措置を伴う条例を制定する場合については「普通地方公共団体の長は，条例その他議会の議決を要すべき案件があらたに予算を伴うこととなるものであるときは，必要な予算上の措置が適確に講ぜられる見込みが得られるまでの間は，これを議会に提出してはならない」とされていることに留意が必要です（自治法222条1項）。

　この規定の趣旨は，健全な財政運営を確保する点にあると解されています。

　そして，同条1項の「必要な予算上の措置が適確に講ぜられる見込み」とは，関係予算案が議会に提出されたときをいうと解されていますので（行政実例昭31・9・28参照），新たな条例案を議会へ提出する場合には関係予算案も同時に，あるいは同一会期中に議会へ提出しておくことが必要になると考えられます（もちろん関係予算案を提出しなくても，既決予算がある場合あるいは歳出予算の流用（同法220条2項ただし書），予算費（同法217条）の充用によって対応できる場合もあると考えられます）。

　もっとも，予算を伴う条例案が議会に提出されて同条1項に違反して議決された場合であっても，その議決の効力には，なんらの影響を及ぼすものではないと解されています（仙台高判昭36・5・22行集12巻5号1101頁参照）。

　そのため，同条は訓示規定であると理解されてはいますが，新たに予算を伴う条例を制定する場合には，財政部局とも事前に協議して，議会対応を考えておかなければなりません。

≪参考文献≫
宇賀克也『地方自治法概説〔第8版〕』（有斐閣，2019）
松本英昭『新版　逐条地方自治法〔第9次改訂版〕』（学陽書房，2017）
北村喜宣『空き家問題解決のための政策法務―法施行後の現状と対策―』（第一法規，2018）
北村喜宣＝米山秀隆＝岡田博史編『空き家対策の実務』（有斐閣，2016）

Q2 地方公共団体の行政組織

教育委員会が市内の公立学校で使用するパソコンを新たに数十台購入し，古くなったパソコンについては購入希望者へ売却することを考えています。
(i) パソコンを購入する際の売買契約書の買主欄に記載すべきは，教育委員会でしょうか，それとも市長でしょうか。
(ii) 教育委員会が所管する古いパソコンを売却するためには，どのような手続が必要になりますか。

(i) パソコンを購入する際の売買契約書の買主欄に記載すべきは，市長となります。
(ii) 教育委員会が所管する古いパソコンを売却するには，財産の用途廃止をした上で，市長（部局）に引き継ぎ，市長が売却（売買契約を締結）することとなります。

1．執行機関とは

(1) 執行機関の意義

　自治法上の執行機関とは，自ら地方公共団体の意思を決定し外部に表示する権限を有する者をいうと解されており，同法の条文では「普通地方公共団体にその執行機関として普通地方公共団体の長の外，法律の定めるところにより，委員会又は委員を置く。」（同法138条の4第1項）とされています。

(2) 執行機関の例

　執行機関の代表例は，地方公共団体の長ですが，その他にも普通地方公共団体においては教育委員会，選挙管理委員会，人事委員会または公平委員会および監査委員が置かれます（自治法180条の5第1項）。また，都道府県であれば，これらの他に，公安委員会，労働委員会，収用委員会，海区漁業調整委員会および内水面漁場管理委員会を置かれなければなりません（同条2項）。さらに，市町村であれば農業委員会，固定資産評価審査委員会も設置されます（同条3項）。

18　第1章　自治体の組織と職員

(3)　執行機関の特徴

　執行機関は，当該普通地方公共団体の事務を「自らの判断と責任において」誠実に管理し執行する義務を負うものとされます（自治法138条の2）。また，執行機関の組織は，普通地方公共団体の長の「所轄」の下に，それぞれ明確な範囲の所掌事務と権限を有する執行機関によって系統的に構成しなければなりません（同法138条の3第1項）。ここでいう「所轄」とは，職権行使の独立性を認めた上で形式的に他の機関の下に置かれることを意味することから執行機関は多元的であるということが1つの特徴になります。

　他方で，執行機関は，相互に連絡を図り，すべて一体として行政機能を発揮しなければならないとされます（同条2項）。また，長は，執行機関相互の間にその権限につき疑義が生じたときは，これを調整するように努めなければなりません（同条3項）。そのため，執行機関は多元的であるものの，執行機関が一体として機能すべきこと（執行機関一体性の原則）も特徴といえます。

　その他の特徴としては，執行機関には，その附属機関として，法律または条例の定めるところにより，自治紛争処理委員，審査会，審議会，調査会その他の調停，審査，諮問または調査のための機関を置くことが認められています（同法138条の4第3項）。

2．財産に関する地方公共団体の長と教育委員会の権限

　それでは，それぞれの執行機関はどのような権限を有するのでしょうか。本設問では特に地方公共団体の長と教育委員会の権限の範囲が問題となるため，以下それぞれについて説明します。

(1)　地方公共団体の長の権限

　地方公共団体の長の権限は自治法149条に概括的に列挙されています。これは，議会の議決については限定的に列挙されていること（同法96条）と対照的です。規定は，以下のとおりとなります。

（担任事務）

第149条　普通地方公共団体の長は，概ね左に掲げる事務を担任する。

　一　普通地方公共団体の議会の議決を経べき事件につきその議案を提出すること。

二　予算を調製し，及びこれを執行すること。

三　地方税を賦課徴収し，分担金，使用料，加入金又は手数料を徴収し，及び過料を科すること。

四　決算を普通地方公共団体の議会の認定に付すること。

五　会計を監督すること。

六　財産を取得し，管理し，及び処分すること。

七　公の施設を設置し，管理し，及び廃止すること。

八　証書及び公文書類を保管すること。

九　前各号に定めるものを除く外，当該普通地方公共団体の事務を執行すること。

(2)　教育委員会の権限

　他方，教育委員会は，上記のとおり地方自治体が必ず執行機関として置かなければならないものとされ（自治法180条の5第1項1号），さらに自治法では教育委員会の事務等に関しては「別に法律の定めるところ」によるものとされています（同法180条の8）。そして，この別の法律として「地方教育行政の組織及び運営に関する法律」（以下「地教法」といいます）が定められています。

　地教法は自治法に対する特別法としての位置付けを有するものですから，自治法の内容と地教法の内容とが抵触する場合には，特別法である地教法の規定が優先されることとなります。具体的な地教法の規定は，以下のとおりです。

（教育委員会の職務権限）

第21条　教育委員会は，当該地方公共団体が処理する教育に関する事務で，次に掲げるものを管理し，及び執行する。

　　一　教育委員会の所管に属する第30条に規定する学校その他の教育機関（以下「学校その他の教育機関」という。）の設置，管理及び廃止に関すること。

　　二　教育委員会の所管に属する学校その他の教育機関の用に供する財産（以下「教育財産」という。）の管理に関すること。

　　（以下略）

（長の職務権限）

第22条　地方公共団体の長は，大綱の策定に関する事務のほか，次に掲げる教育に関する事務を管理し，及び執行する。

> （中略）
> 四　教育財産を取得し，及び処分すること。
> 五　教育委員会の所掌に係る事項に関する契約を結ぶこと。
> （以下略）

　地教法22条は，地方公共団体の長の権限を定めており，自治法の規定（同法149条6号）の確認的な意味合いを持つものと考えられます。

(3)　財産に関する権限

①　教育財産の取得

　まず，上記のとおり教育財産の取得については地方公共団体の長の権限となります（自治法149条6号，地教法22条4号）。また，教育財産を取得するための私法上の契約締結（例：売買契約や賃貸借契約等）の権限も地方公共団体の長の権限となります（同条5号）。

　もっとも，財産の取得は，教育委員会の申出をまって行うものとされていることには注意が必要です（同法28条2項）。これは，教育財産を取得するか否かの決定は教育委員会の責務であるものの，予算調製権が地方公共団体の長にあること（自治法149条2号）から両者の調整を図った趣旨と考えられます。

　その上で，教育財産を取得したときは，地方公共団体の長は速やかに教育委員会に引き継がなければなりません（地教法28条3項）。

②　財産の管理

　次に，そのように地方公共団体の長から教育委員会に引き継がれた教育財産は，教育委員会が管理することとなります（地教法21条2号）。

　また，教育財産は，地方公共団体の長の総括の下に，教育委員会が管理するものとされています（同法28条1項）。この場合の「総括」とは，具体的には地方公共団体の長の公有財産に関する総合調整権（自治法238条の2）を意味するものと解されています。

③　財産の処分

　最後に，教育委員会が教育財産の用途を廃止したときは，教育委員会は直ちにこれを地方公共団体の長に引き継がなければなりません（自治法238条の2第3項）。そして，これを引き継いだ普通地方公共団体の長が，「処分」を行うこ

ととなります（同法149条 6 号，地教法22条 4 号）。

3．結　　論

（ⅰ）　教育財産としてのパソコンについて売買契約の締結権限は市長にありますから，当該売買契約書の買主欄に記載すべきは，市長となります。

（ⅱ）　教育委員会にはパソコンを売却する（売買契約を締結する）権限はありませんので，用途廃止をした上で，市長（部局）に引き継ぎ，市長が売却（売買契約を締結）することとなります。

4．（参考）議会との関係

なお，教育財産の取得または処分に関して，議決案件となる場合（自治法96条 1 項 8 号）には，地方公共団体の長は，教育委員会の意見を聴かなければならないことに留意が必要です（地教法29条）。

≪参考文献≫

宇賀克也『地方自治法概説〔第 8 版〕』（有斐閣，2019）

松本英昭『新版　逐条地方自治法〔第 9 次改訂版〕』（学陽書房，2017）

荒牧重人＝小川正人＝窪田眞二＝西原博史編『新基本法コンメンタール教育関係法（別冊法学セミナーNo.237）』（日本評論社，2015）

22　第1章　自治体の組織と職員

Q3　地方公営企業の特徴

当市では，市民病院を運営していますが，この度，条例を改正し，市民病院の運営について地公企法の全部を適用することを検討しています。

地公企法が全部適用される場合とそうでない場合とで，市民病院の運営にどのような違いが生じますか。

また，条例を改正する際，どのような点に気を付けるべきでしょうか。

一部適用と全部適用とでは，管理者の設置，労使関係および職員の給与において違いが生じます。条例改正の際は，法制担当職員と十分に協議し，他の地方公共団体の改正事例も参考にしながら改正作業を進めていく必要があります。

1．地公企法における病院事業の位置付け

　地方公共団体の経営する企業のうち，水道事業，工業用水道事業，軌道事業，自動車運送事業，鉄道事業，電気事業およびガス事業の法定7事業については，地公企法の規定の全部が当然に適用されます（同法2条1項）。

　これに対し，地方公共団体の経営する病院事業については，同法の財務に関する規定が当然に適用されるにとどまり（同条2項），別に条例で定めるところにより，同法の規定の全部または一部を適用することができます（同条3項）。

　このように，病院事業について同法が当然に全部適用されないのは，病院事業は法定7事業に比べて採算性が低く，かつ，保健衛生行政，民生行政等地方公共団体の一般行政との関係が密接であるため，事業の管理組織は一般行政組織の一環として取り扱うのが適当であり，職員の身分取扱いについても一般の地方公務員と同様の取扱いとすることが適当と考えられたからです。

2．一部適用と全部適用との違い

(1)　視　　点

　条例を改正して病院事業について地公企法の全部を適用した場合，一部適用の場合（同法の適用について条例を定めていない場合）と比べて，より民間企

業に近い運営形態となります。

具体的には，これから述べるとおり，管理者の設置，労使関係および職員の給与において，一部適用と全部適用とでは違いが生じます。

(2) 管理者の設置

一部適用の場合，終局的な経営責任は市長にあるものの，経営責任の所在は不明確となるおそれがあります。

また，市長は一般的に医療について詳しいとは限らず，医療現場の実情に即した経営ができないおそれがあります。

これに対し，全部適用の場合，病院事業について事業管理者を置くことができます（地公企法7条）。

この場合，事業管理者に病院経営の責任があることが明確になりますし，職員採用等の権限も事業管理者に与えられますので，より効率的な経営が可能になると考えられます。

また，病院経営や医療実務に精通した事業管理者（企業経営の経験者や医師等）を置くことができますので，現場の声を踏まえた経営も実現しやすいと考えられます。

(3) 労使関係

一部適用の場合，職員は一般職の地方公務員となり，職員の服務関係については地公法が適用されます（同法4条1項）。

そして，同法上，職員には職員団体を結成する権利が認められており（同法52条3項），職員団体は，職員の勤務条件に関し，地方公共団体の当局と交渉することが認められています（同法55条1項）。

もっとも，職員団体は，団体協約を締結することを認められておらず（同条2項），法令，条例等に抵触しない限りにおいて，地方公共団体の当局と書面による協定を結ぶことができるにとどまります（同条9項）。

これに対し，全部適用の場合，職員はやはり地方公務員ですが，職員の服務関係については地方公営企業等の労働関係に関する法律が適用されます（地公企法36条）。

そして，地方公営企業等の労働関係に関する法律5条1項では，職員について労働組合を結成する権利が認められており，かつ，労働組合は職員の勤務条

24　第1章　自治体の組織と職員

件について団体協約を締結することが認められています（同法7条各号）。

　そのため，後に述べる給与の点も含め，職員の意見が勤務条件に反映されやすいということができます。

　なお，一部適用の場合と全部適用の場合のいずれも，職員による争議行為は禁止されています（一部適用の場合につき地公法37条1項，全部適用の場合につき地方公営企業等の労働関係に関する法律11条1項）。

(4)　職員の給与

　一部適用の場合，先に述べたとおり，職員は一般職の地方公務員となり，職員の服務関係については地公法が適用されます。

　そして，地方公務員の給与は，人事委員会の勧告（同法26条後段）を基礎として条例で定めることとされています（同法25条5項）。

　そのため，経営成績の良し悪しにかかわらず給与額は決まっていることから，職員にとって安心ではあるものの，努力が給与額に反映されにくく，経営意識が生まれにくいという課題があります。

　これに対し，全部適用の場合，先に述べたとおり，職員の服務関係については地方公営企業等の労働関係に関する法律が適用されます。

　そして，同法7条1号では，職員の給与に関する事項について職員に団体交渉権が認められています。

　そのため，職員の給与は，労使交渉を経て，経営成績を踏まえて決められますので，努力が給与額に比較的反映されやすいということができます。

3．条例を改正する際の注意点

　条例を改正して全部適用とする場合，病院の設置条例を改正するのはもちろんのこと，他にもさまざまな例規を制定または改正する必要が生じます。

　そのため，条例改正の担当職員は，法制担当職員と十分に協議し，他の地方公共団体の改正事例も参考にしながら改正作業を進めていく必要があります。

　病院の設置条例以外に制定または改正が必要となる可能性のある例規は，次のようなものが考えられます（ただし，次に挙げるものに限られません）。

- 情報公開条例，個人情報保護条例のように，市長等の実施機関が義務の主体として定められている条例（実施機関に事業管理者を追加）
- 職員定数条例，給与条例のように，職員の勤務条件に関する条例
- 企業管理規程…必要な分課の設置に関するもの，職員の勤務条件に関するもの，企業の会計事務の処理に関するもの，入札保証金および契約保証金の率または額
- 管理者の権限に属する事務を処理させるための必要な組織に関する条例
- 企業職員の給与の種類および基準を定める条例
- 地公法36条が適用される企業職員の職の長の指定

≪参考文献≫
総務省「地方公営企業法の適用に関するマニュアル」（平成27年1月）

Q4 地方公務員制度

1週間当たりの勤務時間が一般の職員よりも少ない図書館職員の司書を任用するにあたり、どのような方法が考えられますか。また、給付や休暇についてどのような取扱いをすべきでしょうか。

A

令和2 (2020) 年4月1日より会計年度任用職員の任用が考えられます。パートタイムの会計年度任用職員については、報酬、費用弁償および期末手当の支給対象となります。休暇については労働基準法等が適用され、必要な制度の整備が必要となります。

1．地方公務員制度の概要

(1) 概　　要

　地方公共団体の場合、団体と公務員との関係は、公務員関係という公法上の関係であるとされています。したがって、採用、罷免、懲戒等は、地公法や自治法等の法令に基づき、任命権者による行政処分によって行われます。もっとも、一般職の職員については、労働基準法が原則として適用され（地公法58条3項）また、地方公共団体は職員に対して安全配慮義務を負います。

(2) 職　　員

　地公法は、地方公務員の職を一般職と特別職とに分けています。そして、同法3条3項は、特別職を列挙し、同条2項は、特別職に属する職以外の一切の職を一般職とする旨を定めています。特別職に属する職は、①住民またはその代表者の信任によって就任する政治職、②任命権者が自由に選任することができる自由任用職および③その職に専念することが予定されていない非専務職の3つの種類があり、恒久的な職ではないことまたは常時勤務することを要しない職であることが特徴とされています（橋本勇『新版逐条地方公務員法〔第4次改訂版〕』（学陽書房、2016）53頁以下）。

　特別職の公務員については、法律で特別の定めがある場合を除くほか、同法の規定は適用されません（同法4条2項）。

他方，職員の多くを占める一般職の職員は，同法の適用を受け，成績主義による任用（同法15条），法令等および上司の職務上の命令に従う義務（同法32条）や，職務上知りえた秘密を漏らしてはならない義務（同法34条）の他，政治的行為の制限（同法36条），労働基本権の制限（同法37条），営利企業への従事等の制限（同法38条）等の規制があります。

(3)　任命権者

任命権者とは，法律ならびにこれに基づく条例，地方公共団体の規則および地方公共団体の機関の定める規程に従い，それぞれ職員の任命，人事評価，休職，免職および懲戒等を行う権限を有するものです（地公法6条1項）。具体的には，同法では，任命権者として地方公共団体の長，議会の議長，選挙管理委員会，代表監査委員，教育委員会，人事委員会および公平委員会ならびに警視総監，道府県警察本部長，市町村の消防長が例示されています。他方，ある職員について誰が任命権者であるかということは，たとえば自治法では，市長村長が任命権者となる職員に副市町村長（同法162条），会計管理者（同法168条2項），出納員その他の会計職員（同法171条2項），職員（同法172条2項）他が規定されているなど，個々の法律の規定によって決まります。

(4)　人事委員会，公平委員会

人事委員会と公平員会は，中立的かつ専門的な人事機関として任命権者の任命権の行使をチェックする機能を有します。人事委員会は，大規模な地方公共団体に設置されて幅広い権限を行使するのに対し，公平委員会は原則として規模の小さい地方公共団体に設置されます。

2．令和2（2020）年4月1日から施行される法改正

令和2年4月1日から施行される地公法改正（平成29年法律第29号）により，特別職の任用および臨時的任用の厳格化，一般職の非常勤職員の任用等に関する制度の明確化（会計年度任用職員の導入）がされます。

(1)　特別職の任用の厳格化

改正後の地公法3条3項では，「臨時又は非常勤の顧問，参与，調査員，嘱託員及びこれらの者に準ずる者の職」という規定に，括弧書きで「専門的な知識経験又は識見を有する者が就く職であって，当該知識経験又は識見に基づき，

助言，調査，診断その他総務省令で定める事務を行うものに限る」と追加され，特別職とすることができる職種が明確にされました。これにより，たとえば，事務補助職員や学校の講師，保育所保育士，給食調理員，図書館職員，勤務医，看護師，清掃作業員，消費生活相談員などは，特別職非常勤職員として任用することができないことが明確にされます。

(2) 一般職の職員

常時勤務を要する職と非常勤の職との区別については，①相当の期間任用される職員を就けるべき業務に従事する職であること（従事する業務の性質に関する要件），②フルタイム勤務とすべき標準的な業務の量がある職であること（勤務時間に関する要件）のいずれにも該当する場合は，常時勤務を要する職員とする必要があります（より具体的には，総務省自治行政局公務員部「会計年度任用職員制度の導入等に向けた事務処理マニュアル〔第2版〕」を参照）。

① 会計年度任用職員制度

地公法22条の2第1項は，「1会計年度を超えない範囲内で置かれる非常勤の職」（同法28条の5に規定する定年退職者等の短時間勤務の職を除く）について，「会計年度任用の職」としました。会計年度任用職員の任期は，その採用の日から同日の属する会計年度の末日までの期間の範囲内で任命権者が定めます（同法22条の2第2項）。会計年度任用職員は1週間当たりの勤務時間が常時勤務を要する職員の勤務時間に比べ短い時間の職員（以下「パートタイムの職員」といいます）と，同一の時間の職員（以下「フルタイムの職員」といいます）とがあります。

会計年度任用職員の採用の方法としては，競争試験を原則とはせず，競争試験または選考のいずれによるかは，任命権者の裁量に委ねられることとしました。

パートタイムの職員については，営利企業への従事等の制限は対象外ですが（同法38条1頁ただし書），職務専念義務（同法35条）および信用失墜行為の禁止（同法33条）等の服務規律が適用になります。フルタイムの職員である会計年度任用職員については，給料，旅費および一定の手当の支給対象とされ（改正自治法204条），パートタイムの会計年度任用職員については，報酬，費用弁償および期末手当の支給対象となります（同法203条の2）。会計年度任用職員に

ついては労働基準法が適用されることから，同法に規定する公民権行使の保障（7条），年次有給休暇（39条），産前産後休業（65条），育児時間（67条），生理休暇（68条）を制度的に設けなければなりません。また，育児休業，介護休業等育児又は家族介護を行う労働者の福祉に関する法律（以下「育児・介護休業法」といいます）61条において，地方公務員に関する介護休業（介護休暇），短期の介護休暇および子の看護休暇に係る規定が設けられており，これらの規定については，勤務期間等一定の条件を満たす会計年度任用職員にも適用されます。

② 臨時的任用職員（改正地公法22条の3）

人事委員会を置く地方公共団体においては，任命権者は，人事委員会規則で定めるところにより，常時勤務を要する職に欠員を生じた場合において，緊急の時，臨時の職に関するとき，または，採用候補者名簿がないときは，6月を超えない期間で任用することができます（改正地公法22条の3第1項。なお，人事委員会を置かない地方公共団体については同条4項参照）。

したがって，パートタイムの職員を臨時的任用職員とすることはできません。

3．任用の方法

具体的な職を設定する際には，就けようとする職の職務の内容，勤務形態等に応じ，任期の定めのない常勤職員，任期付職員（地方公共団体の一般職の任期付職員の採用に関する法律等），臨時・非常勤職員のいずれが適当かを検討することが必要となります。

その上で，臨時・非常勤の職として設定する場合には，会計年度任用職員，臨時的任用職員または特別職の職員のいずれとするかを決定し，法令に基づき制度を整備する必要があります。

《参考文献》
橋本勇『新版逐条地方公務員法〔第4次改訂版〕』（学陽書房，2016）
猪野積『地方公務員制度講義〔第6版〕』（第一法規，2017）
総務省自治行政局公務員部「会計年度任用職員制度の導入等に向けた事務処理マニュアル〔第2版〕」（2018年10月）

30　第1章　自治体の組織と職員

Q5　公務災害補償

　職員が，市役所から現場への出張の際に，交通事故に巻き込まれ，右腕を骨折しました。この場合，公務災害としてどのような請求が可能でしょうか。また，交通事故が原因で精神疾患にり患したと主張する場合，どのような判断がなされるでしょうか。

A

　公務災害として，申請により公務災害補償による給付を受けることができる可能性があります。公務災害に該当する場合，治療費について，原則として治癒までの診療，治療等の療養の給付を受けることができます。もっとも，精神疾患のり患等の場合，公務起因性が特に問題になります。

1．公務災害補償制度の概要

　地方公務員の場合，公務が原因となって発生した災害（公務に起因する負傷，障害および死亡ならびに地方公務員災害補償法施行規則別表第一に掲げる疾病（同法施行規則1条の2））については，同法に基づく，公務災害補償制度によって，補償されることになります。

　公務災害補償制度は地方公務員（同法2条1項で補償の対象となる「職員」が定義されています）およびその遺族の生活の安定と福祉の向上に寄与することを目的とする制度です。

　公務災害補償の事業は，地方公務員災害補償基金（以下「基金」といいます）という法人によって行われています（同法3条）。基金の業務に要する費用は，地方公共団体による負担金その他の収入によって賄われます。各都道府県および政令市に支部があります。以下に述べる公務災害の認定，補償の請求は，支部長に対して行います（地方公務員災害補償基金業務規程参照）。

2．公務災害の認定

　基金（支部長）は，公務災害による補償（傷病補償年金を除く）を受けようとする者からの補償の請求を受けた時は，その請求の原因である災害が公務に

より生じたものであるかどうかを認定し，任命権者に通知します（地方公務員災害補償法45条1項）。この認定を，公務災害の認定といいます。

公務災害か否かについては，公務起因性が問題となります。公務起因性は，公務と病気や負傷などの災害との相当因果関係のことをいいます。

公務起因性については，ケガのような場合は比較的わかりやすいです。しかし，精神疾患や心疾患の場合，疾病が公務に起因するか，それとも，私生活上の原因によるものかを判断するのが困難な場合があり，争いになることがあります。この場合，制度の趣旨から，公務に内在する危険が現実化したことによるものとみるのが相当かで判断されます（最判平8・1・23判タ901号100頁参照）。既存の疾患が増悪した場合，それが公務災害といえるかについては，公務により，疾患が自然的経過を超えて増悪したといえるかによって判断されます（最判平18・3・3判タ1207号137頁参照）。

実務上，心疾患，精神疾患に該当するか否かの判断については，（労働災害における基準とは別の）基金が定める基準に基づいて行われます。もっとも，この基準は，行政規則であり，裁判所を拘束するものではありません。

公務災害の認定請求については，傷病の程度や公務起因性についての判断資料を確保する点からも，早めの申請が求められます。

3．補償の概要

公務災害補償制度で行われる補償は，療養補償，休業補償，傷病補償年金，障害補償，介護保障，遺族補償および葬祭補償があります。地方公共団体の故意・過失を要件とはせず，補償が行われますが，精神的な損害は補償の対象となりません。

そのうち，療養補償は，公務災害である負傷または疾病の場合において，①診察，②薬剤または治療材料の支給，③処置，手術その他の治療，④居宅における療養上の管理およびその療養に伴う世話その他の看護，⑤病院または診療所への入院およびその療養に伴う世話その他の看護，⑥移送について，療養上相当と認められるものについて，支給されます（地方公務員災害補償法27条）。

休業補償は，公務災害である負傷または疾病により，療養のため勤務することができない場合において，給与を受けないときに，支給されるものです（同

32　第1章　自治体の組織と職員

法28条）。

　傷病補償年金は，公務災害である負傷または疾病に係る療養の開始後1年6
カ月を経過した日において，当該負傷または疾病が治っておらず，かつ当該負
傷または疾病による障害の程度が，後述の障害等級第1級から第3級までの各
障害等級に相当するものとして総務省令で定める第1級，第2級または第3級
の傷病等級に該当する場合には，その状態が継続している期間，支給されます
（同法28条の2）。

　障害補償は，公務災害である負傷または疾病が，治ったとき，法に規定する
障害等級に該当する程度の障害が存する場合に支給されるものです（同法29条）。

　療養を続けても改善の見込みがなくなった状態のことを「症状固定」の状態
といい，「治癒」といいます。治癒に至ったときには，原則として，それ以後
の治療の必要性が認められないことになります。しかし，後遺障害が残った時
にその障害等級に応じて支給されるものです。

　障害等級は，第1級から第14級まであり，より重い第1級から第7級までに
該当する障害が存する場合は障害補償年金，第8級から第14級までに該当する
場合には，障害補償一時金が支給されます。

　実務では，たとえば，ケガによって，左ひじ関節の運動可能領域が，健康な
側の運動可能領域の4分の3以下に制限されるものは，「1上肢の3大関節中
の1関節の機能に障害を残すもの」（同法施行規則別表第3，第12級第6号）と
して，障害等級12級と判断されます（「障害等級の決定について」（昭和51年10月
29日地基補第599号））。障害等級第12級に該当する場合，平均給与額（同法2条
4項参照）に156を乗じて得た額が一時金として支給されます（同法29条4項5
号）。

4．通勤災害

　本設問とは異なり，市役所から家に帰る場合はどうなるのでしょうか。通勤
による災害（通勤に起因する負傷，障害および死亡ならびに通勤による負傷に
起因する疾病および同疾病のほか，通勤に起因することが明らかな疾病（地方
公務員災害補償法施行規則1条の3））に対する補償は，職員が，勤務のため，
住居と勤務場所との間の往復を，合理的な経路および方法により行った際に発

生したケガ等に対して行われるものです。移動の経路を逸脱したり，移動を中断した場合に該当する場合は，非該当になる場合があるので注意が必要です。たとえば，通勤経路から外れた場所にある映画館に立ち寄った場合は移動の経路の逸脱にあたり，また，通勤経路上の映画館に寄った後は移動の中断にあたります。したがって，その後の災害は通勤災害非該当になります。

　通勤災害に該当する場合にも，公務災害に該当する場合と同じく，補償がなされます。

COLUMN 1
公務員の勤務関係に関する相談

　自治体に勤務する任期付弁護士等の中には，民間の法律事務所等での勤務を経た後に任期付弁護士等になられる方も多いと考えられます。そのような民間での経験を有する方をはじめ自治体に勤務する任期付弁護士等は，法律相談を受ける場合，いくつかの場面で民間との違いに注意して回答をする必要があります。その一つが，自治体職員の勤務関係に関する相談です。それは，自治体職員の勤務関係が，民間労働者の雇用関係とは法的に異なるものだからです。民間労働者の雇用関係は契約（労働契約）に基づくものですが，自治体職員の勤務関係については，行政行為（公法上の関係）であると考えられています。勤務条件についても，民間労働者のそれが労働契約（使用者と労働者の間で締結される合意）によって決まるのとは異なり，地公法や各自治体の条例等に定められたものがその内容となります。そのため，自治体職員の勤務関係に関する相談を受けた場合には，地公法や各自治体の条例等を確認・検討した上で回答する必要があります（もちろん，公務員の勤務関係にも，民間の雇用関係に適用されてきた判例法理が適用されることはあります）。

　具体的な注意点としては，個別の労働関係法のうち適用除外となっているものがあるという点を挙げることができます。たとえば，労働契約法において，地方公務員は同法の適用除外となっています（同法22条1項）。また，（非現業の）地方公務員については，労働組合法や労働関係調整法が適用除外となっています（地公法58条1項）。他にも，短時間労働者の雇用管理の改善等に関する法律等において，地方公務員は適用除外となっています（同法29条）。さらに，地方公営企業の職員については，地公企法が適用されることにも注意が必要です（同法6条には，同法が地公法の特例を定めるものであることが規定されています）。他方，労働基準法は，原則として地方公務員にも適用されます。そのため，公務員の勤務関係に関する法律相談を受けた場合は，まず，対象となっている職員の種類（一般職や特別職か，あるいは現業か非現業か等）を確認した上で，個々の事案において適用される関係法令（個別の労働関係法の適用の有無等）を考えることが必要となります。

第 **2** 章 ▶▶

自治体の事務一般
に関わる事項

36 第2章 自治体の事務一般に関わる事項

1 契 約

Q6 自治体との契約

当市では，ホールを備えた市民文化センターの建設を予定しています。市は，建築業者との間で建設工事請負契約（3億円）を締結する予定です。契約締結の手続において，注意すべき点やトラブルになりそうな点はありますか。

A

条例で定められた基準に基づき，契約の締結について議会の議決が必要な場合，仮契約を締結し，議会の議決を経て，本契約を締結します。仮契約締結後，議会で否決された場合，原則として，市は損害賠償責任を負わないと考えられます。

1．議会の議決の要否

建築工事請負契約のような地方自治体と事業者との契約は，私法上の契約になり，民法等の私法が適用されます。

そうすると，契約の成立は，契約当事者の意思の合致時点となりそうです。

しかし，自治法は，一定の契約を締結する場合，議会の議決を要すると規定しています（同法96条1項5号）。

同項5号は，議会の議決を要する場合として「その種類及び金額について政令で定める基準に従い条例で定める契約を締結すること。」と定めています。

この規定を受けて，同法施行令121条の2および別表第3では，契約の種類が「工事又は製造の請負」の場合，予定価格の最低金額の基準につき，都道府県5億円，指定都市3億円，市（指定都市を除く）1億5,000万円，町村5,000万円としています。地方自治体は，これらを基準に条例で議決を要する範囲を定めることになります。

2．契約の締結

(1)　仮契約書

　前述したように，各地方自治体は，条例で議会の議決を要する契約の範囲を規定し，該当する契約については議会の議決を経なければ契約を締結できないことになります。

　建築工事請負契約の場合，通常，入札手続等を経て，落札業者との間で仮契約を締結し，その後，議会の議決を経て，本契約を締結することになります。

　この際，仮契約と本契約を別の書面とすることなく，仮契約書に，議会の議決を得たときに本契約として成立する旨の条項を入れることにより対応することが多いと考えられます。

(2)　契約の成立時期

　私法上の契約は，当事者の意思表示が合致したときに契約が成立します。契約が成立すると，両当事者に契約内容に定められた権利義務が発生し，法的効力が生じます。

　これに対して，自治法234条5項は，普通地方公共団体が契約につき契約書を作成する場合，当該普通地方公共団体の長等が契約の相手方とともに，契約書に記名押印等しなければ，当該契約は，確定しないと定めています。

　この規定からすると，議決を経る前に仮契約を締結した場合，契約の成立時期はいつになるのでしょうか。仮契約の法的性質に関連して問題となります。

　仮契約の法的性質について，①議会の議決を得ることができないことを解除条件とする解除条件付き契約と解する説，②議会の議決を得ることを停止条件とする停止条件付き契約と解する説，③議会の議決を得たときに本契約を締結する意思を表した予約と解する説があります。

　自治法が，金額が高額となる契約の締結について，住民の意思を反映するために議会の議決を経る必要があるとしている点を重視すると，①説や②説のように議会の議決前に契約が成立していると解する説は妥当ではないと考えられます。

　したがって，仮契約の法的性質は，予約にすぎず，仮契約を締結しただけでは，契約は成立していないと解するのが妥当と考えられます。

38　第2章　自治体の事務一般に関わる事項

そして，契約が成立するのは，議会で議決を経た後と解するべきことになります。

3．注意すべき点

(1) 契約の分割

1で述べたように，契約の金額によって，契約の締結に際して議会の議決が必要になります。

事業の性質によっては，契約を複数に分けて締結する場合もあります。契約を複数に分けたことにより，議会の議決を要する基準を下回ることになった場合，議決は不要になるのでしょうか。

単一の工区の工事内容の請負契約（判例中の文言として，以下「(二)の工事」といいます）についての議案が否決されたことから，(二)の工事と実質的に同じ工事につき一の工事の予定価格がいずれも議会の議決を要する額よりも低額となる設計変更（3つの工区に分割（同様に，以下「(三)の工事」といいます）し，議会の議決を経ずに請負契約を締結した事案について，判例（最判平16・6・1判時1873号118頁）は，自治法96条1項5号に関連して，次のように判示しました。

「……法96条1項5号は，「その種類及び金額について政令で定める基準に従い条例で定める契約を締結すること」については，長ではなく，議会の議決によるものとしている。その趣旨は，政令等で定める種類および金額の契約を締結することは普通地方公共団体にとって重要な経済行為に当たるものであるから，これに関しては住民の利益を保障するとともに，これらの事務の処理が住民の代表の意思に基づいて適正に行われることを期することにあるものと解される。そうすると，長による公共事業に係る工事の実施方法等の決定が当該工事に係る請負契約の締結につき同号を潜脱する目的でされたものと認められる場合には，当該長の決定は違法であると解するのが相当である。」

町長が，専ら同法96条1項5号の適用を回避する意図で本件設計変更をした上で本件各契約を締結したものであるとすると，本件各契約を締結したことは，同号を潜脱する目的で行った違法なものといわざるをえないとしつつも，

「しかしながら，被上告人が本件設計変更をして(三)の工事の内容による

本件工事の実施を決定したのが，本件工事を実施する高度の必要性があり，その実施に不可欠で既に交付決定を受けていた補助金を利用するためには本件工事に係る請負契約を締結して本件工事を平成８年度内……に完了させるほかなく，工期の短縮等の手段として工区を３つに分割することが，本件工事の内容，性質，実施場所等に照らして合理的であったなどの特段の理由に基づくものと認められる場合には，被上告人が本件各契約を締結したことについて，同号を潜脱する目的で行った違法なものということはできない。」
と判断し，上記特段の理由の有無について審理を尽くさせるため，原判決を破棄して原審に差し戻しました。

そして，差戻控訴審は，本件の設計変更が特段の理由に基づくものということは困難というほかないと判断しました。

このように，専ら同法96条１項５号の適用を回避する意図で契約を分割した場合，違法と評価されることがあります。

(2) 議会の否決と損害賠償義務

仮契約締結後，本契約についての議案を議会に提出しても，当該議案が否決されることが考えられます。

この場合，本契約が締結できないことは当然ですが，仮契約の相手方に対して，何らかの責任を負うことはないのでしょうか。

静岡地沼津支判平４・３・25判時1458号119頁は，仮契約を締結後に議案が否決され本契約が締結されなかったため，原告企業が市に対して，不法行為に基づく損害賠償を求めた事案です。

裁判所は，仮契約の法的性質について「議会の議決が得られることにより，当事者間に本契約を締結すべき債権債務が発生するが，議決の得られないことが確定すれば無効となる旨の，議決を停止条件とする本契約の予約であると解するのが相当である。」と判断しました。

そして，仮契約上の地位と市の不法行為責任について，

「仮契約の性格が条件付き予約であるからといって，仮契約の相手方の地位が法的に何ら保護されないと解することは許されず，相手方の仮契約上の利益，すなわち議会の議決が得られれば本契約を締結できるという利益が民法第128条により保護されることはむしろ当然である。したがって，地方公共団体の議

員や長による右利益の違法有責な侵害行為は不法行為を構成し，地方公共団体は相手方に対し，相手方が右利益の喪失により蒙った損害を賠償する責任があるといわなければならない。

　もっとも，議会の議決自体が停止条件となっている以上，議会が契約を否決すること自体が違法な侵害行為とならないこともまた当然であり，議会が契約を否決したとしても，地方公共団体は何らの責任も負わないのが原則である。ただ，例外的に，議会の否決行為そのものが違法で，かつ，議員に相手方の利益の侵害につき故意または過失が認められる場合や，長の違法な行為により議会の議決が得られず，かつ，長に同様の故意または過失が認められるような場合には，地方公共団体に不法行為責任が生じるものと解するべきである。」
と判断しています。

　このように，仮契約の法的性質を本契約の予約と解すると，本契約についての議決が否決されても，原則として，市は不法行為責任を負わないと判断されています。ただし，判決は，判旨にあるような例外的な場合，市に不法行為責任の発生の余地があるとしている点には留意しましょう。

Q7 入札参加者

当市は，建設予定の児童福祉施設の建設工事について競争入札に付す予定です。入札者を市内の業者に制限する等の入札に条件を設ける予定ですが，注意すべき点はありますか。また，共同企業体が落札した場合，法的な関係はどのように考えればいいのでしょうか。

一般競争入札では，一定の場合，地域要件をもうけることができます。また，指名競争入札で，地元企業を優先し指名する場合，合理性が必要となります。また，共同企業体は，一般に民法上の組合と解されています。

1．入札参加者の資格要件

(1) 競争入札とは

競争入札には，契約に関し公告をし，不特定多数人をして入札の方法によって競争をさせ，普通地方公共団体に最も有利な条件を提供する者との間に締結する契約方法である「一般競争入札」と，入札者を指名して，特定多数の者をして入札の方法によって競争をさせ，普通地方公共団体に最も有利な条件を提供する者との間に締結する契約方法である「指名競争入札」があります（自治法234条）。

(2) 一般競争入札の参加資格

一般競争入札は，不特定多数の者が入札により競争し，最高または最低の価格で入札した者を契約の相手とするものです。

このような性質からすれば，広く入札への参加を認めるべきということになりますが，契約の適切な履行を確保するためには入札への参加者の資格を規定する必要があります（自治法234条6項）。

同法施行令167条の4第1項では，特別の理由がある場合を除くほか，当該入札に係る契約を締結する能力を有しない者，破産手続開始の決定を受けて復権を得ない者および指定暴力団員等について一般競争入札に参加させることができないとしています。

42 第2章 自治体の事務一般に関わる事項

　また，同条2項では，一定の者について，3年以内の期間を定めて一般競争入札に参加させないことができるとしています。具体的には下記のとおりです。

---

① 契約の履行にあたり，故意に工事，製造その他の役務を粗雑に行い，または物件の品質もしくは数量に関して不正の行為をしたとき

② 競争入札またはせり売りにおいて，その公正な執行を妨げたときまたは公正な価格の成立を害し，もしくは不正の利益を得るために連合したとき

③ 落札者が契約を締結することまたは契約者が契約を履行することを妨げたとき

④ 監督または検査の実施にあたり職員の職務の執行を妨げたとき

⑤ 正当な理由がなくて契約を履行しなかったとき

⑥ 契約により，契約の後に代価の額を確定する場合において，当該代価の請求を故意に虚偽の事実に基づき過大な額で行ったとき

⑦ 一般競争入札に参加できないこととされている者を契約の締結または契約の履行にあたり代理人，支配人その他の使用人として使用したとき

　さらに，普通地方公共団体の長は，必要があるときは，一般競争入札に参加する者に必要な資格として，予め，契約の種類および金額に応じ，工事，製造または販売等の実績，従業員の数，資本の額その他の経営の規模および状況を要件とする資格を定めることができるとされています（同法施行令167条の5）。

　このような条件を設定することにより，契約の適正な履行を確保するため，入札参加者の経営状況について審査することができます。

　さらに，普通地方公共団体の長は契約の性質または目的により，当該入札を適正かつ合理的に行うため特に必要があると認めるときは，当該入札に参加する者の事業所の所在地またはその者の当該契約に係る工事等についての経験もしくは技術的適性の有無等に関する必要な資格を定めることができるとしています（同法施行令167条の5の2）。

　同条により，地域経済の活性化や災害時の緊急対応の観点から特に必要があると認められる場合には入札参加者の事業所の所在地を資格要件として定めることも可能になると考えられます。

　しかし，自治体の規模などから過度な地域要件を課すと入札に参加できる業者が限られ，メンバーの固定化により入札談合を誘発するおそれがあることや，

入札参加者により入札事業を適切に施行することができず，丸投げ等を誘発・助長するなどの指摘がされており，これらの弊害が発生しないように注意する必要があります。

(3) 指名競争入札の参加資格

指名競争入札の参加資格については，同法施行令167条の11に規定されており，前記の167条の4および167条の5を準用しています。

一般競争入札とは異なり，同法施行令167条の5の2を準用していないことから，地域要件を課すことはできないとも思えます。

もっとも，長が入札に参加する者を指名する際の基準として，地元業者を優先する取扱いがなされる場合があり，これ自体が禁止されるものではないと考えられます。

この場合でも，指名競争入札において，自治体区域内の業者を指名することについて，何らの制約がないとまではいえませんので注意が必要です。

最判平18・10・26判時1953号122頁では，指名競争入札の指名について，「地方公共団体が，指名競争入札に参加させようとする者を指名するに当たり，①工事現場等への距離が近く現場に関する知識等を有していることから契約の確実な履行が期待できることや，②地元の経済の活性化にも寄与することなどを考慮し，地元企業を優先する指名を行うことについては，その合理性を肯定することができるものの，①又は②の観点からは村内業者と同様の条件を満たす村外業者もあり得るのであり，価格の有利性確保（競争性の低下防止）の観点を考慮すれば，考慮すべき他の諸事情にかかわらず，およそ村内業者では対応できない工事以外の工事は村内業者のみを指名するという運用について，常に合理性があり裁量権の範囲内であるということはできない。」と判断しています。

2．共同企業体（JV）の法的性質

入札等の結果，公共事業を単独の事業主体が請け負うこともありますが，大規模工事などの場合，複数の企業が共同企業体を構成して請け負うことがあります。

大規模な公共事業の場合，単体の事業者のみで実施するよりも，複数の事業

者で共同して工事を行う方が便宜な場合があります。また，工事内容が複雑化・特殊化し施工に高度な技術が必要となる場合，それぞれ専門的な技術を有する事業者が共同して工事を行うのが適切なこともあります。

このように複数の事業者により構成された共同企業体は，どのような法的性質を有しているのでしょうか。

共同企業体に参加する業者は，業者間で共同企業体協定書を締結し，各業者間の基本的な取決めを行います。

協定書を締結したからといって，共同企業体に法人格が与えられるものではなく，共同企業体は，民法上の組合の性質を有するものと解されています。

民法667条は「組合契約は，各当事者が出資をして共同の事業を営むことを約することによって，その効力を生ずる。」と規定しており，協定書は組合契約を構成するものということになります。

したがって，共同企業体の法律関係については，協定書での合意内容のほか，民法の組合に関する規定が適用されることになります。

共同企業体の財産関係について，民法上の組合の法的性質をもとに考えることになります。民法では「各組合員の出資その他の組合財産は，総組合員の共有に属する。」（668条）と規定されており，共同企業体の財産は，組合構成員の共有（合有）であると解することになります（676条参照）。

また，共同企業体の債務については，各組合員が無限責任を負うことになります。公共事業でよく使われる「公共工事請負契約約款」の「契約書」においても「受注者が共同企業体を結成している場合には，受注者は，別紙の共同企業体協定書により契約書記載の工事を共同連帯して請け負う。」という記載がなされています（約款では，連帯無限責任となっています）。

このように共同企業体を民法上の組合と解すると，自治体との間で法律的な問題が生じた場合，民法上の組合としての共同企業体と構成員である個別の業者の権利関係を検討する必要が生じます。

《参考文献》
建設業共同企業体研究会編著『JV制度Q&A〔改訂4版〕』（大成出版社，2013)

Q8 契約の解除，履行管理

当市が業者Aに発注した廃棄物処理施設の建設工事が，Aの人員確保が不十分であることなどから工事が計画どおりに進んでいないようです。Aとの契約では，公共工事標準請負契約約款を使用しています。市としては，計画どおりに工事を進めてもらいたいのですが，場合によっては，Aとの契約の解除も考えています。どのような点に注意すればいいでしょうか。

市は，期限までに完成するように工事を監督し，また，場合によっては，工期を延長することが考えられます。契約を解除する場合，契約書の各条項の適用を検討し，解除の可否のみならず，解除に伴う市の損害賠償義務の有無や市からの違約金請求の可否などを判断する必要があります。

1．建設工事の履行の確保の必要性

建設工事契約は，通常，工事金額が高額かつ工事期間が長期であることから，適切な履行を確保する必要性が高い契約類型です。

建設工事契約は，民法の請負契約の一類型です。請負契約は，仕事の完成を目的とするものですので，地方公共団体と建設工事契約を締結した業者Aは，契約に定められた期日までに，建設工事を完成しなければなりません。

請負契約は，請負人が自ら仕事の完成を約するものであり，注文者が請負人に対して指揮・命令等を行うものではありません。このため，建設工事が適切に行われるためには，適切な業者の選定を行い，適切な内容の契約を締結することが重要になります。

また，自治法234条の2第1項は，地方公共団体が工事の請負契約を締結した場合，契約の適正な履行を確保するために必要な監督等をしなければならない旨規定しています。さらに，同条2項では，契約の相手方に契約保証金を納付させた場合について規定しています。

46 第2章 自治体の事務一般に関わる事項

2. 自治体職員による監督

　上記の監督については，自治法施行令167条の15に規定されています。

　「監督」は，立会い，指示その他の方法によって行わなければならないと定められています。

　また，契約の内容によって，特に専門的な知識または技能を必要とすることその他の理由により地方公共団体の職員によって監督または検査を行うことが困難または適当でないような場合，普通地方公共団体の長は，職員以外の者に委託して当該監督または検査を行わせることができると規定されています。

　本設問のような場合，自治体職員等が立ち会い，指示を行うなどして，履行期に間に合うように適切に工事が進むように監督を行うことが考えられます。

3. 契約による対応

(1) 契約内容の確認

　建設工事の工期に遅れが生じるなどの問題が生じた場合，地方公共団体は，業者との間で建設工事契約を締結しているので，当該契約に定められた規定に従い対応策を検討することになります。契約は，当事者間での交渉により内容が決まりますので，当該工事の建設工事契約の内容を確認する必要があります。

　ここでは，「公共工事標準請負契約約款（平成29年7月25日改正）」（以下「約款」といいます）の条項を参照しつつ，工期遅れへの対応方法を検討します。

(2) 監督，履行の報告

　前述のように，自治法は，地方公共団体の職員による監督について定めていますが，約款9条においても，発注者が監督員を置き，工程の管理を行うことを想定した条項が規定されています。また，約款11条では，受注者の報告義務が定められています。

　発注者は，これらの規定に従って，工期の遅れについて，原因等を把握し，適切に監督を行うことが考えられます。

(3) 工期の延長

　工事の遅れが発生した場合，工期の延長が検討されます。

　発注者としては，当初の予定より工事の完成が遅れることは問題ですが，本

設問の廃棄物処理施設のような場合，既存の施設の稼働状況等によっては，一定の工期の遅れが生じても市民生活への影響を避けることができる場合があります。このような場合，工期について再度検討を行い市民生活に影響を与えず，かつ，無理のない範囲で工期を延長することが現実的な対応として考えられます。

工期を延長する場合も，発注者に損害が発生している場合，あるいは損害の発生が想定される場合は，工期の延長に関する書面に，損害の処理について明記しておく必要があります。

また，約款21条には，次の規定があります。

（受注者の請求による工期の延長）
第21条　受注者は，天候の不良，第2条の規定に基づく関連工事の調整への協力その他受注者の責めに帰すことができない事由により工期内に工事を完成することができないときは，その理由を明示した書面により，発注者に工期の延長変更を請求することができる。
2　発注者は，前項の規定による請求があった場合において，必要があると認められるときは，工期を延長しなければならない。（以下略）

本設問のようにAの人員確保が不十分である点が，外的要因による極端な人手不足など「受注者の責めに帰すことができない事由」と評価できるような場合，同条により，発注者の請求により工期の延長がなされる場合も考えられます。

工期の変更方法は，当事者の協議によります。

（工期の変更方法）
第23条　工期の変更については，発注者と受注者とが協議して定める。ただし，協議開始の日から○日以内に協議が整わない場合には，発注者が定め，受注者に通知する。

約款23条1項では，協議が整わない場合，発注者が工期を定めることができる旨規定されていますが，この決定に受注者に不服がある場合，調停等の紛争処理手続での解決がなされることになります（約款52条）。なお，調停等，自

48　第2章　自治体の事務一般に関わる事項

治法96条1項12号に列挙される紛争処理手続については議会の議決を要することに留意しましょう。

⑷　契約の解除

　次に，発注者は，契約の解除を行うことが考えられます。契約を解除し，他の履行能力の期待できる業者に，残りの部分の工事をしてもらうことになります。

（発注者の任意解除権）

第48条　発注者は，工事が完成するまでの間は，第47条の規定によるほか，必要があるときは，この契約を解除することができる。

2　発注者は，前項の規定によりこの契約を解除したことにより受注者に損害を及ぼしたときは，その損害を賠償しなければならない。

　約款48条には，発注者の任意の解除権が規定されています。同条の解除権を行使した場合，受注者に生じた損害を賠償しなければなりません。

（発注者の解除権）

第47条　発注者は，受注者が次の各号のいずれかに該当するときは，この契約を解除することができる。

　（中略）

　二　その責めに帰すべき事由により工期内に完成しないとき又は工期経過後相当の期間内に工事を完成する見込みが明らかにないと認められるとき。

　（以下略）

　約款47条に，発注者の解除権が規定されています。この規定に基づく解除は，所定の要件が必要となります。受注者の帰責事由の有無等の要件の充足性は，後に争いが生じる可能性があるので，発注者・受注者間での書面等により証拠となる書面を確保してから解除を行うのがよいでしょう。

　同条による解除後の処理として，約款47条の2に違約金，約款50条に目的物の出来形部分についての請負代金の支払いが規定されています。

（契約が解除された場合等の違約金）

第47条の２　次の各号のいずれかに該当する場合においては，受注者は，請負代金額の十分の○に相当する額を違約金として発注者の指定する期間内に支払わなければならない。

一　前条の規定によりこの契約が解除された場合

（以下略）

　約款47条の２の「違約金」は，損害賠償額の予定と解されており，当該金額より多くの損害が発生した場合でも，発注者は請求ができないと解されている点に注意が必要です。

（解除に伴う措置）

第50条　発注者は，この契約が解除された場合においては，出来形部分を検査の上，当該検査に合格した部分及び部分払の対象となった工事材料の引渡しを受けるものとし，当該引渡しを受けたときは，当該引渡しを受けた出来形部分に相応する請負代金を受注者に支払わなければならない。（以下略）

　既に完成している部分については引渡しを受け，他の業者に残りの工事を行わせるなどの対応が必要となります。発注者は，目的物の検査を行い出来高証明書を作成し，後に疑義が生じないように対応することが必要です。

　以上のように，解除を行う場合，いずれの条項に基づいて解除を行うかの検討が必要になります。約款48条の任意解除の場合，市は解除によりAに生じた損害を賠償する必要があります。また，約款47条での解除を行う場合，本設問のように「極端な人手不足」による工期の遅れがAの責めに帰すべき事由に該当するかについて，他の具体的な事実関係を含めて判断することになります。

《参考文献》

建設業法研究会編著『公共工事標準請負契約約款の解説〔改訂４版〕』（大成出版社，2012）

2 財産管理

> **Q9** 行政財産の目的外使用許可と法的性質
>
> 当市では，市役所本庁舎内の一画を目的外使用許可の形式で小売業者に貸し，そこでは売店が営まれています。
>
> このたび，当市の業務全体を見直した結果，売店の利用者が減少していることを踏まえ，売店を廃止して当該スペースに新しい課を設置することになりました。
>
> 小売業者に出て行ってもらうことは可能でしょうか。また，出て行ってもらう際に金銭的な補償をする必要はあるでしょうか。

公用もしくは公共用に供するため必要を生じたと認めた場合，行政財産の目的外使用許可を取り消し，明渡しを求めることができます。また，目的外使用許可の際に使用料の前払いを受けている場合，金銭的な補償を要することがあります。

1．行政財産と普通財産

自治法上，普通地方公共団体の所有に属する財産のうち一定のものは公有財産と定められています（同法238条1項）。

そして，公有財産は行政財産と普通財産とに分類される（同条3項）ところ，行政財産は，普通地方公共団体において公用または公共用に供し，または供することと決定した財産と定義され，普通財産は，行政財産以外の一切の公有財産と定義されています（同条4項）。

本設問で問題となっている市役所本庁舎は，市の業務を遂行するために設置された建物ですので，市において公用に供する財産にあたり，行政財産に該当します。

２．行政財産の目的外使用許可

行政財産は，行政目的を効果的に達成するために利用されるべきものです。

そのため，行政財産に私権を設定することを認めると，行政財産を十分に活用できないこととなり，行政目的を達成できない結果となるおそれがあります。

そこで，自治法は，行政財産に私権を設定することを原則として禁止し（同法238条の４第１項），その実効性を確保するため，当該規定に違反する行為を無効としています（同条６項）。

他方で，行政財産によっては，本設問における売店のように，本来の用途または目的外に使用させても本来の用途または目的を妨げないばかりか，場合によっては積極的に行政財産自体の効用を高めることもあります。

そこで，同法は，行政財産について，その用途または目的を妨げない限度においてその使用を許可することができるとしています（同法238条の４第７項。いわゆる目的外使用許可）。

３．目的外使用許可の取消し

目的外使用許可は，上述のとおり，「その用途又は目的を妨げない限度において」認められるものです。

そのため，行政財産について公用もしくは公共用に供するため必要を生じたときは，行政財産は行政目的を達成するために利用されるべきものである以上，目的外使用許可は取り消されるべきです。

そこで，自治法は，行政財産の目的外使用許可をした場合において，公用もしくは公共用に供するため必要を生じたときは，地方公共団体の長は，その許可を取り消すことができるとしています（同法238条の４第９項）。

なお，民間同士の建物の賃貸借契約であれば，借地借家法が適用されます。

借地借家法が適用された場合，賃貸人が，賃貸借の期間が満了する１年前から６カ月前までの間に賃借人に対して更新拒絶の通知をしない限り，賃貸借契約は同一の条件で更新されたものとみなされ（民法617条１項，借地借家法26条１項），賃貸人がこの更新拒絶を行うには，正当の事由があることが必要とされます（同法28条）。

52　第2章　自治体の事務一般に関わる事項

　これに対し，行政財産の目的外使用許可については，借地借家法が適用されません（自治法238条の4第8項）。

　そのため，地方公共団体の長は，公用もしくは公共用に供するため必要を生じたと認めた場合，借地借家法に定める正当事由がない場合であっても，行政財産の目的外使用許可を取り消すことができます。

4．目的外使用許可に関する判例

　最高裁の判例（最判昭49・2・5民集28巻1号1項）は，本設問と同様の事案で，次のように判断し，地方公共団体（東京都）による行政財産の明渡請求を認めました。

　「本件のような都有行政財産たる土地につき使用許可によって与えられた使用権は，それが期間の定めのない場合であれば，当該行政財産本来の用途または目的上の必要を生じたときはその時点において原則として消滅すべきものであり，また，権利自体に右のような制約が内在しているものとして付与されているものとみるのが相当である。」

　最高裁の事案と同様の本設問でも，目的外使用許可を取り消した上で，小売業者に本庁舎スペースの明渡しを求めることができると考えられます。

5．損失補償の要否

　前述の最判昭49・2・5は，目的外使用許可による使用権の消滅について，次のように判断しました。

　「当該行政財産に右の必要を生じたときに右使用権が消滅することを余儀なくされるのは，ひっきょう使用権自体に内在する前記のような制約に由来するものということができるから，右使用権者は，行政財産に右の必要を生じたときは，原則として，地方公共団体に対しもはや当該使用権を保有する実質的理由を失うに至るのであって，その例外は，使用権者が使用許可を受けるに当たりその対価の支払いをしているが当該行政財産の使用収益により右対価を償却するに足りないと認められる期間内に当該行政財産に右の必要を生じたとか，使用許可に際し別段の定めがされている等により，行政財産についての右の必要にかかわらず使用権者がなお当該使用権を保有する実質的理由を有すると認

めるに足りる特別の事情が存する場合に限られるというべきである。」

　この判例からすると，たとえば，10年分の使用料の前払いを受けていたにもかかわらず，許可から3年後に許可を取り消すような場合には，直ちに庁舎内のスペースを明け渡すよう求められるものではなく，7年分の使用料を返還するのと同時に庁舎内のスペースを明け渡すよう求められるものと考えられます。

　これに対し，使用料を毎月受け取っていたような場合には，判例にいう特別の事情は存しないと考えられますので，金銭的な補償をすることなく，直ちに庁舎内のスペースを明け渡すよう求められると考えられます。

　このように，使用料の決め方によって金銭的な補償の要否が変わってくる可能性がありますので，地方公共団体の立場からは，目的外使用許可をする際には過大な前払いを受けないようにする等の工夫が求められるといえるでしょう。

《参考文献》
松本英昭『新版逐条地方自治法〔第9次改訂版〕』(学陽書房，2017)

Q10 行政財産と指定管理者制度

当市では、公の施設である体育館の管理をこれまで市職員を配置して行ってきましたが、今後は民間企業に任せたいと考えています。

体育館の管理を民間企業に任せる手法として、どういったものが考えられますか。また、各制度の違いを教えてください。

さらに、管理者を選ぶ際に気を付けるべき点があれば教えてください。

業務委託契約と指定管理者制度の2つの手法が考えられます。施設の管理権限が受託者にあるかどうかが両者で異なり、そのことから利用料金の収受等で違いが生じます。管理者を選ぶ際には、管理者の選定が公正かつ透明に行われるよう留意する必要があります。

1. 公の施設

自治法上、たとえば、本設問における体育館のほか、病院、図書館、市民会館、保育所、児童館等、住民の福祉を増進する目的をもってその利用に供するための施設のことを公の施設と呼びます（同法244条1項）。

後述の指定管理者を設置できるのは公の施設だけです（同法244条の2第3項）が、公の施設は、住民の利用に供するための施設であることが要件となっています。

そのため、自治体の庁舎、廃棄物処理センター、給食センターのように行政サービスを実施するための施設は、公の施設には該当しませんので、指定管理者を設置できません。

また、公の施設の設置および管理に関する事項は、条例で定める必要があります（同条1項）。

過去の裁判例にも、条例に基づかずに設置されている施設が公の施設にあたるかどうかが争われたものがあります（広島地判平14・11・26判タ1129号132頁等）ので、自治体の担当者は、公の施設について設置の根拠となる条例があるかどうかを注意する必要があります。

2．公の施設の管理手法

　公の施設について，自治体がその職員を配置して管理することも当然に可能ですが，民間企業に管理を任せることも可能です。

　自治体が民間企業に公の施設の管理を任せる手法として，①自治体と民間企業との間で業務委託契約を締結すること，および②自治体が民間企業を指定管理者に指定することが考えられます。

　①業務委託契約は，自治体と民間企業とが対等の立場で締結する契約であるのに対し，②指定管理者の指定は，自治体の民間企業に対する行政処分として行われるものです。

　こうした法的性格の違いから，業務委託契約と指定管理者の間で，以下に述べるような違いが生じます。

3．業務委託契約と指定管理者制度の違い

(1)　受託主体

　業務委託契約の場合，業務を受託する主体に法律上の制限はありません。

　ただし，業務委託契約も民法上の請負契約の一種ですので，自治体の議会の議員や自治体の首長は当該自治体の業務を受託できません（自治法92条の2・142条）。

　これに対し，指定管理者となることができるのは，「法人その他の団体」です（同法244条の2第3項）ので，団体であれば法人格がなくとも指定管理者となることができますが，自然人は指定管理者となることができません。

　また，指定管理者については，同法92条の2および142条の議員や長の兼業禁止規制の対象となりません。

(2)　公の施設の管理権限

　業務委託契約の場合，公の施設の管理権限は自治体から民間企業に移りません。

　これに対し，指定管理者制度の場合，公の施設の管理権限は自治体から民間企業に移ります。

　これらのことから，具体的には以下の点で業務委託契約と指定管理者制度で

56　第2章　自治体の事務一般に関わる事項

違いが生じます。

① 施設の使用許可

　業務委託契約では，受託者が行政処分である施設の使用許可を行うことができませんが，指定管理者制度では，指定管理者が施設の使用許可を行うことができます。

② 管理の基準および業務の範囲の規定方法

　業務委託契約では，管理の基準および業務の範囲の規定方法は契約で定めることになりますが，指定管理者制度では，指定管理者が行う管理の基準および業務の範囲は，条例で定められることになります（自治法244条の2第4項）。

③ 受託者の決定

　業務委託契約では，受託者の決定すなわち契約の相手方の選定については，自治法および同法施行令に基づき，競争入札または随意契約によって行われることになり，議会の議決は原則として不要です。

　これに対し，指定管理者制度では，公の施設の管理権限が移るという効果を伴いますので，受託者の決定すなわち指定管理者の指定には議会の議決が必要になります（同法244条の2第6項）。

　この議決は，公の施設ごとに経る必要があり，指定管理者の指定について首長に一任するというような包括的な議決はできません。

④ 管理を行わせる期間

　業務委託契約では，受託者に管理を行わせる期間は契約で定めるのに対し，指定管理者制度では，指定管理者の指定の際に期間を定め，議会の議決を経ることになります（自治法244条の2第5項）。

⑤ 利用料金

　業務委託契約では，利用料金を民間企業自体の収入とすることは予定されていません。

　これに対し，指定管理者制度では，自治体が適当と認めるときは，利用料金を指定管理者自体の収入として収受させることができます（自治法244条の2第8項）。この場合，利用料金は，条例の定めるところにより指定管理者が定めるものとし，指定管理者は，利用料金について自治体の承認を受ける必要があります（同条9項）。

4．管理者を指定する際の留意点

　自治体の契約締結手続については，自治法および同法施行令で規律されているのに対し，指定管理者の指定手続については，条例で定めるとされている（同法244条の2第4項・3項）ほかは特に規定がありません。

　そのため，地元の事業者や関係団体を不当に優遇しているのではないかといった疑念を持たれないよう，指定管理者の選定が公正かつ透明に行われるよう留意する必要があります。

　具体的には，複数の団体から事業計画書を提出させた上で，事業計画の遂行可能性を客観的な基準により審査することが考えられます。

　また，指定管理者の選定に際して選定委員会を設置し，選定委員として専門家に加わってもらうことも考えられます。

58 第2章 自治体の事務一般に関わる事項

Q11 PFI

　当市では，市営住宅を新たに建設することを計画していますが，その運営を民間企業に任せたいと考えています。

　その手法の一つとして，PFI（Private Finance Initiative）を検討していますが，どのような点に注意して進めていけばよいでしょうか。

　また，事業の民営化，民間委託，第三セクター方式とPFIとはどのような点が違うのでしょうか。

A

　PFIでは，地方公共団体は企画・計画をし，設計・建設・維持管理・運営のすべての業務を長期の契約として一括して民間事業者に委ねます。PFIにおいては，官民の役割分担を明確にし，事業開始後もモニタリングを行うことが重要です。

1．PFIとは

　PFI（Private Finance Initiative）とは，市営住宅等の公共施設の整備等にあたって，どのような設計・建設・維持管理・運営を行えば最も効率的かについて，民間事業者に提案競争させ，最も優れた民間事業者を選定し，設計から運営までを行わせ，資金調達も自ら行ってもらう制度を指します。

　従来型の公共事業では，地方公共団体が設計・建設・維持管理等の方法を決め，それぞれをバラバラに年度ごとに発注していました。

　これに対し，PFIでは，地方公共団体は企画・計画をし，設計・建設・維持管理・運営のすべての業務を長期の契約として一括して民間事業者に委ねます。

　このため，PFIでは，建設会社，管理会社，運営会社等が共同で特定目的会社（SPC）を設立し，選定事業者となることが多いです。

　また，PFIでは，従来のように細かな仕様を定めるのではなく，性能を満たしていれば細かな手法は問わない発注方式（性能発注）によって業務を委ねます。

　そのため，業務遂行の手法に関して民間事業者のノウハウを幅広く活かすことができ，安価で良質な公共サービスの提供を実現することができると考えら

れます。

2．PFIの形態

PFIには，1に述べたような形態（サービス購入型）に加え，公共施設がその利用者から賃料等の収入を得られる形態（収益型）および民間事業者に公共施設の整備や運営だけでなく，オフィス・売店等の収益施設を併設させ営業させる形態（収益施設併設型）があります。

これらの形態による場合，サービス購入型の場合よりもさらに公共の負担が少なくなる可能性があります。

また，PFIには，民間事業者に公共施設の利用料金を自らの収入として収受する権利（公共施設等運営権，コンセッション）を認める形態（コンセッション方式）もあります。

コンセッション方式による場合，民間事業者が長期に安定して公共施設の運営や維持管理を行うことが可能となり，より民間事業者の創意工夫が発揮しやすくなると考えられます。

3．PFIの資金調達

従来の公共事業では，施設の設計，建設の際に必要な費用は，起債や独自財源等の公的資金で対応していました。

これに対し，PFIでは，設計，建設に必要な資金の一部をSPCが金融機関等から借り入れて調達するのが一般的です。

これにより，地方公共団体は建設時期に一度に資金を支出する必要がなくなり，提供されるサービスの対価としてSPCに資金を支払います。

SPCは地方公共団体からの支払いを受け，その収入をもって金融機関に借入金を返済することになります。

4．PFIの注意点

まず，市営住宅の運営について，たとえば，入居者の管理は地方公共団体，施設の維持管理や大規模修繕は民間事業者，といった官民の役割分担を明確にしておくことが必要です。

60　第2章　自治体の事務一般に関わる事項

　また，事業の計画は地方公共団体で立てることになりますが，計画どおりに市営住宅が運営されるよう，実施方針，要求水準書および事業契約を作成し，事業開始後もモニタリングを行うことが重要です。

　なお，PFIの検討には金融，法務，技術等の専門知識が必要であり，外部のアドバイザーから支援を受けて検討を進めることが多いのが実情です。

5．事業の民営化，民間委託，第三セクター方式とPFIとの違い

(1)　事業の民営化とPFIとの違い

　事業の民営化とPFIは，施設の管理や運営を民間事業者に委ねる点で共通しています。

　他方で，事業の民営化では，事業の計画も民間事業者が立てるのに対し，PFIでは，事業の計画自体は地方公共団体が立てることになります。

　民営化の例として，JR各社やNTT各社が挙げられます。

(2)　事業の民間委託とPFIとの違い

　事業の民間委託とPFIとの違いは，1で述べた従来型の公共事業とPFIとの違いに相当します。

(3)　第三セクターとPFIとの違い

　第三セクターは，地方公共団体が民間事業者と共同で出資して株式会社等の法人を設立し，当該法人が事業を遂行する方式を指します。

　そのため，第三セクターに損失が生じた場合，地方公共団体は，原則として出資の限度で経済的負担を負うことになります。

　これに対し，PFIでは，事業を遂行するSPCに地方公共団体が出資することはありません。

　そのため，PFIにおけるSPCに損失が生じた場合であっても，地方公共団体は，事業契約に明記されている以外の経済的負担を負いません。

　こうしたPFIの仕組みから，地方公共団体がPFIの事業契約を締結する場合には，どういった場合に地方公共団体が経済的負担を負うのか，将来起こりうるリスクを可能な限り想定した上で具体的に定めておくことが求められます。

《参考文献》

内閣府民間資金等活用事業推進室（PPP/PFI推進室）「PPP/PFIの概要」（2018年10月）

62 第2章 自治体の事務一般に関わる事項

Q12 公金債権の回収と破産手続，強制競売との関係

債務者が他の債権者から強制執行を受けた場合，自治体はどのように債権回収をすればいいですか。反対に，自治体が滞納処分や強制執行をした場合，他の債権者が関与してくる余地はありますか。また，債務者が破産した場合の債権回収はどのようにすればいいですか。債権の種類ごとに教えてください。

A

債務者が他の債権者から強制執行を受けた場合，自治体は，公租または公課であれば交付要求等をすることができ，非強制徴収債権であれば配当要求をする余地があります。反対に，自治体が滞納処分や強制執行をした場合，他の債権者から交付要求または配当要求等をされる可能性があります。債務者が破産した場合，債権の種類に応じて，財団債権または破産債権として権利行使をすることができます。

1．各種債権間の優先関係

(1) 債権の種類

債権回収の方法を検討する前提として，自治体が有する債権の種類について理解しておく必要があります。自治体が有する債権の種類は，地方税，地方税以外の強制徴収公債権である公課（地方税法14条），非強制徴収債権（非強制徴収公債権および私債権。両者を併せて同法14条の20の「私債権」に相当）があります。

地方税は国税とともに「公租」とも呼ばれており，債権回収の場面においては，両者は理論上同等の優先順位とされています（国税徴収法8条参照）。公租および公課は滞納処分ができます（地方税法68条6項・72条の68第6項等，国民健康保険法79条の2等，自治法231条の3第3項，国税徴収法5章）。

(2) 各種債権の優先関係

公租である地方税は，滞納処分および強制執行の換価代金等の配当において，原則として公課および非強制徴収債権に優先されます（地方税法14条）。公課は，

公租に次ぐ優先順位の先取特権を有しているもの（国民健康保険法80条4項等）と，先取特権を有していないもの（生活保護法78条等）があります。よって，「①公租，②公課（先取特権あり），③公課（先取特権なし）および非強制徴収債権」という原則的な優先関係が成り立ちます。しかし，公課および非強制徴収債権が抵当権等の担保を徴している場合，公租の法定納期限等または担保権設定日が先である債権が優先されます（地方税法14条の9・14条の10・14条の14）。

公租間の優先関係は，「①滞納処分費，②地方税，③延滞金，過少申告加算金，不申告加算金および重加算金」（同法14条の5）となります。また，他の公租との優先関係は，「①担保を徴したもの（同法14条の8），②先に差押えに着手したもの（同法14条の6），③交付要求の順序（同法14条の7）」となります。ただし，例外として，道府県たばこ税等（同法14条の4）および消費税等（国税徴収法11条）は，差押えや交付要求を先に着手していなくても優先されます。

上記優先関係の結果，3つ以上の債権が「三つ巴」となり優劣を決し難い場合の処理方法も，地方税法14条の20に規定されています。

2. 債務者が他の債権者から強制執行を受けた場合

(1) 自治体の債権が公租または公課の場合

自治体の債権が公租および公課の場合，債務者が他の債権者から強制執行を受けたときには，交付要求（国税徴収法82条）および滞納処分としての二重差押え（同法47条，滞納処分と強制執行等との手続の調整に関する法律（以下「滞調法」といいます）21条1項・29条1項・36条の3第1項）をすることができます。

交付要求は，対象財産が不動産の場合であれば，執行裁判所が定めて公告した配当要求の終期（民事執行法49条等），動産の場合であれば，売得金について執行官がその交付を受ける時等（同法140条），債権の場合であれば，第三債務者から直接回収する時等までに行う必要があります。執行裁判所に対して交付要求書を提出するとともに，債務者および対象財産上の質権者等のうち知れている者に対し，交付要求をした旨を通知しなければなりません（国税徴収法82条）。強制執行の手続が解除または取消しをされない限り，執行裁判所によって強制換価手続が実施され，交付要求をした自治体は，上記1で述べた優先関係により配当を受けることができます（同法129条1項2号，民事執行法87条1項

2号等）。配当表は閲覧することができ，配当順位等に異議の申出をすることもできます（同法89条等）。

　滞納処分としての二重差押えは，強制執行が解除または取消しをされた場合に失効する滞納処分とは異なり，そのような場合でも失効しません。ただし，この滞納処分は，滞納処分続行承認の決定（滞調法26条・33条）があったとき以外は，強制執行による差押えが取り消された後等でなければ，することができません（同法22条・30条。なお同法36条の8参照）。二重差押え自体は交付要求の効力がないため，併せて交付要求をしておく必要があります。ただし，債権に対する二重差押えについては，みなし交付要求の規定もあることに留意が必要です（同法36条の10）。

(2)　自治体の債権が非強制徴収債権の場合

　自治体の債権が非強制徴収債権の場合，執行力のある債務名義の正本を有していれば，執行裁判所に対して配当要求をして（民事執行法51条等），配当を受けることができます（同法87条1項2号等）。配当表の閲覧および配当順位等に対する異議の申出をすることができるのは，交付要求と同様です。

3．自治体が滞納処分や強制執行をした場合

　自治体が滞納処分や強制執行をした場合，国や他の自治体は，公租または公課による交付要求および滞納処分としての二重差押え（一部の財産に対しては参加差押え（国税徴収法86条））をすることができます。

　他の債権者が非強制徴収債権を有する場合，滞納処分に対して参加することはできませんが，別途強制執行をすることは妨げられません（滞調法3条1項・12条1項・20条の3第1項）。ただし，強制執行による換価手続は，原則として強制執行続行の決定（同法9条・17条）があったとき以外は，滞納処分による差押えが解除された後等でなければ，することができません（同法4条・13条。なお同法20条の5参照）。強制執行に対しては配当要求をすることができます。

4．債務者が破産した場合

　債務者が破産した場合，自治体の債権が公租または公課（破産法では両者を併せて「租税等の請求権」といいます）であって，①破産手続開始前の原因に

基づいて生じたものであり，破産手続開始当時，まだ納期限の到来していないものまたは納期限から1年を経過していないものや，②破産手続開始後の原因に基づいて生じるものであっても，破産財団の管理に関する費用（法人住民税や固定資産税および都市計画税）は財団債権となり，破産手続によらないで，破産債権に優先して破産財団から回収することが可能です（同法2条7項，97条4号，148条1項2号・3号，151条）。破産財団に属する財産に対する滞納処分は，破産手続開始前に既に行われていれば続行することができますが，破産手続開始後に新たに行うことはできません（同法43条）。

　財団債権以外のその他の債権は，その性質および発生時期等に応じて，優先的破産債権（同法98条），一般破産債権または劣後的破産債権（同法99条）のいずれかの破産債権（同法2条5項）となり，破産裁判所に対して破産債権の届出をし（同法111条・114条），配当を受ける必要があります（同法193条以下）。

　公租または公課は，債務者が個人である場合の免責決定によっても免責されません（同法253条1項1号）。また，担保権を有する債権の場合，別除権として破産手続によらないで担保権を行使することができます（同法2条9項・65条）。

《参考文献》
杉之内孝司『地方税滞納整理の理論と実務〔改訂版〕』（ぎょうせい，2008）
日澤邦幸『覚えておきたい自治体徴収実務の定石』（第一法規，2018）
吉国智彦『徴収職員のための滞調法の基本と実務』（第一法規，2017）

66 第2章 自治体の事務一般に関わる事項

─ **Q13** 居住者がいる朽廃家屋と「空家問題」─

本市でも空家問題に取り組んでいますが，実は，本市で一番危険視されている朽廃家屋は，判断能力の低下が疑われる高齢者が所有・居住しています。本市としては，どのような対応が考えられるでしょうか。

A

特措法に基づく措置はとりえませんが，成年後見制度の利用を検討する余地がありそうです。対処に苦慮する類型の一つですが，空家等対策計画に福祉部署との連携を取り入れるなどして，継続的に取り組む必要があります。

1．特措法に基づく措置の対象外

⑴ 空家の増加は避けられない

総務省「平成30年住宅・土地統計調査」（2018年10月時点）によれば，既に全国に空家が846万戸あり，住宅の総数の13.6％以上を占めるに至っています。

わが国では，これまで数十年の少子化の積み重ねにより，近い将来の急激な人口減少が不可避であり，地方都市・中山間地域はもちろんのこと，大都市圏においても，大幅に人口が減少することになります。仮に，現在直ちに出生率が改善・上昇したとしても，今後数十年間の人口減少に歯止めをかけるには至りません。したがって，一部自治体がさまざまな施策を講じて相対的に（自治体間競争で優位に立つことにより）人口減少幅を軽減できたとしても，平均的には大幅な人口減少に晒されることになります。

これに伴って，さらに大量に空家が発生することも避けられません。

⑵ 特措法の施行状況

これら空家の中には，適切な管理が行われず，建物が朽廃して屋根・壁面の一部落下や建物の倒壊等により隣家や通行人に損害を及ぼすおそれがあるなど，周辺住民の生活環境に悪影響を及ぼす物件があります。

もちろん，本来，建物は私的な"財産"であり，周辺住民や自治体などが勝手に手出しをすることはできませんし，所有者・管理者（以下「所有者等」といいます）こそが適切な管理を行う責務を負うものですが，そうした原則論だ

けでは問題状況に対処しきれません。

　こうした背景から，「空家等対策の推進に関する特別措置法」（以下「特措法」といいます）が立法され，平成27年に施行されました。

　同法に基づき，国が「空家等に関する施策を総合的かつ計画的に実施するための基本的な指針」（基本指針）を公表しており，市町村は，これに即した空家等対策計画を作成するなどして必要な措置を講ずるよう努めることとされました。

　また，同法は，市町村長に，「空家等」に関する必要な立入調査等の権限（同法9条)，「特定空家等」の所有者等に対してその除却，修繕等を行うよう段階的に①助言・指導，②勧告，③命令，さらには④代執行（ないし略式代執行）を行う権限（同法14条）等の，具体的で実効力ある手段・権限を認めました。

　同法施行後の，市町村による施行状況等について，国交省・総務省が調査・公表しており，これによれば，施行後4年足らずの間の助言・指導件数が493自治体で13,084件，うち代執行まで至った件数が29件，略式代執行が89件ありました（平成30年10月1日時点）。

　したがって，助言・指導によって所有者等の対処を促す取組みは相応に活用され，浸透しつつありますが，（略式）代執行によって自治体の手で朽廃した空家を撤去するケースは少数にとどまっており，いわば"最後の手段"の扱いになっていることが読み取れます。

(3)　特措法の適用対象とならない

　さて，本設問の朽廃家屋には，お住まいの方がいるとのことです。

　説明が後先になりましたが，特措法が対象とする「空家等」とは，「居住その他の使用がなされていないことが常態である」建築物（またはこれに附属する工作物）およびその敷地（立木その他の土地に定着する物を含む）を指します（同法2条1項)。

　また，助言・指導などの措置の対象となる「特定空家等」とは，（空家等のうち）「そのまま放置すれば倒壊等著しく保安上危険となるおそれのある状態又は著しく衛生上有害となるおそれのある状態，適切な管理が行われていないことにより著しく景観を損なっている状態その他周辺の生活環境の保全を図るために放置することが不適切である状態にあると認められる」ものと定義され

68　第2章　自治体の事務一般に関わる事項

ています（同条2項）。

　したがって，現状では，居住者がいる以上，「空家等」にあたらず，同法に基づく措置の対象外ということになります。

　もっとも，判断能力の低下が窺われるようですので，いずれ，施設入所，親族方への転居といった状況の変化がありえます。親族等関係者とも連携して，継続的な見守りが必要です。

2．成年後見人の選任の可能性

　居住者がいる建物について，保安上危険となるおそれのある状態であったり，著しく衛生上有害となるおそれのある状態であったりする場合にも，周辺の生活環境への悪影響があることには変わりありませんが，これら場合には，（所有者・管理者を含め）居住者など権利者等との間で民事的に（あるいは自治体からの通常の働きかけにより）解決・解消することが想定されています。

　しかしながら，本設問のように権利者等の判断能力に低下がみられる場合には，合理的な協議ができず，説得が困難といった事態が生じやすくなります。

　また，もし，認知症により，民法上の意思能力（行為の結果を理解しながら，その行為をするか否か判断することができる能力）を欠いた状態にまで至れば，第三者に管理を委託することすらできなくなります（意思能力がない者の法律行為は無効となります）。この場合は，成年後見制度等の利用を検討する余地があります。

　成年後見は，精神上の障害により，事理を弁識する能力を欠く常況にある者（成年被後見人）に対し，家庭裁判所が，成年後見人を選任する制度です。成年後見人は，成年被後見人の財産を管理するほか，成年被後見人の財産に関する法律行為を行うことができます（民法7条・859条1項。なお，事理弁識能力を全く欠くには至らない場合も，保佐人制度の利用を検討する余地があります）。

　家庭裁判所への申立ては，本人，配偶者，親族等が行いうることとされており，親族の協力を求めることになりますが，条件さえ満たせば，市区町村長が申立人となりうる可能性もあります（老人福祉法32条，知的障害者福祉法28条，精神保健及び精神障害者福祉に関する法律51条の11の2）。

　成年後見人を選任できる事例ならば，建物の修繕などの管理の道が開けます。

3. 「空家問題」と福祉的施策

(1) まず，各自治体の現状を把握する

貴市では，空家に関する条例を制定しているでしょうか。また，特措法に基づく空家等対策計画を作成しているでしょうか。

「空家問題」については，（一部の）市町村の条例による対応が先行した後に同法が制定・施行された経緯があり，また，市町村がそれぞれ独自に空家等対策計画を作成できるために，市町村によって条例・制度にかなりの違いがありますので，まず，その内容や特徴を正しく把握することが出発点となります。

他市町村の成功事例を安易に踏襲できないということであり，一方，条例や空家等対策計画を工夫すれば，より進んだ対応が可能ということでもあります。

(2) "空家"の相対性に留意した仕組みの必要性

特措法制定を踏まえて，国交省・総務省がそれぞれに取組みを継続しており，本設問で引用した調査・公表のほかにも，空家対策支援メニューの公表・アップデート（国交省）も行われていて，非常に参考になります。

ただ，一点，特に留意したいのは，国交省・総務省の取組みが「空家等」にほぼ特化しており，また，福祉分野との連携にあまり踏み込んでいないことです（視野に入っていないわけではなく，厚労省等との縦割りに由来するものと思われます）。

市町村の現場に，初めからの"空家"はなく，居住者がいる／いないという状況は相対的な区別にすぎません。居住者が入院したり，亡くなったりといったことで，日々変化します。また，市町村職員は，建物そのものではなく，その建物に関係する住民と，向き合っているはずです。

上記1のとおり，「空家等」でなければ，それだけで同法の対象から外れてしまいます。しかし，市町村の現場では，そのような機械的な分類を鵜呑みにすることなく，空家の発生を抑制する取組みの一環と位置付けるなどして「空家ではないが，管理不全な建物」（いわゆる「ゴミ屋敷」なども含め）を空家等対策計画に取り込み，福祉部署との情報共有や連携を仕組みとして具体化し，経時的な変化を織り込んで，一体的・総合的に取り組まない限り，広い意味での「空家対策」の成果は覚束ないでしょう。

70　第2章　自治体の事務一般に関わる事項

Q14　所有者不明土地―共有私道の管理に困るケース

　老朽化が進んだ私道があり，アスファルト舗装の一部に段差が生じているため，住民らが，本市の助成制度を利用して，全面再舗装を計画しています。ところが，私道の共有者5者（私道沿いの宅地の所有者が私道の土地を共有しています）のうち1者が，70年前の所有権移転登記以降，相続登記されておらず，現在の権利者がわかりません。この場合，残り4者の合意をもって，全面再舗装を適法に実行できるでしょうか。本市が当該工事を正当なものと認めて補助金を支出してよいか，判断に迷っています。

A

　残り4者の合意をもって，適法に全面再舗装を行うことができます。したがって，貴市の助成制度の要件がこうしたケースにも対応できるように定められているか点検し，必要に応じて改定するとよいでしょう。

1．共有私道の管理権に関するトラブル事例

(1)　私道共有者が所在不明となるケース

　私道は，しばしば，当該道路に隣接等する複数の土地所有者による共有の形態が取られています。その場合，道路の舗装工事，地下のライフライン（上水道，下水道，ガス管），電柱，植栽等の管理については，権利者らが共同で決すべきことになります。

　ところが，年月が経って，相続の発生その他の事情により，権利者のうち1名ないし数名が不明となってしまい，いざ各種の管理が必要となった際に支障を生ずるケースが多く発生しています。

　その際，実施しようとしている（広義の）管理について，不明となった所有者（共有者）の承諾を得ずに実施可能なのか否かの判定が容易でないため，問題が生じます。

　関連して，実務的に問題となるのは，市区町村が私道の管理に関連する助成制度（たとえば，側溝整備や下水道整備に関する補助金）の制度を設けている場合に，しばしば，申請要件として，「私道の共有者全員の承諾書」の提出を

定めていることです。この場合，不明の共有者が存在することによって，補助金の交付が受けられず，結果的に，資金的問題から，側溝整備や下水道整備が行われず，市区町村の行政目的も果たされないことになります。

(2) 共有私道の種類

共有私道には，2種類の典型的な類型があります。1つは，私道が一筆の土地として登記されていて，その土地を複数名が所有（共有）する，民法の共有の規定（249条以下）が適用される私道（＝共同所有型私道）です（本設問は，共同所有型私道の事例です）。もう1つは，私道が複数の筆で構成されていて，隣接する宅地の所有者等が，私道の各筆をそれぞれ所有し，相互に利用させ合う私道（＝相互持合型私道）です。

(3) 共同所有型私道の（広義の）管理に関するルール

共有物に関する一般的ルールは，まず，共有者間に取決めがある場合は，それに従う，ということです。当事者間で，明示的な取決めがなされるケースもありますし，私道を共同で開設・使用する中で黙示の取決めが形成されるケースもあります。

共有者間に取決めがない場合，民法の共有の規定に基づくことになります。

① 共有物の「使用」（単独で可能）

各共有者は，共有物の全部について，その持分に応じた使用をすることができることとされています（民法249条）。

② 共有物の「変更」（全員の同意が必要）

各共有者は，他の共有者の同意を得なければ，共有物に変更を加えることができないこととされています（民法251条）。一般に，共同所有型私道の形状を大きく変更する行為や，長期にわたって法律上の義務を課す行為は，変更・処分行為にあたり，共有者全員の同意が必要であると解されています。

③ 共有物の「管理」（持分の過半数の同意が必要）

共有物の管理に関する事項は，各共有者の持分の価格に従い，その過半数で決することとされています（民法252条前段）。管理に関する事項とは，「変更」にあたらない程度の共有物の利用・改良行為をいいます。一般に，私道の状態をより良好な状態とするような改良工事や，私道の利用方法の協議等は，管理に関する事項に該当し，各共有者の持分の価格に従って，その過半数で決する

ことになります。

④ 共有物の「保存」（単独で可能）

　共有物の現状を維持する保存行為は，各共有者が単独で行うことができます（民法252条ただし書）。

(4)　相互持合型私道に関するルール

　相互持合型私道は，各自が所有する筆だけでは私道として成立しないものの，各筆の所有権は民法上の共有状態になく，単独所有であることになります。

　この場合における各土地の所有者は，互いに各自の所有宅地のために，通行地役権（民法280条本文）を設定していると考えられています。所有者間で合意して相互持合型私道を開設するときは，地役権の設定が明示的にされることが多いものと考えられますし，分譲地に相互持合型私道が開設されているときは，相互に譲り受けた土地について黙示の地役権の設定がされていることが通常と考えられます。

　現象面では類似の事案であっても，相互持合型私道であるか共同所有型私道であるかによって法律関係が異なり，当然，結論も相違することがありますので，注意が必要です。

(5)　本設問について

　本設問は，共同所有型私道についての事例です。設問に補足すると，共有する5者の持分割合は5分の1ずつであるものとします。

　共有私道の全面再舗装を行うことが，民法上，前掲「使用」「変更」「管理」「保存」のいずれの行為に該当するか，その区別を検討することになります。

　仮に，老朽化したアスファルト舗装の段差が生じた部分のみを補修するのであれば，共有私道の現状を維持するための「保存」行為であると解されます。その場合は，共有者のうち1名が単独で補修工事を実施できることになります。

　しかし，本設問では，段差部分の補修のみならず，全面再舗装を実行しようとしています。従前からアスファルト舗装されていた私道であることからすれば，共有物の「変更」には該当しないと解されるものの，現時点では通行に支障がない部分も含めた全面再舗装は，全体としては，共有物を改良する行為として，共有物の「管理」行為にあたると解されます。

　したがって，本設問では，各共有者の持分の価格に従い，その過半数で決す

ることになります。共有者4者（合計すると，持分5分の4を保有）が一致していますので，全面再舗装を適法に実施できることになります。

こうした検討を踏まえると，補助金の申請要件として「私道の共有者全員の承諾書」を必要不可欠とするような制度は，実体法よりも要件を加重している意味合いがあることがわかります。もちろん，予め全員の承諾を要求することが，トラブル防止の機能を果たす面もあるでしょう。しかし，少なくとも，一部の共有者に連絡がつかないことがやむをえないと認めうるケースについて，例外的に補助金を交付する余地を残すような制度設計が重要と考えられます。

2．所有者不明私道への対応ガイドライン

いわゆる「所有者不明土地」，すなわち，相続登記未了のまま何十年も放置されてきた不動産（これにより，現在の所有者を容易に特定できない不動産）の問題は，以前から存在した問題ですが，東日本大震災後の復興事業における用地取得の困難を機に，再認識され，取組みが進められてきました。

その一環として，法務省において，私道の共有者の一部が不明であるために生じるトラブル事例の調査を実施したところ，本設問以外にもさまざまな支障事例が報告されました。

それら事例を検討し，各事例における解決の考え方を取りまとめたのが，「複数の者が所有する私道の工事において必要な所有者の同意に関する研究報告書～所有者不明私道への対応ガイドライン～」です（「共有私道の保存・管理等に関する事例研究会」が平成30年1月に公表。法務省ウェブページに全文が掲載されています）。

同ガイドラインには，「共同所有型私道」および「相互持合型私道」それぞれにおける問題解決の手法，考え方が具体的に示されているほか，各種のライフラインに関する基本的知識も盛り込まれており，行政において私道の管理に関わる職員にとどまらず，広く，用地取得を含めた公共事業全般に携わる職員の参考になるものと思います。

また，とりわけ平成29年度以降，関係各省庁による，「所有者不明土地」問題全般に対する幅広い検討や立法作業が急ピッチで進められていますので，制度改正の動向に注視が必要です。

74　第2章　自治体の事務一般に関わる事項

3　情報公開・個人情報保護

Q15　情報公開・個人情報保護制度

(i)　市民の方から「自分が昨年市内のA公立病院を受診したことがわかる書類」を開示請求したいという問い合わせがありました。この場合，問い合わせを受けた職員としては，情報公開条例に基づく開示請求を案内すべきでしょうか，それとも個人情報保護条例に基づく開示請求を案内すべきでしょうか。

(ii)　市民の方から「自分の配偶者が昨年市内のA公立病院を受診したことがわかる書類」を対象文書として情報公開条例に基づく開示請求を受けました。この場合，開示請求を受けた市としては，どのような対応をとるべきでしょうか。

A

(i)　情報公開条例に基づく開示請求の場合には，本人の個人情報は不開示となってしまうため，個人情報保護条例に基づく開示請求を案内すべきです。

(ii)　特定の個人を名指しした開示請求であるため，いわゆる存否応諾拒否による不開示の決定を行うべきです。

1．地方公共団体における情報公開・個人情報保護

(1)　適用関係

　行政機関情報公開法と行政機関個人情報保護法は国の官庁で作成された文書や管理する個人情報を規律しているもので，地方公共団体が保有する文書・個人情報は適用対象外としています（行政機関情報公開法2条1項，行政機関個人情報保護法2条1項参照）。そのため，地方公共団体が保有する文書や個人情報については，各地方公共団体が定める条例（情報公開条例・個人情報保護条例）に委ねられています（行政機関情報公開法25条参照）。

　もっとも，以下では，条例が各法律の内容に準じて定められていた場合を念

頭に解説します。

(2) 情報公開制度の概要

開示請求者は「何人」であっても可能であるため，外国籍の方や未成年者から請求することも可能です（行政機関情報公開法3条）。

開示請求の対象となる「行政文書」については，自治体職員が「組織的に用いるもの」（組織共用文書）が対象になります（同法2条2項）。そのため，個人の下書きのメモは対象になりません。もっとも，決裁等の事務処理を終えているか否かは問いませんので，注意が必要です。

開示請求があった場合には，不開示事由に該当しない限り開示請求に応じなければなりません。もっとも，①個人を識別できる情報のほか，②法人等情報，③国家安全情報，④公共安全情報，⑤審議検討等情報，⑥事務事業情報などについては不開示事由となります（同法5条各号参照）。

(3) 個人情報保護制度の概要

個人情報とは，生存する個人に関する情報であって，氏名，生年月日その他の記述等により特定の個人を識別できる情報（個人識別符号，いわゆるマイナンバーを含みます）をいいます（行政機関個人情報保護法2条2項参照）。

開示請求が「何人」にも認められること，開示請求の対象が組織的に利用される個人情報であることは，情報公開の場合と同様ですが，開示の対象は，あくまで開示請求者本人の個人情報のみで，第三者の個人情報を開示することは原則できません。例外として開示が許されるのは，①法令の規定によりまたは慣行として開示請求者が知ることができ，または知ることが予定されている場合，②人の生命，健康，生活または財産を保護することが必要であると認められる場合などです（同法14条2号イおよびロ参照）。また，不開示情報が含まれる場合であっても，個人の権利利益を保護するために特に必要があると認めるときは開示することができます（裁量的開示。同法16条）。

不開示決定については，情報公開請求・個人情報開示請求いずれについても，条例に基づく申請に対する処分であることから，各地方公共団体が定める行政手続条例の規定の適用があり（行手法3条3項），理由提示の義務が生じることになります。

76　第2章　自治体の事務一般に関わる事項

2．本人の情報の取得

⑴　本人が自己情報の開示を求める場合の対応

　上記のとおり，情報公開条例に基づく開示請求と，個人情報保護条例に基づく開示請求の2つが存在することとなります。では，自らの情報を取得する場合に，いずれの方法によるべきでしょうか。

　確かに，請求者本人の個人情報を本人に対して開示するのであれば，本人に不利益はないことから，いずれの請求であっても開示決定すべきであるとも思われます。しかしながら，開示・不開示の決定は，開示請求者の属性を問わず，開示・不開示の検討対象となっている情報の性質から，誰に対しても画一的に決められるべきと解されます。そのため，開示請求者に関する個人情報が記載されている情報は，たとえ本人が開示請求者であっても，情報公開条例では不開示としなければなりません。

⑵　最高裁判決との関係

　なお，情報公開条例に基づいて本人から開示請求がなされた事案で，本人に対して本人の個人情報を開示することが許されるとした判例（最判平13・12・18民集55巻7号1603頁）がありますが，この事案は個人情報保護条例が未制定である段階の事案であり，個人情報保護条例が制定されている現在の地方公共団体については，妥当しないと考えられます。

⑶　結　　論

　本設問⒤において「自分が昨年市内のA公立病院を受診したこと」は本人の個人情報に該当することから，個人情報保護条例に基づく開示請求を案内すべきことになります。

3．存否応諾拒否

⑴　趣旨・内容

　存否応諾拒否とは，存在しているか否かを答えるだけで，（情報公開条例および情報保護条例に規定する）不開示事由を開示することになる場合には，その存否を明らかにしないで開示請求を拒否することができることをいいます（行政機関情報公開法8条，行政機関個人情報保護法17条参照）。

(2) 具 体 例

　たとえば，「○○さんが生活保護を受給した事実がわかる書類」を開示請求の対象として，情報公開条例または個人情報保護条例に基づく開示請求がなされた場合を考えます。

　このとき，真実「○○さんが生活保護を受給した事実」があり，その関係書類が存在した場合に，不開示事由に該当するとして不開示決定をしたとしても当該文書の存在は前提としているので「○○さんが生活保護を受給した」という事実（個人情報）が開示請求者に明らかになってしまいます。

　他方，「○○さんが生活保護を受給した事実」はなく，そのため開示請求の対象とされた文書の不存在を理由として不開示決定を行ったとしても「○○さんが生活保護を受給した事実はない」という事実（個人情報）を開示請求者に明らかにしてしまいます。

　したがって，個人を名指しした請求がなされた場合には，文書の有無を問わずに，常に存否応諾拒否をしなければなりません。

(3) 理由提示の際の留意点

　存否応諾拒否も拒否処分であるため，行政手続条例に基づき理由提示が必要であることは，上記のとおりです。

　もっとも，存否応諾拒否は不開示事由を拡大したものとは解されていませんから，理由提示の中でたとえば「仮に○○さんが生活保護を受給した事実がわかる書類が存在するとしても，個人情報保護条例△条△号の不開示情報に該当することになる」などと記載することが望ましいと思われます（宇賀克也『新・情報公開法の逐条解説〔第8版〕』（有斐閣，2018）143頁，同『個人情報保護法の逐条解説〔第6版〕』（有斐閣，2018）511・514頁）。

(4) 結　　　論

　本設問(ⅱ)は自分の配偶者の個人情報を名指しして請求しています。よって，市は存否応諾拒否をすべきことになります。

《参考文献》
宇賀克也『新・情報公開法の逐条解説〔第8版〕』（有斐閣，2018）
宇賀克也『個人情報保護法の逐条解説〔第6版〕』（有斐閣，2018）

78　第2章　自治体の事務一般に関わる事項

Q16　公文書の廃棄

　自治体が保有する文書のうち，管理の対象となる「公文書」の範囲はどこまでですか。いつになったら公文書は廃棄できますか。一部の自治体で導入されている「公文書管理条例」や「公文書館」についても教えてください。

A

　公文書の範囲は，各自治体の定めによりますが，一般的には，国と同様に組織共用文書とされています。公文書の廃棄の時期も，各自治体の定めによりますが，各自治体の公文書の利用および住民への説明責務の観点から，適切な時期が定められるべきでしょう。公文書管理条例は，執行機関ではなく地方議会が公文書の管理に関する民主的統制を強めるものです。公文書館は，一般的には歴史的公文書の保存および展示等をする公の施設です。

1．公文書の範囲

(1)　法令等の規定

　自治体が保有する文書のうち，管理の対象となる「公文書」につき，その範囲を定めた法律はありません。そのため，当該公文書の範囲は，各自治体が定める条例や規則等によります。

　一方，国の行政機関が保有する文書のうち，管理の対象となる「行政文書」は，①行政機関の職員が職務上作成し，または取得した文書（図画，電磁的記録を含む）であって，②当該行政機関の職員が組織的に用いるものとして，当該行政機関が保有しているものをいうとされています（公文書等の管理に関する法律（以下「公文書管理法」という）2条4項）。このような文書を「組織共用文書」ともいいます。ただし，官報，白書，新聞，雑誌，書籍その他不特定多数の者に販売することを目的として発行されるもの等は，行政文書から除外されています（同項柱書ただし書）。

　多くの自治体では，条例や規則等によって，国の行政機関と同様の定義をもって，当該自治体の公文書と定めています。一方，国の行政機関とは異なり，

上記②の代わりに「③決裁または供覧手続が終了したもの」とする自治体もあります。このような文書を「決裁供覧文書」ともいいます。

　自治体は，公文書管理法の趣旨にのっとり，その保有する文書の適正な管理に関して必要な施策を策定し，およびこれを実施するよう努めなければならないと規定されています（同法34条）。また，決裁供覧文書の考え方によれば，自治体が当該文書につき上記③決裁または供覧を行わないことによって，恣意的に管理の範囲から除外することができてしまいます。よって，自治体の公文書の範囲としては，決裁供覧文書よりも組織共用文書のほうが望ましいでしょう。

(2) 具体例

　公文書の範囲において特に問題となるのは，上記(1)②「当該行政機関の職員が組織的に用いるもの」（以下「組織共用性」といいます）に該当するか否かです。組織共用性とは，作成または取得に関与した職員個人のメモや電子データの段階によるものではなく，当該自治体の組織において，利用または保存されている状態のことをいいます。組織共用性の有無によって，自治体の管理義務や情報公開請求の対象になるか否かが異なります。自治体としては，自らの義務を軽減させるために，いたずらに組織共用性を狭く解することなく，下記の具体例を参考に，適切に組織共用性を判断する必要があります。

　組織共用性に関して特に問題となるのは，職員が作成した「メモ」です。本当に当該個人のみで利用および保存されていれば，組織共用性を欠くため，公文書には該当しません。しかし，「メモ」という名称または位置付けの文書が，業務上の必要性から複数の職員によって利用または保存されていることもあるでしょう。このような場合は組織供用性が認められる可能性が高いです。

　近時，市長と職員との間で送信された電子メールにつき，組織共用性が認められるものがありうるとの司法判断が確定しました（大阪高判平29・9・22判時2379号15頁，最決平30・11・20LEX/DB25562406）。電子メールは電話と異なり，記録として見返すことが可能であり，重要な情報が含まれていることも少なくありません。自治体内部の電子メール，特に2人の職員間の一対一の電子メールであるからといって，公文書の範囲外であるとは限らないことに注意が必要です。

80　第2章　自治体の事務一般に関わる事項

2．公文書の廃棄

　公文書を廃棄できる時期も，法令等に定めがある一部の文書（公立病院における力ルテ（医師法24条2項。5年保存）等）を除いては，原則として各自治体が裁量によって定めています。多くの自治体は，公文書の保存期間に関する基準を定めており，当該基準に基づいて1年，3年，5年，10年，30年，永年等の保存期間を設定します。公文書の廃棄は，当該保存期間が満了した後に行われます。ただし，自治体が保存期間を恣意的に短くすることは妥当ではありません。自治体の適正かつ効率的な運営および住民への説明責務の観点から，公文書の効力，重要度，利用度，資料価値等を考慮して適切な保存期間を設定すべきです。

　電子決裁をはじめとする公文書の電子化は，今後ますます進むと予想されます。電子データも公文書に含まれうるため，ファイルサーバに保存されている電子データの保存期間も管理すべきです。電子データは紙媒体の公文書とは反対に，廃棄（削除）すべきものがいつまでも廃棄（削除）されておらず，ファイルサーバを圧迫している場合もあります。また，電子メールはメールボックスの容量が十分ではないこともあり，保存期間を意識せずに，過去の電子メールから順に廃棄（削除）されていることが少なくないと思われます。電子メールの保存方法（メールボックスとは別のフォルダに移す等）および保存期間等については，紙媒体の公文書とは異なるルールを定めることも有用でしょう。

　公文書の廃棄の判断は，多くの自治体においては，自治体内部の各部署の意見を聞いた上で，必要があれば保存期間を延長し，そうでなければ廃棄をしていると思われます。その際，公文書管理審議会のような附属機関から，公文書の廃棄の前に意見を求めることを義務付けている自治体も少数ながら存在します（相模原市公文書管理条例9条6項等）。これからの自治体には，公文書管理の専門官（アーキビスト）を養成し，廃棄の相当性を事前に確認させるような取組みも求められるでしょう。

3．公文書管理条例

　公文書の管理に関するルールとして，執行機関が定める公文書管理規則や公

文書管理規程等による自治体が大半を占めています。しかし，自治体の適正かつ効率的な運営および住民への説明責務の観点からすれば，公文書の管理に対する民主的統制の必要性は高いといえます。そこで，上記公文書管理法34条にも鑑み，公文書に関するルールを条例化すべきという意見があり（日本弁護士連合会2016年11月2日会長声明等），その例が公文書管理条例です。

ただし，規則や規程等ではなく条例だからこそ規定できる内容は，上記2で述べた附属機関の設置や，下記4で述べる公文書館の設置等に限られます。公文書に関するルールの法形式は，「条例でなければならない」というよりは「条例のほうが望ましい」というものでしょう。

4．公文書館

公文書館は，公文書のうち歴史的資料として重要な価値を有する公文書（以下「歴史的公文書」といいます（公文書管理法2条6項「歴史公文書等」参照））を保存し，国民や住民の利用に供する施設です。国の公文書館としては国立公文書館があります。自治体の公文書館は，その数こそまだ少ないものの，都道府県や政令指定都市を中心に，徐々に増えています。

自治体の公文書館は公の施設に位置付けられるため，設置には条例が必要です（自治法244条の2第1項）。公文書館では，歴史的公文書の保存，一部の歴史的公文書の一般公開，住民からの歴史的公文書の利用請求への対応等を行っています。

公文書館を建物として新設するには，かなりの財政負担が生じます。自治体の規模によっては，公立図書館等の既存の施設の一部に公文書館を組み込むことも考えられます。

《参考文献》
右崎正博＝三宅弘編『情報公開を進めるための公文書管理法解説』（日本評論社，
　2011）

82 第2章 自治体の事務一般に関わる事項

Q17 個人情報の漏えい

自治体で管理していた個人情報が漏えいしてしまいました。個人情報が漏えいした本人への謝罪や公表等の対応は，どのような場合に行えばいいですか。これらの対応については，マニュアルを定めておく必要がありますか。マイナンバーが漏えいした場合の対応についても教えてください。

A

個人情報の漏えいが発生した場合，本人への謝罪は原則として行うべきでしょう。公表等のその他の措置については，被害や社会的影響の程度等を考慮して，個別的に判断する必要があります。これらの対応については，組織として迅速かつ統一的に行うことができるよう，マニュアルを定めておくべきでしょう。マイナンバーが漏えいした場合は，マイナンバーの変更とともに個人情報保護委員会への報告等が必要であり，場合によっては特定個人情報保護評価（PIA）の再実施が必要となることもあります。

1．個人情報が漏えいした場合の対応

(1) 個人情報の漏えいの意義

「個人情報の漏えい」につき，法令上の定義は定められていません（地公法34条1項「職務上知り得た秘密を漏らしてはならない」参照）。本書では，「組織等が管理し，かつ，社会通念上，組織等の要求から第三者が知るべきではない個人情報について，具体的に，第三者が知りうる状態になること」と定義します（独立行政法人情報処理推進機構「情報漏えいインシデント対応方策に関する調査報告書」（2007年5月）5頁参照）。「個人情報の漏えい」といえるためには，当該個人情報を第三者が現実に知りえたことは必要とされないことに注意が必要です。

(2) 本人への通知および謝罪

自治体で管理していた個人情報が漏えいした場合は，当該個人情報によって識別される特定の個人（本人）のプライバシーを侵害しています。そのため，本人に連絡が可能であれば，原則として速やかに本人に対して個人情報の漏え

いの事実を通知するとともに，謝罪を行うべきでしょう。

(3) その他の措置

　その他の措置としては，個人情報の漏えいに関する関係機関への連絡，公表，事後対応の結果の本人への通知等が考えられます。

　漏えいした個人情報が当該自治体以外の機関にも関係するものである場合には，当該関係機関への連絡が必要となる場合があります。盗難や脅迫等の犯罪が関与するおそれがあれば，警察への通報も必要となります（刑事訴訟法239条2項参照）。

　公表については，被害拡大のおそれや社会的影響の程度が大きい場合には，原則として報道発表および自治体のウェブページへの掲載を行うべきでしょう。また，漏えいした個人情報が大量であってすべての本人に通知および謝罪をすることが事実上困難であったり，本人の特定ができず，または本人と連絡が取れずに，本人に通知および謝罪をすることが不可能であったりする場合にも，本人への通知および謝罪に代えて公表を行うべき場合があります。ただし，公表が二次被害を招くおそれがある場合は，例外的に公表を差し控えるべきでしょう。

　自治体としては，事実関係の確認は当然として，個人情報の漏えいに関する被害拡大の防止措置，漏えいの原因の究明，再発防止策の検討および実施等も行うべきです。そのような対応結果については，自治体の説明責務の観点から，本人に対して改めて報告すべきでしょう。

(4) 漏えい以外の問題への対応

　個人情報の不適切な取扱いによる本人のプライバシー侵害としては，個人情報の漏えい以外にも，滅失（個人情報の内容が失われること）および毀損（個人情報の内容が意図しない形で変更されたり，内容を保ちつつも利用不能な状態となったりすること）があります。これらの場合にも，個人情報の漏えいと同様に，上記各対応を検討すべきでしょう。

　また，個人情報の漏えい，滅失および毀損が現実には発生しなかったが，そのおそれが生じた場合は，ヒヤリハットとして取り扱い，原因の究明および再発防止策の検討および実施を行うべきでしょう。その際，本人のプライバシー侵害が生じていないことに鑑み，本人への通知および謝罪や公表等の措置まで

84 第2章 自治体の事務一般に関わる事項

は必要ないでしょう。

(5) マニュアルの作成

　個人情報全般の漏えいへの対応に関するマニュアルにつき，自治体に直接的に作成義務を負わせるような法律の規定はありません。しかし，個人情報保護法20条および行政機関個人情報保護法6条が規定する安全管理（確保）措置は，組織的安全確保措置として，上記各対応のための体制および手順等の整備が求められています（個人情報の保護に関する法律についてのガイドライン（通則編）8－3等参照）。個人情報保護条例において同様の安全確保措置を求める規定がある場合は，当該自治体においても当該マニュアルを作成する必要があると考えられます。

　個人情報保護条例において同様の安全確保措置を求める規定がない場合であっても，個人情報の漏えいが発生した場合，上記対応を迅速に行う必要がありますし，担当職員ごとに異なる対応をすることも適切ではありません。個人情報保護法11条1項は，自治体にその保有する個人情報の適正な取扱いが確保されるよう必要な措置を講ずることに努めなければならないと規定していることにも鑑み，当該マニュアルを作成し，迅速かつ統一的に対応できるように準備しておくべきでしょう。

　マニュアルの内容としては，個人情報の漏えいにとどまらず，個人情報の滅失および毀損ならびにそれらのおそれが生じた場合も含めて規定すべきでしょう。

　なお，総務省大臣官房個人番号企画室「情報提供ネットワークシステム接続運用規定（第4.3版）」は，自治体が情報提供ネットワークシステムに接続する際に遵守すべき事項として，情報セキュリティインシデントに備えた体制の整備を規定しています。

2．マイナンバーが漏えいした場合の対応

　マイナンバー（個人番号）が漏えいして不正に用いられるおそれがあると認められるときは，自治体は上記1記載の対応に加えて，本人の請求または職権により，個人番号の変更および本人への個人番号の通知カードによる通知が必要となります（行政手続における特定の個人を識別するための番号の利用等に関す

る法律（以下「番号法」といいます）7条2項）。

　また，マイナンバーをその内容に含む個人情報（特定個人情報）が漏えいした場合，自治体は，「独立行政法人等及び地方公共団体等における特定個人情報の漏えい事案等が発生した場合の対応について」（平成27年特定個人情報保護委員会告示第1号）に基づき，個人情報保護委員会に対して，事実関係および再発防止策等を速やかに報告すること等が求められます。

　また，番号法29条の4の規定に基づき，「特定個人情報の漏えいその他の特定個人情報の安全の確保に係る重大な事態の報告に関する規則」（平成27年特定個人情報保護委員会規則第5号）2条に規定する特定個人情報ファイルに記録された特定個人情報の漏えいその他の特定個人情報の安全の確保に係る重大な事態（漏えいした特定個人情報に係る本人の数が100人を超える事態等）に該当する事案が生じた場合，同規則に基づく特定個人情報保護委員会への同様の報告を行うにとどまらず（同規則3条），特定個人情報保護評価（PIA）のしきい値判断項目に影響がありえます。過去1年以内に，特定個人情報に関する重大事故として，特定個人情報の漏えい，滅失もしくは毀損した場合であって，故意によるかもしくは当該特定個人情報の本人の数が100人を超えるものまたはこのような事故の発生を過去1年以内に知った場合は，しきい値判断において基礎項目評価が重点項目評価に，重点項目評価が全項目評価に変更されます（番号法28条，特定個人情報保護評価に関する規則（平成26年特定個人情報保護委員会規則第1号）11条，特定個人情報保護評価指針（平成26年特定個人情報保護委員会告示第4号）第2の6項，第6の2項）。しきい値の変更が生じれば，PIAを再度実施する必要があります。

《参考文献》
TMI総合法律事務所『個人情報管理ハンドブック〔第4版〕』（商事法務，2018）

Q18 情報公開請求の権利濫用

特定の人から大量に情報公開請求がなされ、その対応のために他の業務を圧迫しています。どのような情報公開請求であれば、権利濫用として却下することができますか。権利濫用以外の理由で情報公開請求を却下することはできますか。無料であるから大量に情報公開請求がなされているという面もありますが、手数料の導入についても教えてください。

情報公開請求を権利濫用として却下できる類型としては、不当な目的による請求であるか、またはさまざまな事情の総合判断による場合があります。権利濫用以外の理由としては、対象文書の不特定による却下もありえます。手数料は、受益者の公平な負担に関する立法事実を積み重ねた上で、条例により導入することができます。

1. 情報公開請求の権利濫用

(1) 判断基準

情報公開条例に基づく情報公開請求権は、住民の知る権利を具体化するものであるとともに、自治体の説明責務を果たさせる重要な権利です。しかし、情報公開請求権も無制約に認められるものではなく、法の一般原則としての「権利濫用禁止の原則」が適用されます。よって、情報公開条例自体に権利濫用に関する規定がなくとも、権利濫用に該当する情報公開請求に対しては、開示を拒むことが可能です。

行政機関情報公開法については、「行政機関の保有する情報の公開に関する法律に基づく処分に係る審査基準」（平成13年総務省訓令第126号）の第2の1(6)が、権利濫用の審査基準を定めています。一方、情報公開条例については、権利濫用の審査基準を定めている自治体もありますが（愛知県「権利の濫用に当たる開示請求に対する取扱い内規」（平成17年県民生活部長通知）等）、定めていない自治体の方が多いと思われます。行手法5条に相当する行政手続条例の規定により、権利濫用の審査基準を定めるべきとの見解もありえますが、権利濫用は

あらゆる権利に内在する例外的な制約であるため，審査基準を定めていなくても違法とはならないと考えられます（春日井市情報公開・個人情報保護審査会平28・9・5答申）。

単に大量請求であるというだけでは，権利濫用には該当せず，開示決定等の期限の延長または特例延長（行政機関情報公開法10条2項および11条に相当する情報公開条例の規定）によって対応するのが原則です。裁判例では，例外的に権利濫用に該当する情報公開請求の判断基準として，次の2つの類型を示しています。

(2) 不当目的論

1つ目の類型は，不当目的の有無による判断であり，「不当目的論」と呼ぶことにします。横浜地判平22・10・6判自345号25頁等は，大量請求において権利濫用が肯定されるのは，行政機関の業務の遂行に著しい支障が生じる場合であって，請求者が，専らそのような支障を生じさせることを目的として情報公開請求をするときや，より迅速・合理的な情報公開請求の方法があるにもかかわらず，そのような請求方法によることを拒否し，あえて迂遠な請求を行うことにより，当該行政機関に著しい負担を生じさせるようなごく例外的なときに限定されると判示しています。

(3) 総合判断論

2つ目の類型は，さまざまな事情の総合判断であり，「総合判断論」と呼ぶことにします。東京高判平15・3・26判自246号113頁は，当該情報公開請求の目的が不当であるとは認定せずに，対象文書を一定程度に限定し，後でさらに追加請求することでも，目的はある程度達成可能であり，一度に全部の情報公開請求をしなければ，その目的，意義が失われるような特段の事情は認められないとして，権利濫用を肯定しています。

名古屋高判平25・10・30判自388号36頁は，情報公開請求の目的や態様，行政機関の業務への支障，住民一般の被る不利益等を勘案し，当該情報公開請求が社会通念上相当と認められる範囲を超えるものか否かを個別的事情に即して判断すべきであると判示しています。そして，当該情報公開請求の目的に正当性は見出し難い，大量請求が一人の公開請求者によって行われること自体，情報公開条例が想定している情報公開請求とおよそかけ離れた利用形態である等

として，権利濫用を肯定しています。

なお，権利濫用の判断における大量請求の程度として，対象文書の量に関して，開示のために必要となる行政機関の作業期間が概ね1年以上を要するもの，とする自治体もあります。しかし，どのような情報公開請求にも適用しうる一定の期間を一律に設定することは困難でしょう。

(4) 実務上の対応のポイント

「不当目的論」においては，情報公開請求の目的や，より迅速・合理的な情報公開請求の方法によることを請求者が拒否した事実が重要となります。そのため，請求者の言動を記録化し，権利濫用の判断に用いるとともに，後の審査請求および訴訟においても証拠として用いることができるように準備すべきでしょう。

また，「不当目的論」と「総合判断論」のいずれであるかにかかわらず，上記各裁判例はいずれも，国の行政機関や自治体が請求者に対象文書の絞り込みを依頼したか否か，請求者が絞り込みに応じたか否か，絞り込みに応じなかったことに「正当な理由」があったか否かを，権利濫用の成否において考慮していますので，当該依頼を行うべきでしょう。

2．対象文書の不特定

(1) 判断基準

権利濫用以外に情報公開請求を却下しうる理由としては，対象文書の不特定があります。

東京高判平23・7・20判自354号9頁等は，特定部署のある種類の文書を包括請求する趣旨のような「包括請求」においては，請求者が開示を希望しない文書についてまで行政機関が対応せざるをえなくなるため，「特段の事情」のない限り，対象文書の特定性を欠くと判示しています。そして，「特段の事情」のある場合とは，対象文書の特定を求めている趣旨を没却しないような例外的な事情がある場合，たとえば，公開請求者が真に特定部署の文書全部の閲覧等を希望しており，かつ，請求対象文書の全部の閲覧等を相当期間内に実行することのできる態勢を整えており，行政機関をいたずらに疲弊させるものでないような場合に限られると判示しています。

(2) 実務上の対応のポイント

「対象文書の不特定」は，権利濫用とは異なり，当該情報公開請求をすべき正当な理由（判例がいう「特段の事情」）の存在につき，請求者が主張立証責任を負う点に特徴があります。自治体としては，大量請求のうち「包括請求」については，請求者に対し，当該正当な理由の主張立証を求めることになるでしょう。

3. 手 数 料

情報公開請求により自治体にかかるコストは「民主主義のコスト」という側面がありますが，受益者である請求者の公平性な負担という観点からは，条例によって手数料を導入することも正当化されます（自治法227条・228条1項）。情報公開請求一般が抑制されるような事態は避けるべきですが，副次的な効果として，濫用的な情報公開請求に対しては，一定の「正当な」抑止力を発揮しうると思われます。

情報公開請求の手数料は，請求をすること自体に対して徴収する開示請求手数料と，実際に公文書を開示することに対して徴収する開示実施手数料があります。開示実施手数料は，開示される公文書の量に比例した金額とする自治体が多いです。しかし，対象公文書が一定枚数までは手数料を低額とし，それを超えたら高額とするという金額設計もありえます（東京都情報公開・個人情報保護審議会第47回議事録〔高橋和之発言〕）。

情報公開請求の手数料の導入には強い反対論もあります。なぜ導入するのか，なぜその金額設定にするのかにつき，その必要性を基礎付ける事実（立法事実）が求められます。手数料の導入には，情報公開請求の件数や対応時間等の記録化をし，立法事実を積み重ねる必要があります。また，パブリックコメントや情報公開審議会等への諮問も検討に値します。

《参考文献》
吉永公平『「情報公開請求権の権利濫用」の理論的分析と実務対応（上）（下）』自治実務セミナー655号，657号

4 処分・行政指導と行政手続

> **Q19** 行政指導と処分の違い
>
> マンション建設のため建築確認を申請したAに対して、建設に反対する近隣住民と話合いをするように行政指導を行いました。しかし、Aは、話合いをする必要がないといっています。Aに話合いを行うように、さらに行政指導を行って問題ないでしょうか。

行政指導は、相手方に任意の協力を求める事実行為です。Aにとって強制とならない範囲で行う必要があります。たとえば、相手が行政指導に従う意思がないこと明確に示した場合、行政指導を続けることは不適切です。

1. 行政指導と処分

　行政指導とは、本来、法的効果をもたない事実行為であり、行政機関がその任務または所掌事務の範囲内において一定の行政目的を実現するため特定の者に一定の作為または不作為を求める指導、勧告、助言その他の行為であって処分に該当しないものをいいます（行手法2条6号）。

　ここで、行政指導については、行手法の「第4章　行政指導」32条以下に規定が設けられています。また、各地方公共団体は、行政手続条例等を制定しています。同法は、地方公共団体がする行政指導には適用されず、各地方公共団体は、行政手続条例に基づき、行政指導を行います。もっとも、同法の規定を理解することは有益ですので、以下では、同法について検討します。

　まず、上記の定義にあるように、行政指導は、①行政機関がその任務または所掌事務の範囲内で行う必要があります。また、②特定の者に対して、③一定の作為または不作為を求めるものです。行政相談における一般論としての回答は、行政指導にあたらないことになります。

　さらに、行政指導は「処分」に該当しないものとされています。「処分」と

は，行政庁の処分その他公権力の行使にあたる行為（同法2条2号）ですので，行政指導は，法的拘束力のない事実行為ということになります。

行政指導は，処分とは異なり，一般的に法的な根拠は必要ないとされています。

2．行手法における行政指導に関する規定

(1) 行政指導に関する実体的規定

行政指導は，それを行う当該行政機関の任務または所掌事務の範囲を逸脱してはならず，また，相手方の任意の協力によってのみ実現されるものであることに留意しなければならないとされています（行手法32条1項）。

さらに，相手方が行政指導に従わなかったことを理由として，不利益な取扱いをしてはならないとされています（同条2項）。

そして，行手法は，類型として①申請に関連する行政指導と②許認可等の権限に関連する行政指導とに分けて規定しています。

前者①については，行政指導に従わない申請者の申請を受理しないなどの対応が問題となります。同法33条は，「申請者が当該行政指導に従う意思がない旨を表明したにもかかわらず当該行政指導を継続すること等により当該申請者の権利の行使を妨げるようなことをしてはならない。」と規定しています。

また，後者②については，許認可等の権限を有する行政機関が行政指導を行う場合，事実上，当該許認可等に関係する相手方にとっては行政指導が強制的な効力を有することがあります。そこで，同法34条は，「許認可等をする権限又は許認可等に基づく処分をする権限を有する行政機関が，当該権限を行使することができない場合又は行使する意思がない場合においてする行政指導にあっては，行政指導に携わる者は，当該権限を行使し得る旨を殊更に示すことにより相手方に当該行政指導に従うことを余儀なくさせるようなことをしてはならない。」と規定しています。

(2) 行政指導に関する手続規定

行政指導を行う場合，口頭により行うことができますが，相手方に対して，当該行政指導の趣旨および内容ならびに責任者を明確に示さなければならないとされています（行手法35条1項）

92 第2章 自治体の事務一般に関わる事項

　また，前述(1)の②の場合について，「行政機関が許認可等をする権限又は許認可等に基づく処分をする権限を行使し得る旨を示すとき」は，当該権限を行使しうる根拠となる法令の条項，要件，権限の行使が当該要件に適合する理由を示さなければなりません（同条2項）。

　さらに，行政指導が口頭でされた場合でも，相手方から書面の交付を求められたときは，行政上特別の支障がない限り，所定の事項を記載した書面を交付しなければなりません（同条3項）。

　さらに，一定の場合には，行政指導の相手方は，行政指導の中止その他必要な措置を求めることができます（同法36条の2）。

3．行政指導の限界

(1)　品川区マンション事件

　行政指導は，あくまで相手方の任意の協力を求める事実行為であり，広く行われています。しかし，行政指導が濫用的に行われ，結果，行政指導を行った行政機関に対して損害賠償責任が発生する場合があります。

　ここでは，著名事件である品川区マンション事件（最判昭60・7・16民集39巻5号989頁）を紹介します。

　当該事件では，マンションの建築確認の申請を行ったXが，Y（東京都）の職員から，建築に反対する付近住民との話合いにより，X住民間の紛争を円満に解決するように行政指導を受けました。その後，Xは，付近住民と十数回にわたり話合いを行うなどしましたが紛争は解決せず，Yは，建築主と付近住民との紛争が解決しなければ確認処分を行わないとし，付近住民との話合いをさらに進めることを勧告しました。

　その後，Xは，確認処分が遅れることにより多大な損害を被るおそれがあるとの判断のもとYの行政指導には服さないこととし，東京都建築審査会に審査請求の申立てをする等しました。

　このような事案において，Xは，Yに対して，確認処分保留期間中の請負代金増加額および金利相当額について損害賠償を請求しました。

　原審は，Xの審査請求以降は，行政指導に従わない意思が明示されたとして，Xの請求を一部認容しました。

(2) 判　　旨

判決は，まず，建築主に対し行政指導を行い，任意に応じているものと認められる場合，社会通念上合理的と認められる期間建築主事が確認処分を留保し，行政指導の結果に期待することがあったとしても，直ちに違法な措置であるとまではいえないとし，続けて，

「建築主が……行政指導に不協力・不服従の意思を表明している場合には，当該建築主が受ける不利益と右行政指導の目的とする公益上の必要性とを比較衡量して，右行政指導に対する建築主の不協力が社会通念上正義の観念に反するものといえるような特段の事情が存在しない限り，行政指導が行われているとの理由だけで確認処分を留保することは，違法であると解するのが相当である。

したがって，いったん行政指導に応じて建築主と付近住民との間に話合いによる紛争解決をめざして協議が始められた場合でも，右協議の進行状況及び四囲の客観的状況により，建築主において建築主事に対し，確認処分を留保されたままでの行政指導にはもはや協力できないとの意思を真摯かつ明確に表明し，当該確認申請に対し直ちに応答すべきことを求めているものと認められるときには，他に前記特段の事情が存在するものと認められない限り，……それ以後の右行政指導を理由とする確認処分の留保は，違法となるものといわなければならない」

等として，当該事案においてYの損害賠償責任を肯定した原審の判断を是認しました。

(3) 本設問について

行政指導は，相手方の任意の協力を前提とするものですので，Aに対する事実上の強制とならないように注意する必要があります。

上記判例のように行政指導が問題となった事案を参考にして，Aの具体的な対応を検討して，適切な行政指導を行う必要があります。

Q20 不利益処分と行政手続

産業廃棄物処理業の許可を受けているA会社が廃棄物処理法に違反した不法投棄を行っているので、許可を取り消す方針です。この場合、どのような点に注意して、許可の取消手続を進めればいいでしょうか。

許可の取消しは、不利益処分にあたり、行手法に定める手続を経る必要があります。本件のような許可の取消しを行う場合、聴聞手続を行う必要があります。また、処分を行う際は、十分な理由の提示をする必要があります。

1. 行手法における不利益処分に関する規定

(1) 不利益処分を行う場合の規定

不利益処分とは、行政庁が、法令に基づき、特定の者を名あて人として、直接に、これに義務を課し、またはその権利を制限する処分をいいます（行手法2条4号）。

そして、同法は、行政が不利益処分を行う場合について、必要な手続を定めています。

したがって、本件における許可の取消処分は不利益処分にあたりますので、同法所定の手続に従って、処分を行う必要があります。

(2) 不利益処分を行う場合の手続

まず、不利益処分を行う際の処分基準を定め、かつ、これを公表しておくことが努力義務として規定されています（行手法12条）。

不利益処分を課すかどうかを検討するような状況は多様な状況が想定されるため、事前に個別具体的な事情を想定した基準を定めることが困難な場合があり、処分基準の策定・公表は、努力義務にとどめられています。

また、不利益処分を行う場合、その名あて人に対して、処分の理由を示さなければなりません（同法14条。処分をすべき差し迫った必要がある場合は、理由の提示は必要ではありません）。

さらに、処分の内容・理由に応じて、処分を課す前に、事前手続として聴聞

手続または弁明手続を実施する必要がある場合もあります（同法13条）。

２．聴聞手続と弁明手続

(1) 聴聞手続

① 聴聞手続が必要な場合

　不利益処分が，(ⅰ)許認可等を取り消す場合，(ⅱ)名あて人の資格または地位をはく奪する場合，(ⅲ)法人の役員の解任，従業者の解任，会員の除名を命ずる場合，(ⅳ)行政庁が相当と認める場合には，原則として，処分を行う前に聴聞手続を行う必要があります（行手法13条１項１号）。

　許認可の取消し等のように，名あて人に対する不利益の程度が大きい場合，処分を行う前に十分な手続保障を行う必要があるため，聴聞手続を実施することになります。

　なお，公益上，緊急に不利益処分をする必要がある場合等，聴聞手続を行わなくともよい場合があります。

② 聴聞手続の進め方

　まず，行政庁は，期日までに相当な期間をおいて，名あて人となるべき人に対して，(a)予定される不利益処分の内容，根拠法令の条項，(b)不利益処分の原因となる事実，(c)聴聞の期日および場所，(d)聴聞に関する事務を所掌する組織の名称および所在地を記載した書面で通知します。また，当該書面では，期日での意見陳述，証拠の提出ができること，聴聞が終了するまで資料の閲覧を求めることができること等を教示しなければなりません（行手法15条）。

　聴聞は，行政庁の指名する職員等が主宰します（同法19条）。

　主宰者は，最初の聴聞の期日の冒頭において，行政庁の職員に，予定される不利益処分の内容および根拠となる法令の条項ならびにその原因となる事実を期日に出頭した者に対し説明させなければなりません（同法20条１項）。

　当事者は，聴聞の期日に出頭して，意見の陳述，証拠書類等の提出，主宰者の許可を得て行政庁の職員に対し質問を発することができます（同条２項）。

　主宰者は，必要があると認めるときは，当事者に対し質問を発し，意見の陳述，証拠書類等の提出を促し，または行政庁の職員に対し説明を求めることができます（同条４項）。

審理は，原則として非公開で行いますが，公開することを相当と認めるときは公開で行うこともできます（同条6項）。

主宰者は，期日における審理の結果，聴聞を続行する必要があると認めるときは，新たな期日を定めることができます（同法22条）。

主宰者は，当事者が，正当な理由なく期日に出頭せず，陳述書等を提出しない等の場合，意見陳述の機会等を与えることなく聴聞を終結することができます（同法23条）。

聴聞の期日で審理が行われた場合，期日ごとに調書を作成し，主宰者は，聴聞の終結後速やかに，当事者の主張に理由があるかどうかについての意見を記載した報告書を行政庁に提出しなければなりません（同法24条）。

そして，行政庁は，不利益処分の決定をするときは，調書の内容および報告書に記載された主宰者の意見を十分に参酌して，これをしなければなりません（同法26条）。

(2) 弁明手続

前述した聴聞手続が必要となる場合以外は，弁明手続を行います（行手法13条1項2号）。

弁明手続は，弁明書および証拠書類等を提出し，原則として書面審査で行います。行政庁が口頭ですることを認めたときは，口頭で行います（同法29条）。

行政庁は，弁明書の提出期限までに相当な期間をおいて，名あて人となるべき者に対し，①予定される不利益処分の内容および根拠法令の条項，②不利益処分の原因となる事実，③弁明書の提出先および提出期限を書面により通知しなければなりません（同法30条）。

3．理由の提示・付記

前述のように，不利益処分を行う場合，名あて人に対して，原則として，理由の提示を行わなければならず，処分を書面で行う場合，理由を書面に付記することになります。

処分理由を付記することが要請される理由は，①処分を行うに際して，処分庁による判断が慎重に行われることになるという恣意抑制機能，②処分を受けた名あて人が理由を知ることにより，行政不服審査等の事後的救済手段を行う

際の便宜に資するという争訟便宜機能があります。

複数の建物の耐震偽造を行った建築士に対する一級建築士免許取消処分等の取消しが争われた事案において，最高裁は，理由の付記の程度について，「当該処分の根拠法令の規定内容，当該処分に係る処分基準の存否及び内容並びに公表の有無，当該処分の性質及び内容，当該処分の原因となる事実関係の内容等を総合考慮してこれを決定すべきである。」との判断を示しました（最判平23・6・7民集65巻4号2081頁）。

当該事案では，事前に不利益処分についての基準が定められていました。その基準が複雑なものとなっていることを前提に，判決は「処分の原因となる事実及び処分の根拠法条に加えて，本件処分基準の適用関係が示されなければ，処分の名宛人において，上記事実及び根拠法条の提示によって処分要件の該当性に係る理由は知り得るとしても，いかなる理由に基づいてどのような処分基準の適用によって当該処分が選択されたのかを知ることは困難であるのが通例であると考えられる」などとして，理由の提示を不十分として処分を取り消しました。

当該事案では，処分の原因となる事実および処分の根拠法条のみの提示では足りず，処分基準の適用関係も具体的に示す必要があると判断されています。免許取消しという不利益の程度の大きい処分であり，理由の提示も厳格性が必要と判断されたといえます。

不利益処分において付記された理由が不十分な場合，処分の取消理由となり，処分が取り消されることになります。

4．本設問について

本設問における許可を取り消す処分は，不利益処分です。また，本件では，Aの不法投棄の行為が問題となっており，通常は，緊急性の高い場合等に該当しないと考えられることから，Aに対する聴聞手続を行う必要があると考えられます。

さらに，聴聞手続を経て不利益処分を行うこととなった場合，その際には，上記判例などを参照して，十分な理由を提示し処分を行う必要があります。

98　第2章　自治体の事務一般に関わる事項

5　内部統制

Q21　内部統制制度の導入

　自治法の改正により，地方自治体にも「内部統制」が導入されると聞きました。これにより，財務・会計面での管理および執行の手法を全面的に変更しなければいけないことになるのでしょうか。何をすればよいのでしょうか。

A

　都道府県および政令指定都市は，「内部統制に関する方針」を策定，運用する義務を負い，毎年，「内部統制評価報告書」を議会に提出することになります。もっとも，従来の管理・執行手法の延長線上にある，事務の点検や見直しの切り口の一つと位置付けて取り組んでいくことでよいと考えられます。

1．自治法改正による内部統制制度の導入

　平成29年6月9日法律第54号の自治法改正により，地方公共団体における内部統制制度が導入されました。

　当該改正された自治法（以下「改正法」といいます）の施行日である令和2年4月1日以降，都道府県および政令指定都市では，内部統制に関する方針，すなわち「（自治体の事務の）管理及び執行が法令に適合し，かつ，適正に行われることを確保するための方針」の策定等を義務付けられました（改正法150条1項。都道府県および政令指定都市以外の自治体は，同条2項により努力義務を負うにとどまります）。

　内部統制制度の対象とすべき事務の範囲について，必須の事務としては，「財務に関する事務」（現行法199条における内容と同義であり，同法第2編第9章に規定される，予算の執行，収入，支出，契約，現金および有価証券の出納保管，財産管理等の事務などを指します）のみが規定されました（改正法150条1項1号）。

財務に関する事務のみが必須の対象として規定された理由について，総務省が設置した地方公共団体における内部統制・監査に関する研究会が平成31年3月29日に公表した『地方公共団体における内部統制制度の導入・実施ガイドライン』（以下「本ガイドライン」といいます）では，「内部統制の取組の段階的な発展を促す観点に鑑みて，地方公共団体が最低限評価すべきリスクを検討し，取組の発展のきっかけとなるものとして，「財務に関する事務」を対象として規定している」（同ガイドライン39頁）と説明されています。

その上で，財務に関する事務以外にも対象を広げることが可能とされています（改正法150条1項2号）。

内部統制制度を導入する自治体は，内部統制に関する方針を策定し，これに基づく内部統制体制を整備した上で，これらについて評価した「内部統制評価報告書」を毎会計年度作成しなければなりません（改正法150条4項）。

内部統制評価報告書は，監査委員の審査を経て，議会に提出され，また，公表されます（改正法150条5項～8項）。

2．内部統制制度導入の考え方，検討点

(1) 内部統制制度の意義

自治体が，事務の適法かつ適正な管理・執行を確保するため，内部統制に関する方針を策定し，運用することは，もちろん積極的な意義の認められることです。

内部統制制度を導入した自治体は，組織として，予めリスクがあることを前提として，法令等を遵守しつつ，適正に業務を執行すること，また，内部統制体制について継続的に評価を実施し，その結果を公表することを求められます。こうした取組みが，自治体事務の適法かつ適正な管理・執行に寄与することが期待されます。

前述のとおり，都道府県および政令指定都市以外の自治体は，内部統制に関する方針の策定および体制整備について努力義務を負うにとどまっていますが，制度の意義を評価して，積極的に，各自治体の規模や実情等に応じた適度な方針策定および体制整備が進められることが望まれます。

100　第2章　自治体の事務一般に関わる事項

(2)　自治体の内部統制を検討する視点

　内部統制の制度については，金融商品取引法および会社法により，先に民間企業に導入され，運用されています。それでは，自治体における内部統制制度について，民間企業（株式会社）における取組みを引き写せばよいかと言えば，全くそのようなことではありません。

　自治体は，自治法に基づく「予算」の制度に則って運営されており，契約や財産管理についても細かな規程が設けられています。ある意味，自治体の「財務に関する事務」は，それ自体，内部統制の仕組みの基本となる部分が既にルール化されているともいいうるものです。したがって，自治体における内部統制制度は，自治法に基づく財務・会計面での従来の管理および執行の手法を前提としつつ，そこにリスク要因となる不備や隙間がないか，的確な運用をするための体制が整備されているかといった観点で点検・検討され，従来不足していた部分を補うように見直し，構築されるべきものといえます。

　本ガイドラインにおいても，「内部統制は，内部統制の制度が導入されていない段階でも，一定の範囲で，各組織において存在している。内部統制制度は現状の内部統制を可視化し，その過不足を適正化して必要十分なものとする意義がある。」とされています（同ガイドライン10頁）。

　この観点からは，かえって，自治体の広範な事務において，「財務に関する事務」に属さない多様な事務にこそ，見過ごされてきたリスク要因が多くあると考えられます。したがって，内部統制制度を導入するのであれば，「財務に関する事務」に限らず，より広い範囲の自治体事務におけるリスク管理を視野に入れて，体制整備等の議論を行い，対象事務の追加（改正法150条1項2号・2項2号）を検討することが望ましいところです。

(3)　各自治体の身の丈に合った整備の必要性

　せっかく内部統制制度を導入したのに，従来の実務に屋上屋を重ねるような大がかりな事務負担を追加発生させたり，それによって現場の自治体職員の負担が増して適法・適正な管理・執行を阻害したり，といった事態が生じては本末転倒となります。

　内部統制制度は，ひとたび整備したら完了というものではありません。策定した方針に基づいて，体制を整備・運用し，定期的に評価した上で必要な見直

しを行うという，継続的な取組みです。このような取組みが期待された効果を発揮するためには，各自治体の身の丈に合った内容で整備することが重要となります。

内部統制制度を導入および実施する際に参考となる基本的な枠組みや要点等についての技術的助言（自治法245条の4第1項）である本ガイドラインにおいても，「各地方公共団体においては，本ガイドラインの趣旨を踏まえ，団体ごとの規模や特性等に応じて，柔軟に対応することが望ましい」（同ガイドライン2頁）とされています。また，「常に，内部統制の整備及び運用に要するコストと得られる便益（リスクの減少度合い等）を踏まえた上で，重要性の大きいリスクに優先的に取り組むことで，過度な文書化・過度な統制を行うことを避けるべきである。」（同ガイドライン10頁）ともされています。

つまり，ガイドラインに，あるいは規模や特性が異なる先進的な自治体の内部統制に関する方針に，全面的に依拠するような整備方法によった場合には，内部統制制度を導入した効果が期待できないばかりか，かえって有害となる懸念すらあるということです。

自治体の内部統制制度は緒に就いたばかりであり，今後，民間企業とは異なる，自治体に適した内部統制のあり方の議論が深められ，より具体的な姿が見えてくることになります。繰り返しになりますが，内部統制制度は継続的な取組みですので，最初から完璧な体制整備を期するのではなく，まずは小さめに生んで，運用開始後に当該自治体の状況に応じて（内容の充実という面で，また，対象事務の範囲についても）拡充していくような進め方も，有力な選択肢となるでしょう。

102　第2章　自治体の事務一般に関わる事項

6　**不当な要求**

Q22　不当な要求への対応

　情報公開条例に基づく情報開示が行われる際，開示された情報以外の事項について質問を行い，答えられないと，長時間大声を上げる市民がいます。また，事実がないにもかかわらず特定の市民が違法な行為を行っているので，告発してほしいといって帰らない市民がいます。市の職員としてはどのような対応をすべきでしょうか。

A

　市民からの不当な要求に対しては，毅然と，他の同じ状況におかれた市民と同じ公正な取扱いをする，職員を孤立させない等といった原則に従って，対応すべきです。また，刑事事件となる場合や，仮処分，損害賠償といった民事の争訟となる場合に備えて，記録の確保も重要です。

1．対応の考え方

　市民からの苦情・要望への誠実な対応ということは，必ずしも相手の苦情・要望を受け入れることではありません。要求する内容や要求する際の行動が，違法・不当な行為（以下「不当な要求」といいます）に妥協してしまい，特別な取扱いをすることは，公平な行政を損なうことになります。本設問の場合，大声を上げる行為が職員の意思を制圧する程度であれば威力業務妨害罪が成立します。また，合理的根拠に基づき犯罪があると認められない場合は，告発できません。したがって，いずれも不当な要求といえます。

　不当な要求をする市民に対しては，毅然とした態度で臨む必要があります。また，そのような市民への対応は，慎重を要し，時間がかかり，職員のストレスも大きいので，組織全体で対応する必要があります。

　法務担当者としては，相手方の行為がどのような法律に違反するか，どのような対抗手段が取れるかについて，検討することになります。

２．対応の原則

(1) 対応への備え

不当な要求については，前述のとおり，組織での意思決定・対応が求められます。

文書で拒絶の意思を明確にすることも重要であり，その際には，悪質な行為の禁止を求める警告文の作成を弁護士に依頼することもあります。

職員が面談をする場合には，複数で対応をする，灰皿等の危険物は撤去しておく，合図があれば警備担当者が駆けつけられるようにしておく，職員が逃げられる位置で応対する等の職員の身の安全を確保する必要もあります。また，想定問答を作成する等して，備えることも有用でしょう。職員や他の市民の方に危害が及ぶ現実的な可能性があれば，ためらわず，警察を呼ぶ必要があります。

(2) 記録の重要性

不当な要求があった場合，後の紛争に備えて記録を取ることが重要です。文書を作成する場合，いつ，誰が作成したかを明記し，相手方の発言をできるだけ具体的に記録することが重要です。また，詳細な記録を残す必要がある場合，告訴等を視野に入れた場合，録音をとることも重要です。相手に録音していることを明示して，相手方の言動を抑制するという方法が一般的ですが，過去の経緯から犯罪にあたる言動が行われる可能性が高い場合に，証拠とするために，職員と相手方との会話を録音する場合，秘密で録音することもありえます。

(3) 早めの相談

不当な要求があった場合，早めに弁護士や警察に相談して，法的な問題点や対応方法について検討することが必要です。

３．法的な問題

(1) 刑法に違反する行為

犯罪の構成要件に該当するだけで，直ちに起訴されたり，有罪になるわけではありません。しかし，警察や弁護士に相談する際の参考として，職員に対する行為で代表的なものについて挙げておきます。

104　第2章　自治体の事務一般に関わる事項

① 公務執行妨害罪

　公務執行妨害罪（刑法95条1項）は，公務員が職務を執行するにあたり，こ
れに対して暴行または脅迫を加えた場合に成立する犯罪です。ここでいう「職
務」とは，「ひろく公務員が取り扱う各種各様の事務のすべてが含まれる」と
されます（最判昭53・6・29刑集32巻4号816頁）。また，「暴行」とは，「公務員
の身体に対し，直接であると間接であるとを問わず不法な攻撃を加えることを
いう」とされます（最判昭37・1・23刑集16巻1号11頁）。たとえば，投石行為は，
職員に当たらなくても暴行にあたります（最判昭33・9・30刑集12巻13号3151頁）。

　「脅迫」とは，恐怖心を起こさせる目的で，他人に害悪を加えるべきことを
通知することのすべてをいい，その害悪の内容，性質，通知の方法は問わない
とされています。

② 職務強要罪

　職務強要罪（刑法95条2項）は，公務員に，ある処分をさせ，もしくはさせ
ないため，またはその職を辞させるために，暴行または脅迫を加えた場合に成
立する犯罪です。ここでいう「処分」とは，広く公務員が職務上なしうべき行
為を指し（大判明43・1・31刑録16輯95頁），それにより一定の法律上の効果を
生じさせるようなものであることは必要でないとされています（大判昭4・2・
9刑集8巻59頁）。比較的近時の裁判例としては，「警察署長への面会の取次」
が「処分」にあたるとした裁判例（名古屋高判平20・9・30高等裁判所刑事裁判
速報集（平20）号184頁）があります。

③ 威力業務妨害罪

　暴行や脅迫に至らない行為でも，「威力」を用いて人の業務を妨害したとし
て，威力業務妨害罪（刑法234条）が成立することがあります。「威力」とは，
人の意思を制圧するに足りる勢力を用いることとされます（最判昭28・1・30
刑集7巻1号128頁）。

④ その他の公務員による職務の執行を妨げる犯罪

　他に，封印等破棄罪（刑法96条），強制執行妨害目的財産損壊等罪（同法96条
の2），強制執行行為妨害等罪（同法96条の3），強制執行関係売却妨害罪（同法
96条の4），加重封印等破棄等罪（同法96条の5），公契約関係競売等妨害罪（同
法96条の6）があります。

⑤ 建造物侵入罪

　建造物侵入罪（刑法130条）は，正当な理由がないのに，建造物に侵入した場合に成立します。要求を受けたにもかかわらずこれらの場所から退去しなかった者も同様です。

　地方公共団体が管理する建物の出入口の中や廊下も建造物にあたりますが，管理権者の「入れたくない」という意思が法的観点からみても合理的である必要があります（前田雅英編集代表『条解刑法〔第3版〕』（弘文堂，2013）386頁）。福祉等の窓口がある庁舎への立入りを禁ずることは原則としてできないと思われますが，美術館等で，迷惑行為を行う者の入館を禁止する規則等がある場合に，立入りを禁ずる旨を告知したにもかかわらず入館した場合には，建造物侵入罪が成立しえます。また，要求を受けたにもかかわらずこれらの場所から退去しなかった場合，不退去罪が成立します（刑法130条）。

⑵ 暴力団員による不当な行為の防止等に関する法律

　暴力団員による不当な行為の防止等に関する法律は，指定暴力団等の暴力団員による暴力的要求行為を禁止しています。暴力的要求行為は，同法9条に列挙されています。禁止された暴力的要求行為を行った場合，公安委員会は，中止命令をすることができ（同法11条1項），中止命令への違反については罰則が定められています（同法46条）。

4．民事上の対応

　民事上の対応としては，庁舎管理権や，庁舎における平穏な業務を遂行する権利を被保全権利とする差止訴訟，面談強要禁止の仮処分，街宣禁止の仮処分等が考えられます。また，損害賠償が認められた事案もあります（原告である自治体の職員に対し，電話での対応や面談を要求して被告の質問に対する回答を強要したり，大声を出したり，罵声を浴びせたりすることを禁止し，また，自治体に対する損害賠償を認めた判決として，大阪地判平28・6・15判時2324号84頁）。

《参考文献》
行政対象暴力問題研究会編著『行政対象暴力Q&A〔改訂版〕』（ぎょうせい，2010）

106 第2章 自治体の事務一般に関わる事項

7 職員の不祥事

Q23 職員が逮捕された場合の刑事手続

職場の金庫で保管していた現金を窃取したとして，職員が逮捕されました。今後，刑事手続はどのように進められるのでしょうか。

A

逮捕による身柄の拘束は3日間以内ですが，その後，勾留されることがあります。通常20日間以内の勾留期間が終わる前に起訴されるか否かが決定されます。身柄拘束中は接見できる場合とできない場合があります。

1．刑事手続の流れ

この職員は，職場の金庫で保管していた現金を窃取していますから，窃盗罪（刑法235条）で逮捕されたということになります。

職員が逮捕，勾留されたという連絡が職場に入ったら，上司や人事担当課の職員はその対応に追われることになります。迅速かつ適切な対応のためには，刑事訴訟法に規定されている刑事手続の流れを予め把握しておく必要があります。

(1) 逮　捕

逮捕された人は「被疑者」と呼ばれ，まず警察署の中にある留置場に拘束され，捜査を受けるケースがほとんどです。警察官は，被疑者を逮捕したときは，逮捕した時から48時間以内に検察官に事件を送致しますが（刑事訴訟法203条1項），いわゆる微罪処分といって，送致しない場合もあります（同法246条ただし書）。検察官に送致されないときは，直ちに釈放されます（同法203条5項）。また，被疑者の送致を受けた検察官は，被疑者を受け取った時から24時間以内，かつ，当初の身柄拘束時から72時間以内に裁判官に勾留を請求するか，起訴するかを決定します（同法205条）。それらがなされない場合は直ちに釈放されます。このように，逮捕の期間は最長でも3日間です。

(2) 勾　　留

　検察官が勾留を請求し，裁判官がそれを認めると，被疑者は勾留による身柄拘束を受けることになります。勾留は，被疑者が逃亡する可能性や証拠を隠滅する可能性があるときに限定して認められます（刑事訴訟法207条1項・60条1項）。勾留の要件は最近かなり厳格になされるようになってきており，公務員のような安定した職業に就いている場合や家族がいる場合は特に，逃亡する可能性がないとして勾留が認められないケースも多いようです。勾留が認められなければ直ちに釈放されます。また，勾留による身柄拘束にも期間の制限があり，勾留請求された日から10日間とされていますが，さらに10日間以内の期間延長される場合もあります（同法208条）。このように，勾留の期間は最長20日間（同法208条の2の事件については，さらに5日間以内の期間延長することができます）で，逮捕と合わせた身柄拘束の期間は最長23日間です。一般的には，被疑者が容疑を認めていない場合，勾留が長引く傾向があるようです。

　勾留された被疑者は，原則的には法務省管理下の拘置所に身柄を移されることになりますが，拘置所の空きがない等の理由から，起訴されるまでそのまま警察署の留置所に留め置かれるケースがほとんどです。

(3) 起　　訴

　裁判所に公訴を提起するかしないか（起訴または不起訴）は，勾留期間が終わる前に検察官が判断します（刑事訴訟法247条）。不起訴になれば釈放されますが，起訴された場合，逃亡や証拠隠滅の可能性があると判断されれば，いわゆる「起訴後の勾留」としての身柄拘束が続行します（同法60条1項）。起訴後の勾留は，公訴の提起があった日から2カ月間ですが，特に継続の必要がある場合は1カ月ごとに更新されます（同条2項）。なお，起訴された者は「被告人」と呼ばれます。

　また，勾留されている被告人は，保証金を納めることと引換えに保釈されることがあります（同法89条）。保釈とは，被告人を釈放し，もし，被告人が裁判中に逃亡するなどした場合には，再びその身柄を拘束するとともに，納められた保証金を没収する制度です。この保釈保証金は，一般的には150万円から200万円程度とされています。

　被告人は公判という裁判手続に付されることになりますが，公判期日が開か

108　第2章　自治体の事務一般に関わる事項

れるのは，起訴から1カ月～2カ月程度後になることが多いようです。

(4)　公判期日

　刑事裁判では，犯罪事実の有無が判断され，有罪の場合は刑罰が言い渡されます。重大な事件でなければ，公判は2回開かれることが一般的で，1回目の公判から1週間～2週間程度で2回目の公判が開かれ，判決言渡しがなされます。刑罰のうち，「懲役」および「禁錮」は刑務所への収容により，「罰金」および「科料」は，金銭の納付により罪を償うものです。

　なお，有罪であっても，初犯である等の情状によって執行猶予付判決がなされることがあります（刑法25条）。たとえば，「懲役2年，執行猶予3年」という判決であれば，裁判確定の日から3年間，刑の執行が猶予されます。すなわち，「懲役」刑が言い渡されても刑務所に入る必要はなく，執行猶予の期間，再び犯罪を起こすことなく期間が経過すれば，刑罰（懲役刑）を受ける必要はありません。起訴後の勾留がなされていた被告人は，執行猶予付判決が言い渡されれば直ちに釈放されます。本設問でも執行猶予が付く可能性があると考えられます。

2．身柄拘束中の職員と接触する方法

(1)　弁　護　人

　被疑者に対しては，家族や本人の依頼により，私選弁護人がつくことがあります。また，勾留段階にあり，資力がない被疑者には国選弁護人が選任されます。しかし，逮捕段階では国選弁護人は選任されません。

　弁護人がついている場合，職員が逮捕，勾留されたという連絡は，この弁護人から入る場合もあると考えられます。職員が身柄拘束されている間の状況や，今後の見通し等についても，主に弁護人から情報を得ることになります。しかし，弁護人は本人に最大限利益になるように活動する使命があるため，本人の職場での処遇に影響を与えるなど，不利益となる可能性のある情報については，職場の上司等に知らせない可能性がありますので注意してください。

　本設問の場合，職場の金庫で保管していた現金の窃取であるため，弁護人から被害弁償（窃取した金銭を返して損害を回復すること）の申入れがなされる可能性もあります。これは，被害弁償を行ったり示談を交わしたりすると，後

の刑事裁判で情状に良い影響を与えるからです。

(2) 接　見

　上司や人事担当課としては，とりあえず一刻も早く本人に会って事情を聞きたいと思うかもしれません。しかし，通常は逮捕されている期間（2～3日）は本人に会うことはできません。また，勾留後であっても，共犯がいる場合や，本人が証拠を隠滅する可能性がある場合等は，接見禁止という処分が付され，弁護人以外の者は本人と接見することができないことがあります（刑事訴訟法81条）。接見しようとする際は，予め接見禁止処分が付されていないかを弁護人か警察署等の施設に確認してください。

　接見禁止が付されていない場合，身柄を拘束されている施設で接見することができますが，時間は15分程度と限定されています。また，特に警察署の留置場では接見室の数が少なく，他の被疑者が接見室を使用している場合，長時間待たされることがあります。また，弁護人以外の者の接見受付時間は限定されているほか，本人は取調べ等のため，検察庁などに行って施設を不在にしていることもあります。そのため，事前に施設に電話し，本人がその日在所しているかどうか予め確認することをお勧めします。

　なお，本人に書類等の物品を渡したいときは「差入れ」手続を利用し，反対に本人から物品を受け取りたいときは「宅下げ」手続を利用して行うことができます。本人の署名が必要な場合などは，この手続を利用して署名をもらうことができます。「差入れ」の申込みには身分証明書や印鑑を求められることがありますので，準備しておきましょう。

110　第2章　自治体の事務一般に関わる事項

Q24　不祥事対応と懲戒処分

　ある職場で，組織ぐるみで不正な公金の処理が行われていたことが発覚しました。事実の調査と原因究明が求められていますが，どのように対応すればよいでしょうか。また，問題を起こした職員を懲戒処分に処す場合，注意すべき点について教えてください。

A

　初動の調査は職員が自ら行いますが，案件によっては第三者委員会の設置を検討すべきです。調査組織の構成員は，中立，公正な立場の人を選ぶよう注意してください。また，職員の懲戒処分のうち，免職など特に重い処分については事案ごとに慎重な検討を行い，相手に弁明の機会を与える必要があります。

1．重大な事件，事故への対応

(1)　事案解明のための調査組織

　職場で不正な行為があった場合，それが犯罪事実に該当するようなときは警察が捜査を行います。本設問のようなケースにおいても，詐欺罪や業務上横領罪などの犯罪が成立する可能性がある場合は，警察の捜査が行われる可能性が高いといえるでしょう。しかし，そうでない場合は，自治体が自ら調査を行う必要性があります。

　このようなとき，まず，職員が自ら初動の調査を行います。調査の体制を定めるにあたって気を付けなければならないことは，不正を行った疑いのある職員はもちろんのこと，問題となっている業務に関係する職員等，本件事案の関係者を構成員にしないことです。関係者が構成員となって行われた調査は，いくら中立性，公正性に留意して行われたものであっても世間から疑いの目を向けられてしまいます。そして，この調査では，事案の概略をつかみ，事案の全体を解明できる場合は報告書を作成し，そうでない場合は本格的な調査を開始するための組織を設けるか否かを検討します。

　ところで，社会的影響の大きな問題に直面した際には，自治体の外部の専門家による問題検証のための調査委員会を設置したほうがよい場合があります。

本設問では，被害者は自治体自身になると想像されますが，被害者が住民等である事案では，内部の調査で早急に事態の収束を図ろうとしているとして，被害者側が事後対応に不満をもつようになるケースが少なくありません。そうなると，当該事案そのものへの対応だけではなく，事後対応の適否も問われることになってしまいます。このような場合，特に，第三者委員会の客観性，中立性，専門性を有効に活用するべきと考えられます。

第三者委員会は，長の附属機関として条例で設置する場合や，要綱で設置する場合などさまざまな形態がありえますが，委員の選定にあたっては，顧問弁護士など当該自治体と関係の深い人物を構成員に入れるのは好ましくありません。できれば，弁護士会等の業界団体に対し，当該自治体と特別な関わり合いのない第三者を推薦してもらう等の方法で委員を選定することが賢明です。

(2) 調査の内容，方法

調査は，資料収集，関係者のアンケートおよびヒアリングなどによって，できる限り事実関係を正確に把握し，事実を認定することが中心になります。また，認定した事実をもとに事件・事故の要因を特定するだけでなく，再発防止のための方策も報告書にまとめる必要があります。

また，第三者委員会が調査を行う場合であっても，事務局は第三者委員会の問題検証に積極的に協力し，調査を補助するべきです。組織をよく知っている職員の関与があるからこそ，実効的な再発防止策の提示が可能になると思われます。

(3) 公表，マスコミ対応等

調査の結果を被害者等の関係者に報告するにあたっては，事実関係を丁寧に説明するとともに，自治体側の違法な行為によって他人に損害を与えた事実があれば謝罪し，場合によっては損害賠償の交渉を行います。

その後，調査結果の公表を行う場合も多いと思われますが，マスコミに対しては，被害者等の関係者の気持ちと個人情報の保護に配慮しつつ，できる限り情報を提供することが望ましいでしょう。公表をしないよう被害者側から要望を受けることもありますが，自治体が調査を行う以上，情報を一切公表しないということはできないことを十分に説明して理解していただかなければなりません。

112　第2章　自治体の事務一般に関わる事項

　調査結果を伝えるにあたって最も重要なことは，内容に説得力があることです。しかし，私たちは，第三者委員会等の調査組織が用いた法的な論理が，人間の心情や世論に必ずしも受容されるものではないことにも配慮しなければなりません。違法性がなければ問題はないと開き直ることなく，被害者や世間の心情に十分な配慮をするように注意してください。また，本当に重要なことは，調査終了後に自治体自身が行う再発防止の取組みであることも忘れてはなりません。

2．懲戒処分をする場合の注意点

(1)　懲戒処分の基準

　地公法は，職員が①法令違反をした場合，②職務上の義務に違反し，または職務を怠った場合，③全体の奉仕者たるにふさわしくない非行のあった場合に限り，職員を懲戒処分に処することができると定めています（同法29条1項）。

　懲戒権者は，懲戒処分を行うか否か，また，懲戒処分をするとしてどの処分を選択するかについて裁量権を有しており，その判断は，それが社会観念上著しく妥当を欠いて裁量権の範囲を逸脱し，またはこれを濫用したと認められる場合に限り違法となるものと解されています（最判昭52・12・20民集31集7号1101頁）。このように，懲戒権者は広い裁量権を有していますが，当然，恣意的に懲戒処分を行うことが許されるわけではありません。そこで，多くの自治体においては，「懲戒処分の指針」または「処分量定」といった基準を策定し，職員がどのような行為をした場合にどのような懲戒処分を行うかを定めています。しかし，これらの基準に沿った懲戒処分が適法であるというためには，非違行為の性質，態様，結果および影響等と，懲戒処分の内容が均衡している必要性がありますので注意してください。近年の裁判例では，酒気帯び運転に対する懲戒免職処分が，行為の内容に比して重過ぎるという理由で裁量権の逸脱濫用にあたると判断され，取り消されているものが見られます（鳥取地判平29・10・13ウエストロー2017WLJPCA10136002）。このような傾向からすれば，基準の硬直的な適用には注意を要するというべきで，事案ごとに慎重な検討が必要です。

(2) 懲戒処分の手続

　懲戒処分を行うにあたって特に気を付けなければならないことは，本人に弁明の機会（不利益処分を受ける相手方に対し弁解させること）を付与することです。聴聞や弁明の機会の付与は行手法に記載されている手続ですが，懲戒処分は同法の対象から除かれており，適用を受けません（同法3条1項9号）。また，懲戒処分の手続および効果は，法律に特別の定めがある場合を除くほか，条例で定めなければならない（地公法29条4項）とされていますが，懲戒処分を行うにあたって相手方に聴聞や弁明の機会を付与する旨を条例で定めていない自治体は多いと思われます。しかし，相手方に十分な手続保障を与えることなく行われた懲戒免職処分は違法であると述べる裁判例がありますので（旭川地判平23・10・4判タ1382号100頁），特に懲戒免職処分のような重い処分を行う場合には注意が必要です。

　また，弁明の機会の付与は，文書による通知で行うことが適切だと思われます。この通知書には，①懲戒処分の原因となる事実および懲戒処分の理由，②予定される懲戒処分と根拠法令等，③弁明書等の提出先および提出期限を記載して交付します。弁明書の提出期限は短すぎることのないよう，弁明書を作成するに必要な期間を設定するようにしてください。本人から弁明書の提出を受けた場合は，その内容を十分考慮して処分理由書を作成し，本人に交付して処分を行います。

《参考文献》

岡田博史『自治体コンプライアンスの基礎』（有斐閣，2017）

日本弁護士連合会「企業等不祥事における第三者委員会ガイドライン」（2010年12月改訂）

8 公用車の事故

Q25 業務中の交通事故に対して自治体が負う責任

当市の職員が業務中に公用車を運転していたところ、対向車と交通事故を起こし、相手の運転手にケガを負わせてしまいました。当市は、自治体として被害者にどのような法的責任を負いますか。

当市は、職員が業務中に起こした交通事故において当該職員に故意または過失が認められる場合には、国賠法、民法または自動車損害賠償保障法の規定により、職員の不法行為に対し損害賠償責任を負うこととなります。

1．賠償請求の根拠

(1) 国賠法1条1項

憲法17条は、公務員の不法行為による損害については、法律の定めるところにより、国または公共団体にその賠償を求めることができると定め、その規定を受けて国賠法が制定されています。国賠法1条1項の要件はいくつかありますが、本設問では「公権力の行使」にあたるか否かが問題になります。「公権力の行使」の範囲をどこまでと考えるかについて議論があるからです。

「公権力の行使」は、権力的行政作用のみであるとする「狭義説」、非権力的行政作用も含まれるとする「広義説」、さらに私経済作用も加えて公権力の行使と考える「最広義説」があり、判例は明言していませんが、広義説が通説とされています（最判昭62・2・6判タ638号137頁）。広義説は「国または公共団体の作用のうち、純粋な私経済的作用と国賠法2条の対象となる営造物の設置管理を除くすべての作用」が含まれるとされています。

権力的行政作用とは、命令・強制を伴う作用とされ、具体的には行政処分や強制行為（義務を強制するための強制執行、警察官の職務執行、消防職員の消火活動など）のほか、行政処分を行うための調査行為（税務調査など）、強制

の前段階の義務履行を促す行政指導など，命令・強制に付随する活動が対象です。

実務では広義説に立ち，権力的作用のほか非権力的作用も含めて，純粋な私経済作用を除いたすべての作用を「公権力の行使」に該当するものと解して，国賠法による請求がされています。

(2) 使用者責任を規定する民法715条1項

上記のように，国や公共団体の作用のうち「公権力の行使」には含まれない私経済作用により損害を受けた場合（典型例としては公立病院における医療過誤（最判昭36・2・16民集15巻2号244頁））には，相手方は民法715条1項の規定により使用者である自治体に対して損害賠償請求をすることができます。

(3) 自動車損害賠償保障法3条

人身事故の場合は，相手方は自動車損害賠償保障法（以下「自賠法」といいます）3条の運行供用者責任に基づき自治体に損害賠償請求することもできます（国賠法5条）。自賠法は，被害者側の立証責任を緩和し免責されるための要件を立証しなければならないのは自治体となるので，相手方としては使いやすいでしょう。補償額の不足分については国賠法による請求をすることもできます。

2．議会の議決

自治法96条1項13号は，「法律上その義務に属する損害賠償の額を定めること」を議会の議決すべき事件としています。

この場合の損害賠償の額とは，自治体が法律上責任を負うべき額を言い，相手方に保険金が支払われたことにより自治体が直接支払う額が減少したとしても，あくまで議決を得るべき金額は支払われた保険金相当額を含めた額と解されています。むろん，同法180条1項の議会の委任による自治体の長において専決処分ができる旨が定められている場合や，同法179条1項に該当する緊急の場合などに，同様の専決処分を行うことを妨げるものではありません。

116 第2章　自治体の事務一般に関わる事項

3．発展質問

⑴　当市職員ではなく，民間の受託業者等の従業員が運転していた場合

　自治体が，業務を民間事業者に委託するケースや指定管理者を指定して遂行させることがあります。この場合の民間事業者の従業員が，公用車ではなく，事業者の車を業務で運転中に事故を起こした場合も，自治体は責任を負うのでしょうか。ここでは，従業員個人に対する責任追及はQ26を参照いただくとして，検討から除くこととします。

　国賠法1条に規定する「公務員」とは，公務員法上の公務員に限定されず，法令により公権力行使の権限を与えられていれば，身分上は私人であってもこれに該当するというのが，判例・通説です。業務上の運転が公権力の行使に該当し，指定管理者の従業員の故意または過失により第三者に違法に損害が生じた場合には，公用車でなく事業者の車であっても，同条の規定により，自治体も責任を負うこととなると解されます。

　また，自治体が業務を委任，請負等で発注している場合も，その事業は自治体の事業であり一定の指揮監督義務があるといえ，責任を負う場合があります。

　被害者は民法715条に基づいて民間事業者に損害賠償をすることもできます。ただし，（自動車事故に関するものではありませんが）次のような判例もありますので事案ごとに確認が必要です。

　最判平19・1・25民集61巻1号1頁は，都道府県が行うべき事務である社会福祉法の「措置」として業務を施行した民間事業者の従業員の行為について，公権力の行使にあたる公務員の職務行為と解し，国または公共団体が国賠法1条1項の責任を負う場合には，従業員は民法709条の損害賠償責任を負わないのみならず，民間事業者も同法715条の損害賠償責任を負わない，としています。これからすると，民間事業者の従業員の行為であっても，民間事業者ではなく自治体が国賠法による損害賠償責任を負い，その場合は民間事業者は被害者に対して直接は責任を負わないということもありえます。被害者としては，民間事業者の資力等で賠償が確実でない場合に，自治体から確実に賠償を受けることができるのがメリットとなります。

　もっとも賠償をした自治体は，民間事業者に対して，委託契約や指定管理者

の指定条項に基づき，自治体の賠償相当分の求償をすることとなると思われます。

(2) 公用車ではなく職員の自家用車であった場合

　自己のために自動車を運行の用に供する者は，自賠法３条により損害賠償責任（運行供用責任）を負います。職員の自家用車の場合は，原則として自治体は運行供用責任を負いません。ただし，しばしばその自動車を自治体の業務の執行のために使用しており，ガソリン代，修理代などを自治体が負担している場合のように，自治体がその自動車の運行を支配しかつそれによって利益を受けている場合は，自治体が運行供用責任を負うこともあります。

　しかし運行供用責任がなくとも，職員がその業務の執行につき起こした事故については，自治体は賠償責任を負います。「業務の執行につき」とは，具体的な業務命令に基づいたかどうかとは関係なく，行為の外形から客観的に判断して職務執行行為またはこれと密接な関連があるものを含みます。業務中に業務遂行の場所間の移動のための運転であれば，業務の執行につき第三者に損害を与えたことといえ，自治体は民法または国賠法上の賠償責任を負うことになります。

　では，職員が上司の命令により工事現場に行くために，早朝出勤前に自宅から直行しようとして自家用車を運転中の事故の場合はどうなるでしょうか。

　自治体は，自家用車に対する運行責任も運行利益も有していないので，運行供用責任は負いません。工事現場に自家用車で直行する行為が，業務の執行と言えるかが問題になりますが，自家用車の使用が自治体の指示や承認に基づいたものでなく，個人の選択に基づいたものであるならば，自宅から工事現場までの事故は通勤途上の事故となります。自治体の自家用車使用についての指示や承認の有無に加え，そもそもマイカー通勤を認めていたのか，駐車場代やガソリン代を自治体が負担していたのかなどの事情も考慮して，使用者責任の有無が判断されることとなるでしょう。

　業務に自家用車使用を認めることは好ましくないことはいうまでもありませんが，災害発生時や緊急時などやむをえない場合があることも否定できません。自治体としてルールの整備や保険などの対応をしておくことが望ましいでしょう。

118　第2章　自治体の事務一般に関わる事項

Q26　業務中の交通事故に対して運転していた公務員個人が負う責任

当市の職員が業務中に公用車を運転していたところ，スマートフォンを操作しながら運転していたため，対向車と交通事故を起こし，相手の運転手にケガを負わせてしまいました。当該職員にはどのような責任が生じますか。また自治体として職員に処罰をすることができますか。

A

当該職員は個人として，業務の性格により国賠法による求償債務または民法による損害賠償責任を負う可能性があります。また交通事故の態様によっては，道路交通法または自動車の運転により人を死傷させる行為等の処罰に関する法律（以下「処罰法」といいます）により刑事上の処罰を受ける可能性があります。さらに別途自治体から，地公法に定める懲戒処分あるいは自治体の規定による処分を受ける可能性があります。

1．国賠法または民法による責任

(1)　過失の認定

スマートフォン（スマホ）を操作しながらの運転ということなので，当該職員に自動車運転上の（少なくとも）過失があるといえそうです。さらに，重大な過失かどうかは，本人に故意に準ずるような責任を課すべき，著しい注意義務違反であったかどうか，によりますが，国賠法1条2項の自治体からの求償や，被害者との過失相殺を検討するときに問題となります。

処罰法に特に規定される飲酒運転等の危険運転や無免許運転は一般的に重大な過失と判断されることと思います。スマホや携帯を操作しながらの運転についても，その危険性は十分予測されるものであり，道路交通法71条5号の5に明示して禁止されている行為であることからすると重大な過失と判断されることが多いと思われます。

(2)　国賠法における個人の損害賠償責任

被害者は，公権力の行使にあたる業務中の職員による事故の場合は自治体に

対して国賠法に基づく請求ができることはQ25で述べたとおりです。

　この場合に，職員個人は被害者に対して直接責任を負うのでしょうか。最判昭30・4・19民集9巻5号534頁は，「公務員が行政機関としての地位において賠償の責任を負うものではなく，また公務員個人もその責任を負うものではない」と判示し，公務員の個人責任を否定しました。これが最高裁の確立した判例法理とされています。

　この法理を支持する説の根拠としては，自治体が賠償責任を負えば被害者の救済は達成できること，賠償請求は個人への報復・制裁にあるのではないこと，公務員の個人責任を認めると公務員個人に萎縮的効果を発生させ積極的な業務遂行を阻害させるおそれがあること，などが挙げられています。

　しかし，公務員だけが民間企業従業員と異なる扱いがされることは一般の理解が得難いこと，公立学校の教師か私立学校の教師かによって個人責任の有無が変わることが説明できないこと，医療過誤の責任と向かい合う医師など危険に対して萎縮効果がありうる職業は公務員以外にあること等を根拠に，批判する考え方もあります。

(3)　自治体から個人に対する求償

　自治体は，国賠法1条2項により，職員に故意または重大な過失があった場合には，賠償額について本人に求償することができます。本設問での職員の行為が重大な過失であるかどうかの判断は(1)で先述したとおりです。

　自治体が求償すべきか否かについては，裁量があり必ずしも求償しなければいけないとはならないと考えられ，従来あまり求償されていなかったところです。しかし，最近も交通事故ではありませんが個人への求償を認めた事例もありますので，注意しておきましょう（最判平28・12・13LEX/DB25545328，福岡高判平29・10・2裁判所ウェブサイト〔平29（行コ）6，平29（行コ）24〕）。また，求償しないことが財務会計上の怠る事実にあたるとして住民監査請求等の対象となる可能性はあるでしょう（自治法242条の2第1項4号）。

(4)　民法709条による不法行為責任

　Q25のとおり，国や公共団体の作用のうち公権力の行使に含まれない私経済作用によって損害を受けた場合には，被害者は，自治体に対して民法715条1項に基づき損害賠償請求をすると同時に，当該職員個人に対して同法709条の

損害賠償請求ができ，この場合自治体と職員は，被害者に対して不真正連帯債務を負うことになります。また，被害者が自治体にのみ損害賠償請求をした場合でも，自治体は同法715条3項により，職員に求償することができます。

(5)　実務上の注意点

　判決において最終的に職員個人の責任が否定されるとしても，被害者が職員個人に訴訟を提起することは可能です。被告とされた職員個人にかかる応訴の手間，費用や心理的負担は軽くはありません。職員に故意または過失がある以上やむをえないとしても，軽過失までを対象に職員個人に対する嫌がらせ的な訴訟を提起される場合もありうるところです。弁護士費用などの争訟費用と損害賠償金が担保される賠償責任保険を検討しておくのも良いと思います。

2．道路交通法等による刑事罰

　職員個人は，職員の業務上の運転であっても，運転態様によっては道路交通法および刑法またはその特別法である処罰法上による処分または刑罰を受ける可能性があり，この点は公務員であるかどうかに関わりません。

　スマホによる運転での事故は頻発しているところですが，処罰法5条の過失運転致死罪で実刑判決がでています（名古屋高判平29・9・26裁判所ウェブサイト〔平29（う）211〕）。

　また処罰法での起訴がなくとも，道路交通法71条5号の5で携帯電話等の使用に関する規定があり，罰則等の処分がありえるでしょう。

　なお，道路交通法の一部改正が令和元年6月に公布され，同年12月までに施行されます。携帯電話使用等で交通の危険を生じた場合は，反則金制度はなくなり，すべて刑事罰になり，また，内容も1年以下の懲役または30万円以下の罰金となるなど，罰則が強化されます。

3．自治体の懲戒処分

(1)　地公法29条による懲戒処分

　懲戒処分につき「処分をすることができる。」と規定されています。これは自治体に裁量を認める趣旨と解されており，必ず処分をしなければいけないとされているわけではありません。自治体は，懲戒処分について条例で手続や効

果を定めることとされており（地公法29条4項），さらに通常は条例の実施のために必要な事項や基準を別途規則等で定めています（飲酒運転についてQ24の2(1)参照）。

(2) 本設問での処分

地方公務員は法令遵守義務（地公法32条），信用失墜行為の禁止義務（同法33条）を負っています。信用失墜行為とは，職の信用を傷つける行為，職全体の不名誉となる行為，社会通念に反する行為等を指します。同法29条1項は，①地公法，条例または規則等に違反した場合，②職務上の義務に違反しまたは怠った場合，③全体の奉仕者たるにふさわしくない非行のあった場合に懲戒処分ができるとしています。

本設問は，職員が業務中にスマホを操作して事故を起こし相手方にケガをさせた，という事案です。当該職員の行為は態様や相手方の被害の状況にもよるでしょうが，同条1項各号の処分の要件のいずれかに該当することとなりそうですので，懲戒処分を受ける可能性があるでしょう。なお，業務外の全くプライベートで運転をしていた場合でも，その状況と自治体の基準によっては，同項のいずれかの号に該当すると判断され処分を受ける場合もありえます。

(3) 処分の種類

懲戒処分には免職，停職，減給，戒告があります。懲戒処分の基準はもとより，公表するか否か，公表の内容（役職，名前，処分の内容等）の基準等についても，自治体にて基準を定めていることが多いと思います。

地公法の懲戒にあたらない事実上の処分として，訓告，口頭あるいは文書による厳重注意などの処置があり，事案によって適用される場合もあるでしょう。

(4) 懲戒処分への職員の対応

懲戒処分は地公法29条による処分です。懲戒処分の際の弁明の機会の付与は，行手法3条1項9号にならって自治体の行政手続条例でも規定されていないことが多いようですが，事実上何らかの機会は設けられていることもあるでしょう（懲戒処分についてはQ24参照）。

9 例規業務

Q27 条例の制定過程

当市では，債権の管理の適正化をより一層図るため，債権管理条例を制定したいと考えています。条例の制定に向けた準備や手続は，どのように行えばよいですか。併せて，条例と規則の違いも教えてください。

A
条例の制定にあたっては，立法事実の整理と課題解決に向けた政策決定が重要です。政策決定後は条文化の作業を進め，条例については議会の議決を経る必要があります（規則については地方公共団体の長が制定できます）。

1．条例と規則

　条例と規則は，いずれも地方公共団体が定める自治立法の一形式ですが，制定に必要な手続や制定可能な範囲等に違いがあります。

　まず，条例については，その制定改廃に地方公共団体の議会の議決が必要（自治法96条1項1号）となります。地方公共団体は，その事務（自治事務に限られず法定受託事務も含みます）について条例を制定できるため，固有の政策課題を解決するために独自条例を制定することがあります。たとえば，本設問の事案のように，債権の管理の適正化をより一層図る目的で条例を制定する場合等です。もっとも，法令に違反する条例は制定できません（憲法94条，自治法14条1項）ので，注意が必要です。

　他方，規則については，地方公共団体の長が定めることができ，法令または条例に違反しない範囲で制定することができます。もっとも，市民の権利義務に関することについては，条例で定めなければならず（同条2項），規則で定めることはできません。規則の分類としては，委任規則（法律や条例による委任事項を定めた規則）や執行規則（法律や条例を実施するための細目事項を定めた規則）等があります。本件の事案においては，条例で債権管理台帳の整

備を規定し，同台帳に記載する事項を規則に委任することが考えられるところ，この場合の規則を委任規則といいます。なお，「条例と規則の使い分け」については，法令に（条例と規則のいずれで定めるべき事項かについて）明示されていればそれに従うこと等があり，詳細は塩浜克也＝遠藤雅之『自治体の法規担当になったら読む本』（学陽書房，2014）31～34頁が参考になります。

2．条例の制定過程

【条例制定までの大まかな流れ】

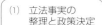

(1) 立法事実の整理と政策決定

　条例は自治立法の一形式であることから，その制定にあたっては，立法事実が重要となります。立法事実については，「条例などあらゆる法を支える事実」（田中孝男『条例づくりのきほん　ケースで学ぶ立法事実』（第一法規，2018）28頁）といわれたりしています。本設問の事案（債権管理条例の制定を検討する場面）における立法事実としては，債権の管理回収を適正に行うことで市民間の公平（任意に債務を履行した者とそうでない者との間の公平）を図る必要性や，債権の回収率向上と債権の管理コスト削減による適正な財政運営を図る必要性等が考えられます。このような行政課題が立法事実であり，課題の内容とその原因を明らかにする等立法事実の整理を行います。

　次に，整理した立法事実を踏まえ，課題解決に必要な手段を検討することになります。課題解決に必要な手段としては，たとえば，環境汚染が問題となっている場面であれば規制条例の制定等が，行政事務の運営に問題が生じている場面であれば例規（条例，規則，訓令等）の制定や指針の策定等が考えられるところです。本設問の事案においては，債権の管理回収を適正に行うための手段として，債権管理指針を策定した上で庁内周知を図るといった方法も考えられます。もっとも，債権の管理コストを削減するといった観点からは，回収困難な債権等を市長が放棄できるようにするため（自治法96条1項10号の「条例に特別の定めがある場合」に該当する規定を設けるため）に条例を制定すると

124　第2章　自治体の事務一般に関わる事項

いった手段が最も適切であると考えられます（このような法制度設計の作業を，広義の「法制執務」ともいいます）。なお，この段階では，施行日（いつから条例としての効力を発動させるのか）についての検討も行います。市民に影響がある条例の制定にあたっては，周知期間を設ける必要があること等の理由から公布の日から一定の期間をおいて施行させる場合が多いものと考えられます。

(2)　条例案の概要作成と条文化

　条例の作成に向けた準備としては，まず，(1)の政策決定に基づいて条例案の概要を作成します。条例等の例規作成にあたっては，一般的に，例規を審査する課（文書課であったり政策法務課等）との協議が必要と考えられます。そのため，どの段階でこの協議が必要になるのかを予め確認しておく必要があります（地方公共団体によっては，条例案の概要を作成する段階から協議が必要になることも考えられます）。条例案の概要を作成するにあたっては，(1)の政策決定に基づいて，条例に規定すべき事項とそれ以外の事項の振り分け等が重要となります。また，この段階では，法令との整合性に注意する必要があります。すなわち，1で述べたとおり，法令に違反する条例は制定できませんので，法令による規制の有無やその内容等を確認します。

　本設問の事案においては，条例が対象とする債権の範囲（市が有する債権のすべてか否か等）に関する事項，債権管理台帳の整備に関する事項，（行政コスト削減の観点から）債権の徴収緩和や放棄に関する事項等を条例で規定することが考えられます。このとき，債権管理台帳に記載すべき具体的な事項については，規則に委任するといった方法が考えられます。また，債権の督促（自治法240条2項，同法施行令171条）や強制執行（同法施行令171条の2）等について条例に規定するか否かについては，自治法や同法施行令との関係での検討が必要となります。これらについては，同法および同法施行令で規定された地方公共団体の長の義務であることから，条例に規定したとしても確認規定にすぎない（法的な影響がない）ものとなります。そのため，（条例自体のわかりやすさ等の観点から）これらの事項を条例に規定する場合には，法や施行令との関係に注意し，法や施行令と矛盾がないように注意する必要があります。

　次に，作成された条例案の概要をもとに，条文を作成し，条例案を作ります。たとえば，(1)の政策決定の段階で検討された施行日は，附則で規定することに

なります。この段階では，法令用語の使い分けや法令・条文の構成に関する知識等の立法技術（狭義の法制執務）が重要となります。条例も自治立法の一形式であって（広義の）法令に含まれるものであるため，法令としての体裁（構成）を整える必要があり，また，解釈に疑義が生じないように，適切に法令用語を使う必要等があります。詳しくは，Q28とQ29で説明します。

　以上のようにして条例案の概要を条文化した後は，条例に規定する内容等に応じて，次の手続が必要となります。まず，条例で罰則規定を設ける場合には，検察庁との協議（検察庁協議）を行うことが一般的です。また，市民に影響がある条例の制定に際しては，パブリックコメントの実施（条例案を公開して市民等からの意見を求める手続）を経ている自治体も多いです。検察庁協議やパブリックコメントの実施が必要となる条例を制定する場合には，これらの手続に要する時間を含めたところで条例制定までのスケジュールを立てる必要があります。

(3)　議会への提案と可決後の公布

　1で述べたとおり，(2)で作成された条例案は，議会に提案されて可決される必要があります。そこで，各自治体が定める議案の形式に沿って議案を作成することになります。このとき，議案の形式や提案に向けての手続等を議案の担当課に確認しておくとよいでしょう。

　その後，議会に提案した条例案が可決された後は，公布の手続を行います。公布は，議会の議決により成立した条例を市民等に知らせる手続であり，これによって条例が効力を有することになります。具体的な公布の手続については，各自治体が定める公告式条例（条例の公布等に関して必要な事項を定めた条例）の定めに従って行うことになります。

《参考文献》
石毛正純『自治立法綱要』（ぎょうせい，2018）
塩浜克也＝遠藤雅之『自治体の法規担当になったら読む本』（学陽書房，2014）
田中孝男『条例づくりのきほん　ケースで学ぶ立法事実』（第一法規，2018）

126 第2章 自治体の事務一般に関わる事項

Q28 法制執務の基礎

　当市では，債権管理条例を制定するための準備を進めており，現在は，条文を作成する段階です。また，同条例の制定と併せて，債権管理条例施行規則も制定する予定です。そこで，条例と規則の構成や主な法令用語の使い方についての注意点を，教えてください。

A

　条例と規則は，（広義の）法令に含まれることから，（おおまかにいうと）題名・本則・附則で構成されます。条例と規則の規定する事項が正確で一義的な意味（内容）となるよう，法令用語を正確に使用する必要があります。

1．条例と規則の構成

　条例と規則は，自治立法の一形式であって（広義の）法令に含まれることから，それらの構成は法令と同じであり，おおまかにいうと，題名（条例名や規則名）・本則・附則で構成されます。これら以外には，必要に応じて，目次と前文が本則の前に，別表や様式が附則の次に設けられることがあります。本則とは，題名の次（目次や前文があればそれらの次）から附則の前までの部分のことをいい，本則は，複数の「条」で構成（条建て）されています。1つの「条」については，1文で構成されるのが一般的ですが，2文以上になる場合で段落に分けられるときには，2文目を別の行として書くことがあります。この別の行に分けられた部分を「項」といい，「項」については，1項を除き，項番号が付けられます。さらに，「条」または「項」の中で必要な事項を列記する場合には，「(1)，(2)，…」といった「号」を用いて列記します。「号」の中でさらに必要な事項を列記する場合には，「ア，イ，…」が用いられます。

　本設問の事案において，債権管理台帳の整備について条例で規定する場合には，次の【例1】のような条文が考えられます。このとき，債権管理台帳に記載する具体的な事項等については条例で規則に委任されることが多く，その場合の規則の条文としては【例2】のようなものが考えられます。

Q28 法制執務の基礎　127

【例1】　債権管理条例案（以下「条例案」といいます）
第5条　市長は，本市が有する債権を適正に管理するため，債権管理台帳を整備
　　しなければならない。
2　債権管理台帳には，規則で定める事項を記載する。

　条例案5条は，2つの項で構成されており，それぞれの項を特定する場合には，「第5条第1項」または「第5条第2項」といいます。5条2項は，債権管理台帳に記載する事項を規則に委任する規定です。

【例2】　債権管理条例施行規則案（以下「規則案」といいます）
第7条　各課の長は，……債権管理台帳を作成しなければならない。
2　債権管理台帳には，次に掲げる事項を記載するものとする。
　(1)　債権の名称
　(2)　債務者の住所及び氏名（法人にあっては，主たる事務所の所在地及び名称
　　　並びに代表者の氏名）
　(3)～(9)　省略

　規則案7条は，2つの項で構成されており，同条2項は，1号から9号まで全部で9つの「号」で構成されています。同項2号では，「及び」と「並びに」が用いられているため，これらの使い分けについて説明します。
　「及び」と「並びに」は，いずれも英語の「and」に相当し，2つ以上の語句を併合的に結ぶ場合に用いられます。2つの語句を（併合的に）結ぶ場合には「及び」のみを，3つ以上の語句を（併合的に）結ぶ場合には読点と「及び」（最後の2つの語句を結ぶ）を用います。2つ以上の語句を結ぶ場合で，さらに別の意味の語句を結ぶ場合には，小さな意味の接続に「及び」を，大きな意味の接続に「並びに」を用います。規則案7条2項2号中では，まず，（債務者の）「住所」と（債務者の）「氏名」の2つの語句を結ぶために，「及び」が用いられています。さらに，同号括弧書の中では，（主たる事務所の）「所在地」と（主たる事務所の）「名称」といった小さい接続に「及び」が用いられており，これら（主たる事務所の「所在地」と「名称」）と「代表者の氏名」といった大きな接続に「並びに」が用いられています。

128　第2章　自治体の事務一般に関わる事項

2．法令用語の使い方―改正民法を題材に

　条例と規則の条文は，法令の条文と同様に，正確で一義的なものであること
が要請されます。そのため，条文中で用いられる法令用語は，正確に使用され
る必要があります。その主な使い分けについては，以下のとおりです。

(1)　「又は」と「若しくは」（いずれも英語の「or」に相当）

　2つの語句を（選択的に）結ぶ場合には「又は」のみを，3つ以上の語句を
（選択的に）結ぶ場合には読点と「又は」（最後の2つの語句を結ぶ）を用いま
す。2つ以上の語句を結ぶ場合で，さらに別の意味の語句を結ぶ場合には，小
さな意味の接続に「若しくは」を，大きな意味の接続に「又は」を用います。
たとえば，改正民法（民法の一部を改正する法律（平成29年法律第44号）による改
正後の民法）124条では，次のように使い分けられています（同条については，
改正による実質的な変更はありませんでした）。

【改正民法124条】　（1項および2項2号は省略。下線は筆者）
2　次に掲げる場合には，……要しない。
　(1)　法定代理人<u>又は</u>制限行為能力者の保佐人<u>若しくは</u>補助人が追認をするとき。

　改正民法124条2項1号では，「追認」を行う主体として，（制限行為能力者
の）「保佐人」と（制限行為能力者の）「補助人」を小さな意味で（選択的に）
結ぶために「若しくは」が用いられ，これらと「法定代理人」を大きな意味で
（選択的に）結ぶために「又は」が用いられています。

(2)　「その他」と「その他の」

　「その他」は，「その他」の前にある名詞と「その他」の後ろにくる名詞が並
列の関係にある場合に用いられ，「その他の」は，「その他の」の前にある名詞
が「その他の」後ろにある（より広い意味の）名詞の例示として包含される場
合に用いられます。

　まず，「その他の」が用いられている例としては，改正民法616条の2があり
ます。同条は，改正民法で新設（判例法理を明文化）された「賃借物の全部滅
失等による賃貸借の終了」に関する規定であり，枝番号（「第●条の2」等）
により「条」の追加が行われています。枝番号による追加は，（一部改正にお

いて）新たな「条」を既存の「条」の間に追加する場合に用いられる方法です。枝番号により「条」が追加されると，既存の「条」に繰り下がり等が生じないため，「条」の追加に伴う改正（条ズレに伴う別の法令の条文の改正）は不要です。なお，「号」には枝番号がありますが，「項」にはありません。

【改正民法616条の2】　（下線は筆者）

　賃借物の全部が滅失<u>その他</u>の事由により使用及び収益をすることができなくなった場合には，賃貸借は，これによって終了する。

　改正民法616条の2では，「賃借物の全部が滅失」することを，「（目的物の）使用及び収益をすることができなくなった場合」の事由の例として挙げ，賃貸借契約が当然に終了する旨を規定しました。

　次に，「その他」が用いられている例としては，改正民法548条の3第2項があります。同条は，改正民法で新設された「定型約款」に関する規定の1つです。「定型約款」に関する規定が新設された理由については，「約款を用いた取引の法的安定性を確保するため」と説明されています（筒井健夫＝村松秀樹『一問一答・民法（債権関係）改正』（商事法務，2018）240頁）。定型約款については，民法の一部を改正する法律の施行日前に締結された定型約款に係る契約にも適用される（同法附則33条1項）こと等に留意する必要があります。

【改正民法548条の3】　（1項は省略。下線は筆者）

2　定型約款準備者が定型取引合意の前において前項の請求を拒んだときは，前条の規定は，適用しない。ただし，一時的な通信障害が発生した場合<u>その他</u>正当な事由がある場合は，この限りでない。

　改正民法548条の3第2項ただし書では，同項本文の例外として，「一時的な通信障害が発生した場合」と「その他正当な事由がある場合」を規定しています。

《参考文献》

石毛正純『法制執務詳解〔新版II〕』（ぎょうせい，2012）

筒井健夫＝村松秀樹『一問一答・民法（債権関係）改正』（商事法務，2018）

Q29 法制執務の実践

当市では，民法の一部を改正する法律（平成29年法律第44号）の施行に伴い，債権管理条例施行規則第7条を改正する（第2項第7号の「中断」を「更新」に改める）予定です。どのような手順で改正を行えばよいでしょうか。

第7条 （1項は省略）
2 債権管理台帳には，次に掲げる事項を記載するものとする。
(1)〜(6) 省略
(7) 時効の中断に関する事項 （※第8号および第9号は省略）

債権管理条例施行規則の一部を改正する規則を制定し，公布する必要があります。この場合の改正規定は，「第7条第2項第7号中「中断」を「更新」に改める。」となります。

1．規則の一部を改正する規則—条文中の字句を改める場合

　規則の一部改正は，改正の対象となる規則とは別の規則（「○○規則の一部を改正する規則」）を制定して施行させることにより行われます（このことは，条例についても同じであり，次に述べる説明は，条例の一部改正でも同じです）。この「○○規則の一部を改正する規則」（以下「一部を改正する規則」といいます）は，改正の対象となる規則とは別の独立した1つの規則であるため，題名（規則名）・本則・附則で構成され，独立の規則番号（「令和○年規則第△号」のように，規則ごとに毎年第1号から順に付けられる番号）が付けられます。また，1つの規則を制定することになるため，当該規則について，公布と施行が必要です。以上は法令の改正と同じであり，債権管理条例施行規則を改正する契機となった民法の一部改正も，民法（明治29年法律第89号）とは別の法律（民法の一部を改正する法律（平成29年法律第44号））の制定および施行により行われました。そのため，債権管理条例施行規則7条を改正するには，債権管理条例施行規則の一部を改正する規則の制定と施行が必要となります。

一部を改正する規則も，（通常の規則と同様に）題名・本則・附則で構成されますが，本則には，複数の「条」で構成される通常の規則とは異なり，改正の対象となる規則の具体的な内容が示されます。たとえば，「第○条中「△△」を「□□」に改める。」（「条」中の一部を改正する場合）や「第○条中「△△」を削る。」（「条」中の一部を削除する場合）等の改正規定で本則が構成され，一部を改正する規則の施行により，示された内容のとおりに（対象となった）規則の条文が改正されます。これを，「改正内容が既存の条例・規則に溶け込む」（石毛正純『法制執務詳解〔新版Ⅱ〕』（ぎょうせい，2012）257頁）といい，このような改正方式を「溶け込み方式」といいます。改正の順番については，（題名と本則に改正がある場合には）題名を改正した後に本則を改正する等，前の方から順に行います。改正規定の作成にあたっては，改正箇所を明らかにするため，改正前の条文と改正後の条文を並べた新旧対照表が作成されます。本設問の事案で新旧対照表を作成すると，次のようになります。新旧対照表を作成する場合には，改正箇所がわかるように，該当箇所に下線を引きます。

改正後	改正前
第7条　（1項は省略） 2　債権管理台帳には，次に掲げる事項を記載するものとする。 (1)〜(6)　省略 (7)　時効の<u>更新</u>に関する事項 （※第8号および第9号は省略）	第7条　（1項は省略） 2　債権管理台帳には，次に掲げる事項を記載するものとする。 (1)〜(6)　省略 (7)　時効の<u>中断</u>に関する事項 （※第8号および第9号は省略）

　この新旧対象表を改正規定にすると，「第7条第2項第7号中「中断」を「更新」に改める。」となります。

　なお，以上の説明とは異なり，改正規定を用いずに，新旧対照表を示す方式により条例と規則の改正を行っている地方公共団体もあるようです（香川県等）。

2．「号」の削除と「号」の移動を伴う場合の改正規定

　本設問の事案の場合とは異なり，次の新旧対照表のような改正を行う場合の改正規定は，どうなるでしょうか。7号中の字句の改正に加えて，不要となった8号の削除と，削除により空いた場所（削除前に8号があった場所）に9号

132　第2章　自治体の事務一般に関わる事項

を移動させる（繰り上げる）改正が必要となっています。

改正後	改正前
第7条　（1項は省略） 2　（各号列記以外の部分は省略） 　(1)～(6)　省略 　(7)　時効の<u>更新</u>に関する事項 　<u>(8)</u>　前各号に掲げるもののほか，本市 　の債権管理について必要な事項	第7条　（1項は省略） 2　（各号列記以外の部分は省略） 　(1)～(6)　省略 　(7)　時効の<u>中断</u>に関する事項 　<u>(8)　民法（明治29年法律第89号）第 　170条各号又は同法第173条各号に掲 　げる債権である場合は，債権の種類 　及び時効期間に関する事項</u> 　<u>(9)</u>　前各号に掲げるもののほか，本市 　の債権管理について必要な事項

　このときの改正規定は，「第7条第2項第7号中「中断」を「更新」に改め，同項第8号を削り，同項第9号を同項第8号とする。」となります。1つの項に複数の改正箇所（号の改正，削除，繰り上げ）がある場合，「条・項・号の改正は，前のほうの条・項・号から順を追って，一つの条ごとに一つの改正規定で行うことを原則とする」（前掲・石毛322頁）ため，前の方の「号」から順を追って改正等を行います。具体的には，7号中の改正を先に行い，8号の削除と9号の繰り上げに進みます。

　このように，条や項等を廃止する場合は「削る」方式が原則ですが，「削除」方式がとられることもあります。「削る」方式の場合，廃止する条や項等が消えてしまうことから，後続する条や項等を繰り上げる作業が必要となります。このとき，繰り上がりに伴い条番号や項番号等が変わってしまうため，当該条や項等を引用している条文（現に改正を行っている条例や規則等に限りません）があれば，その条文を改正することも必要となります。他方，「削除」方式の場合，改正後の条文中では，「(8)　削除」という形で条文が残るため，削除した号（8号）に続く号（9号）を繰り上げる必要はありません。そのため，繰り上がりに伴って他の条文を改正するといったことも不要となります。

　なお，改正前民法170条から174条に定められていた職業別の短期消滅時効の特例は，特例自体の合理性に疑義が生じていたことやわかりやすさの観点から，民法の一部を改正する法律により廃止されました（筒井健夫＝村松秀樹『一問一答・民法（債権関係）改正』（商事法務，2018）55・56頁参照）。

3．補足—附則について

　一部を改正する規則についても制定および施行が必要であるところ（1参照），規則が施行される時期（施行日）については，一部を改正する規則の附則において定められるのが一般的です（施行日を定めなかった場合については，自治法16条5項を参照）。本設問の事案の場合，民法の一部を改正する法律の施行に併せて規則を改正しますので，「この規則は，令和2年4月1日から施行する。」となります（「民法の一部を改正する法律の施行期日を定める政令」（平成29年政令第309号）参照）。

　なお，民法の一部を改正する法律の附則1条本文は，その施行日を政令に委任しており，この規定に基づいて「民法の一部を改正する法律の施行期日を定める政令」が定められました。条例についても，その施行日を規則に委任する方法があり（一部改正の場合に限られず制定の場合においても同じです），当該条例の附則は，「この条例は，規則で定める日から施行する。」となります。このとき，「○○条例の施行期日を定める規則」が制定され（当該条例が）施行されます。また，民法の一部を改正する法律の附則1条ただし書各号では，同法の附則に規定された一部の規定について，個別の施行日が定められています。このように，条例や規則の制定や（一部）改正においても，条文ごとに施行日を異ならせる必要がある場合等には，特定の規定（または改正規定）について，その施行日を異ならせることがあります。

《参考文献》
石毛正純『法制執務詳解〔新版Ⅱ〕』（ぎょうせい，2012）
筒井健夫＝村松秀樹『一問一答・民法（債権関係）改正』（商事法務，2018）

COLUMN 2
協定書や覚書の審査

　自治体は，他の行政機関（国や他の自治体）や民間との間で合意事項を文書化する際，協定書や覚書を作成することがあります。その際，注意しなければならないことは，協定書や覚書といった表題の文書であっても，当該文書を作成する当事者間でなされた合意事項が記載されているものであれば，契約書としての効力があるということです。そのため，協定書や覚書について相談を受けた場合には，契約書と同じレベルでの審査が必要となりますし，とりわけ自治法との関係には注意が必要となります。

　自治法上，一定の契約を締結する場合には議会の議決が必要とされていますので，協定書や覚書を審査する際にも，議決が必要な事項が記載されていないか確認する必要があります。議決が必要な内容の合意事項が記載されたものであれば，協定書や覚書といった表題の文書であっても，議会の議決なしにこれらを締結することはできません。たとえば，自治体が7億円の工事委託契約を締結する場合には議会の議決が必要となります（各自治体の条例，Q6参照）ので，当該契約の成立を当事者間で約束する内容であれば，覚書や協定書という表題の文書であっても，これを締結するには議会の議決が必要となります。この点，「地方自治法96条1項5号の要件を満たす契約が議会の議決を経ないで締結された場合，その契約は無効であると解さざるを得ない。」（自治体契約研究会編著『詳解地方公共団体の契約〔改訂版〕』（ぎょうせい，2013）255頁）とされていますので，注意が必要です。さらに，議会の議決を経て締結した契約を変更する内容の覚書を締結する場合にも，議決の要否について確認するようにしましょう。

　また，和解に関することも議会の議決事項です（自治法96条1項12号）。そのため，互譲により紛争を解決する内容の文書であれば，協定書や覚書といった表題であっても和解契約書に該当すると考えられるため，議会の議決なしにこれを締結することはできません。

　以上のほかにも，契約書を審査する際の一般的な視点（他の法令との関係や内容の有利不利の確認等）を踏まえたチェック等が，協定書や覚書の審査においても必要となります。

第 **3** 章 ▶▶

個別の分野に
おける法務

1 福祉事務所の法務

Q30 基礎自治体の役割

市民の方から，市役所に，「ゴミ出しのルールが守れない人がいて困っている。注意してほしい」という相談がありました。対象の方は市が支援している障害のある方です。また，「なぜルールを守れない人に税金が使われるのか。権利を主張するなら，最低限の義務は果たすべきではないか」という意見もありました。どのように考えるべきでしょうか。

自治体の福祉行政は，憲法25条に定められた生存権に代表される基本的人権の保障と密接に関わっています。基本的人権は，人が人であることにより当然に保障されるものであり，義務を果たした対価ではありません。

1．人権の意義と類型

(1) 人権とは

私たちが普段何気なく使っている「権利」や「人権」という単語ですが，その意味を正確に説明できるでしょうか。「権利」とは，ある物事を自分の意思によって自由に行ったり，他人に要求することのできる資格，能力のことをいいます。これに対し，「人権」とは，人間が，人間として当然に持っている権利のことをいいます。人権は，さまざまな権利の中で重要なものであり，だからこそ，誰にでも保障されるべきものとして，憲法の中で定められています。

人権は，昔から当然に保障されてきたものではなく，「人類の多年にわたる自由獲得の努力」（憲法97条）により形作られてきました。この，「人類の多年にわたる自由獲得の努力」とは，たとえば奴隷制度や身分制度からの解放，資本主義が導入される一方で広がっていった貧困，失業といった弊害の阻止，ナチズム，ファシズムの苦い経験の克服などを指します。国民一人ひとりの存在は大変弱く，国家権力などの公権力によって簡単に虐げられてしまいます。そ

こで，憲法は，権利のうち大切なものを人権として定め，公権力による個人の尊厳への侵害行為から守っているのです。

人権と権利の決定的な差が，①固有性，②不可侵性，③普遍性という性質です。①固有性とは，人権が，人であることにより当然に保障されるべき権利である，という性質です。②不可侵性とは，人権が公権力により侵害されないものである，という性質です。③普遍性は，人権が人種，性別，社会的身分などに関係なく，すべての人間に当然に保障される権利であるという性質です。

では，憲法に「義務」についての定めはないのでしょうか。小学校では，「国民の三大義務」として，「納税（憲法30条）」「勤労（同法27条1項）」「教育（を受けさせること）（同法26条2項）」の義務がある，と教わります。たしかにこれらは義務として定められています。しかし，この義務を果たさなかったことをもって人権保障を弱めるような解釈をしてはなりませんし，具体的に義務を課す法律はなく，これらの条文から直接具体的に何らかの義務を国民に課すものでもない，と考えられています。このように，人権とは，何らかの義務を果たしたことの対価として保障されるものではありません。とりわけ上記①固有性という性質から，生まれながらにすべての人に保障されているものです。貧困にあえいでいる人や，障害があって思うように働けない人に対しては，人権保障が必要であるというイメージを抱きやすいでしょう。ただ，それだけではなく，たとえば前科がたくさんある人や，国や自治体からの給付金をきちんと管理できず，すぐに浪費してしまうような人，家をゴミ屋敷にしてしまうような人など，一見周りに迷惑をかけているように見える人であっても，人である以上，変わりなく基本的人権は保障されます。

(2) 人権の類型

さて，こうした経緯から，人権は，まず最初に国家権力から自由になることを本質として生まれます。国家に勝手に財産を接収されないよう，財産権を保障する，国家に勝手に就くべき職業を決められないよう，職業を選択する自由を保障する，などのようなものです。こうした人権を「国家からの自由」を保障する権利，ということで自由権といいます。

その後，資本主義の高度化により，失業や貧困が発生します。こうした経済的弱者を保護する必要が強く認識されます。そこで，福祉国家の理念のもと，

138　第3章　個別の分野における法務

国家による積極的な施策や給付を求めることができる権利が生まれます。社会的，経済的弱者へ国家が積極的に介入することで個人が置かれている状況を改善するもの，ということで，「国家による自由」，すなわち社会権が保障されるようになりました。代表的なものが生存権（憲法25条）や，教育を受ける権利（同法26条）です。

２．福祉行政と人権保障

⑴　福祉行政とつながりの深い社会権

　さて，自治体は，上記の人権の類型のうち，社会権とかかわりが深いことがわかるでしょう。国家による自由，つまり国家に生活保障を求める人権が社会権です。自治体は，国家による生活保障に向けた「給付」の現場を担っています。生活保護，福祉サービス，介護保険サービス，児童扶養手当など，枚挙にいとまがありません。これらの福祉行政はすべて，社会権が具体化したものといっても過言ではありません。普段，自分の仕事に憲法の存在を感じることはないかもしれません。しかし，こうした人権の最前線の現場に，地方公務員は立っていることを忘れないでください。地方公務員が人権の性質を見誤り，当然に保障されるべき給付を抑制したり忌避したりすれば，それはその方に保障された人権（社会権）を直接侵害することになります。

　本設問では，「なぜルールを守れない人に税金が使われるのか。権利を主張するなら，最低限の義務は果たすべきではないか」という意見が議論になっています。これまで述べてきたとおり，人権は，義務とバーターの関係には立ちません。その人が人間である，それだけで保障すべきものです。

⑵　多数者からの排除をいかにして防ぐか

　とはいえ，残念ながら，福祉サービスの利用者の中には，故意にせよ過失にせよ不可抗力にせよ，多数者が共有しているルールからはずれた行動をとる方もいます。本設問にあるように，ゴミ出しのルールが守れない人をはじめとして，自宅をゴミ屋敷にしてしまう人，生活保護を利用しながらなかなか就労へつながらない人などです。福祉の原資の多くは税金です。税金を負担している多数者にしてみれば，経済的に負担もせず，ルールも守らない人になぜ福祉サービスが給付されるのか不満に思うでしょうし，普段の業務の中で実際にそ

うした声を聞くこともあるでしょう。そのようなときは、多数者と一緒に対象の方を排除するのではなく、対象の方の生活をどうすれば人としての最低限度の尊厳が保障されるものになるのかを考えてください。

　ゴミ出しのルールが守れないのはなぜなのか。病気や障害などのために朝が起きるのがつらい身体ならば、その人だけ前日の晩に出しておくことを許容できないか。あるいは知的障害のためにルールを理解することが難しいのであれば、ゴミ出しの前日にヘルパーが入って代わりにゴミをまとめておくことはできないか。もしその方が高齢で、以前はできていたのに、急にゴミ出しができなくなったのであれば、認知症の疑いがあるのではないか。「ゴミ出しのルールが守れない」というだけで「権利を主張するなら義務も果たせ」と迫るのは、多数者の社会からの少数者の排除につながりかねません。こうしたとき、自治体の福祉行政は、いかにして少数者を排除させない地域を作るかを考えてください。それが、すべての市民の人権を守ることにつながります。

Q31 地域共生社会の実現と権利擁護—財産管理

認知症が進み，年金をすぐに費消してしまうため，医療費が払えない高齢者がいる，という相談を病院から受けました。そこで，市，地域包括支援センター，民生委員などで一緒にその高齢者の財産を管理することにしました。法的に何か注意しておくことはありますか。

必要性が高くても，権限のない相談員や行政職員などが事実上市民の財産管理を行うのは原則違法です。直ちに法律上の財産管理制度（成年後見制度，日常生活自立支援事業等）へつないでください。そのためには，成年後見等開始審判の市区町村長申立の権限を柔軟に使うことが重要です。

1．個人の権利擁護と地域共生社会の実現

　少子高齢化により大きく変化する日本の人口構造の下，地域住民を「支える側」「支えられる側」に分けることなく，すべての住民が共に生きる「地域共生社会」の実現が私たちに求められています。「共に生きる」とは，個人が多数者に合わせて生きるという意味ではなく，一人ひとりを自立した個人として，その人らしい生き方を尊重しあうということです。それは，福祉的な支援を必要とする人であっても当然保障されるべきことです。

　支援を必要としている人でも自立した個人として尊重する。少し大げさですが，要は自分のことは自分で決めるという自己決定を徹底的に守るということです。普段の生活の中で自己決定に大きく影響するのが財産の管理です。バスに乗るにも，携帯電話を使うにも，買い物をするにも，常に自分の財産をどのように処分するかという自己決定の連続です。ところが，認知症や知的障害や精神疾患の症状などにより，こうした自己決定そのものに支援が必要な人がいます。こうした時に用意されている制度が，成年後見制度または都道府県社会福祉協議会が提供する日常生活自立支援事業（社会福祉法2条3項12号）です。

　成年後見制度は，本人の財産管理能力に応じて，「後見」「保佐」「補助」の三段階の類型があります。本人1人では適切な財産管理が難しい場合，本人の

親族等が，家庭裁判所に対し，後見人，保佐人，補助人（以下「後見人等」といいます）を選任し，本人の財産を一緒に管理してもらうよう，申し立てます。家庭裁判所が後見人等を選任する審判を下せば，選任された後見人等は本人の法定代理人として，法律上安定して財産を管理します。

また，福祉サービス等の利用の補助をしてほしいだけ，という場合には，都道府県社会福祉協議会が行う日常生活自立支援事業を利用することができます。これは，本人と社会福祉協議会が契約し，福祉サービスの利用やこまごまとした行政手続等に関する援助をしてもらったり，それに必要な範囲内で金銭管理をしてもらうというものです。

本人の財産管理能力が不十分であり，1人の力では生活に支障をきたすような不安定な財産状況（浪費，だまし取られた，搾取されたなど）の場合は，このような制度を適切に利用することで，明日の生活費の心配をすることなく生活ができるようになります。自治体の福祉行政は，これまで担ってきた給付行政だけではなく，このように虐待や財産の費消といった権利侵害状況から住民を守る"権利擁護の責任者"としての役割が強く求められています。

2. 「親切」と「権利擁護」の間で

(1) 「親切」で財産管理はできない

さて，本設問にあるように，地域で相談支援をしていると，判断能力が不十分であるために，生活に支障をきたすほどの浪費をしてしまう方を見ることがあります。あるいは，本人と親しい方が通帳を取り込んでしまい，必要な生活費が回らなくなっていることもあります。こうしたとき，可及的速やかに本人の財産を確保して，これ以上お金がなくなるのを防がなければならない，と誰もが考えます。しかし，他人の財産を管理できるのは，家庭裁判所の審判を受けた後見人等か，日常生活自立支援事業のような契約を本人と締結した者だけです。それ以外の者が財産管理をするのは原則として違法です。上記のような場面に遭遇したとき，支援者がまず行うべきは，自分たちで財産管理をする方法を考えることではなく，いかに迅速に安定した第三者による財産管理へつなげるかです。

基本的には，後見人等の選任審判を申し立てる方法を検討します。本人に協

142　第3章　個別の分野における法務

力的な親族がいれば，その人へ申立人就任を依頼します。申立人予定者が成年後見人の申立てを弁護士へ依頼すれば，早ければ1週間程度で申立てまで進むことが可能です。

　本人に協力的な親族がいない場合，申立人の候補者がいません。この場合に積極的に取るべき措置が，市区町村長申立です（老人福祉法32条，知的障害者福祉法28条，精神保健及び精神障害者福祉に関する法律51条の11の2。以下「市長申立」といいます）。適切な財産管理につなげる切り札ともいえる市長申立ですが，実務上，これが利用できないまたは著しく時間を要する，利用できる類型が少ないなどの理由で，支援手段の選択肢に含めることが難しいといわれています。家庭裁判所ごとの市長申立件数をみると，申立てに積極的な自治体と，消極的な自治体があることがわかります（熊田均「市区町村長申立の現状と課題」実践成年後見76号15頁）。

　市長申立を使いづらくしている理由として，①行政が「2親等以内の親族の意思の確認」の要件解釈に慎重になっていること，②後見類型に限定する運用が多いことの2点が挙げられます。

　まず①は，厚生労働省通知を根拠として，大多数の自治体の市長申立について定めた要綱の中で要件の一つとされています。その趣旨は，申立ての意思がある親族がいるケースにまで行政が介入することは適切ではないため，確認として挙げられたものです。しかし，市長申立を検討する場面ということは，それまでの間に申立人になれそうな親族がいなかったのでしょう。すると，さらに2親等以内の親族の意向確認に拘泥し，申立てが遅れ，本人の財産が散逸するという事態は本末転倒です。このため，ケースの緊急性が高い場合を予めマニュアル化し，親族からの回答がなくとも申立ての意向がないものと判断して申立てを進めるべきです。

　次に②は，保佐，補助類型の場合は本人が申立人になることもあることを理由として，市長申立を後見類型に限定する運用例がみられます。しかし，本人は，認知症や知的障害などにより，自身の権利を守るために迅速かつ適切に申立てに向けた行動をとれるとは限りません。虐待ケースや本人の浪費行為が深刻なケースであり，かつ本人が第三者に財産管理を依頼したい意思が確認できる場合には，公益的見地から迅速に市長申立をすることが法の趣旨にかなった

運用といえます。

このように，市長申立がスムーズに行われるようになれば，支援者が違法な財産管理に踏み切ることも減るでしょう。

(2) タイムラグを埋めるために

それでも，財産管理の必要な市民を発見してから適切な後見人等が就任するまでにはタイムラグが発生します。そのタイムラグの間すらも，本人に財産管理を任せておくと生活がままならなくなる，というような場合は，審判前の保全処分という方法があります（家事事件手続法126条・134条・143条）。これは，正式に後見人等が選任されるのを待っていては，本人の財産を守れないという事情（「保全の必要性」といいます）が認められる場合に，後見人等を選任するまでの間，暫定的に財産管理者を選任する手続です。

また，上記のように後見等申立の段取りをすべて取った上であっても，選任待ちの期間中の財産管理も問題となります。原則としては違法な財産管理も，打てる手をすべて尽くしてもなお財産管理の必要性が高い場合には，事務管理として適法になりえます（民法697条）。この点につき，「事務管理による財産管理要綱」を定めている自治体もあります。要綱は一つの基準にはなりますが，それを遵守しても，事務管理として直ちに適法になるわけではありません。事務管理が認められる事情のあるケースか否かは，個別の事情によります。もしやむをえず事実上の財産管理を行う場合は，必ずケース会議を開催し，本人の意思および財産管理の手順を関係者間で確認しながら，必要最小限度の管理にとどめるべきでしょう。

Q32 地域包括ケアシステムと権利擁護
―ケース会議と個人情報保護

市内在住の精神疾患の方の調子が悪く，たまに大声を上げて近隣住民から苦情が出ているので，今後の支援のために，ケース会議を開こうと考えています。出席いただくのは，市の関連部署，支援関係者，民生委員，本人と仲の良い近隣住民など20名くらいを考えています。何か留意しておくことはありますか。

原則として，本人に会議の参加者，会議の目的を伝え，会議参加者が個人情報を共有することについて同意を得ましょう。同意が得られない場合に備え，各自治体の個人情報保護条例に基づき，個人情報保護審議会の答申を得ておくとよいでしょう。

1．自治体が取り扱う個人情報保護に関する法令

個人情報の取扱いに関して定める個人情報保護法制は，個人情報を預かる者がどのような立場の者かによって，以下の通り複雑多岐に分かれています。

① 個人情報保護法制全体の基本となる部分と，民間部門での規律を含む個人情報保護法
② 公的部門を規律する「行政機関個人情報保護法」「独立行政法人等の保有する個人情報の保護に関する法律」
③ 地方自治体が取り扱う個人情報について規律する個人情報保護条例

自治体が保有している住民の個人情報は，③各自治体の個人情報保護条例に基づき，取り扱うことになります。各自治体の条例ごとに条文の規定ぶりや解釈の方向性など異なる点もあることから，最終的には所属しておられる自治体の条例を参照していただく必要があります。ただし，基本的な理屈は共通していますので，以下，ケース会議において自治体職員が，個人情報を共有する際に共通する注意点について紹介します。

2. 基本的なルール

(1) 大原則

　自治体が行うケースワークは，複数の機関が関連して関わることが少なくありません。しかし，市民側にしてみれば，自分の知らない間に安易に情報が多機関で共有されているとなると，不安になります。個人情報保護で最も大切な視点は，「本人の全く知らないところで勝手に情報を収集したり，誰かに提供したりすることのないようにする」ことにあります。

　また，個人情報保護法や行政機関個人情報保護法は，「生存する」個人の情報に限定しています。しかし，個人情報保護条例では，死者の個人情報についても対象にしていることがあるため，確認が必要です。

(2) 個人情報の収集

　行政機関個人情報保護法では，個人情報を実施機関が「収集」する場面での規制は特に定められていません。他方，個人情報保護条例の中には，法令に基づく場合や本人の生命，身体または財産の保護のために緊急かつやむをえない場合などの例外を除き，原則として本人の個人情報は本人から収集するように定めている場合があります。

(3) 個人情報の目的外利用

　自治体が保有している個人情報を，収集した目的以外の目的で自治体内部で利用したり，外部（自治体以外。居宅介護支援事業所や病院，民生児童委員など）へ提供するためには，原則として本人の同意が必要です。

　例外的に本人の同意が得られなくても目的外利用，提供が許される場合として「法令等に定めのある場合」が挙げられます。その一例が要保護児童対策地域協議会（児童福祉法25条の2・25条の3），支援会議（生活困窮者自立支援法9条2項）などです。これらの条文には，支援のために必要があると認めるときは，関係機関に対し，資料または情報の提供，意見の開陳その他必要な協力を求めることができる，と定められています。厚生労働省の運営指針等には，これらの条文に基づき，協議会等を構成する関係機関の間での個人情報の共有は可能とされています。ただし，下記(4)で説明するとおり，自治体が定める個人情報保護条例およびその解釈指針によっては，厚生労働省の運営指針にかかわ

146　第3章　個別の分野における法務

らず，上記の条文を個人情報共有の根拠とすることができない場合がありえるため，注意が必要です。

⑷　個人情報保護審議会

　個人情報の共有につき，児童福祉法や生活困窮者自立支援法のような根拠があればいいのですが，そうした根拠条文なくケース会議を開催する場合もあります。また，各自治体の個人情報保護条例を解釈指針までひも解くと，法律の条文上，個人情報の提供が義務付けられている場合でない限り，「法令に基づく目的外提供」は許されない，とされていることもあります。その場合は，⑶で紹介した法律の条文によってもなお，本人同意なき場合の個人情報の目的外利用が許されないことになります。

　しかし，福祉の現場では，認知症，知的障害，精神疾患などにより容易に意思確認できないケースがあります。また，本人の安心，安全な生活のため，多機関連携による見守りが必須であり，上記のルールを遵守すると，支援が滞ることが想定されます。

　そこで，各個人情報保護条例上，例外規定の一つとして定められている個人情報保護審議会制度（以下「審議会」といいます）を活用し，予め本人同意なく情報共有できる場面や，共有できる機関を定め，審議に諮り，答申を得ておくとよいでしょう。

3．ケース会議の開き方

⑴　本人同意

　まず，本人に対し，本人の支援のため，支援者間で情報を共有することについての同意を得ます。このときの同意は，「あなたの支援のために集まってくれる機関と，あなたのことについて話し合うからね」程度の包括的，概括的なもので足りると考えられます。また，本人が了解したということをケース記録に残すなど何らかの形で確認できれば，確認の場では口頭でも結構です。

⑵　本人の同意がない場合

　疾病や本人の認知機能の低下のため，支援のための情報共有について理解いただけない場合，原則として他機関と情報共有できません。このため，そのケース会議に法律上の根拠はあるか，ある場合でも情報共有を許容する条文が

あるか，その条文により自身が所属する自治体の個人情報保護条例の解釈上も情報共有を許容されるか，などを確認します。その上で，法律，条例，あるいは審議会答申を得て情報共有が許されているのであれば，本人から同意をいただくのが難しくても，関係支援機関と情報共有することができます。

ただし，法令上共有が許容されるからといって，無制限に提供してはなりません。法律または条令に基づく審議会において予め定められた構成員の範囲内でのみ，共有できるにすぎません。「支援関係者」や「本人と仲の良い友人」たちなど，法的に守秘義務を負わない人にまで個人情報が飛び交うケース会議に出席してもらうべきかについては，慎重に検討する必要があるでしょう。

(3) そ の 他

その他，個人情報の取扱いで気を付けるべきこととしては，親族からの情報照会です。親族を本人と同視してしまい，本人に確認することなく現在の住所や生活状況を回答してしまうこともあるでしょう。しかし，親族は，本人とは別人格です。親族への情報提供も，法律上は目的外提供に該当します。また，親族は，キーパーソンのうち最も葛藤を生じやすい人物です。場合によってはその人は本人にとって昔から虐待をしていた親（子）で，本人はその親族から逃げているのかもしれません。必ず本人へ情報提供の可否を確認した上で提供するようにしましょう。

Q33 再犯防止推進法と罪に問われた市民の支援

最近，弁護士や検察庁や保護観察所から，「あなたの市の市民が逮捕されているが，所持金がなく，コミュニケーションもおぼつかない。何か支援してほしい」という連絡が来るようになりました。しかし，犯罪者の支援は私たちの仕事ではないような気がします。何かしなければならないのでしょうか。

過去に犯罪をした人も，今現在警察に捕まってしまった人も，市民であることに変わりはありません。その方に福祉的な支援のニーズがあるならば，犯罪と関係のない市民と同じように福祉的支援を提供しなければなりません。

1. 司法が福祉行政の力を必要とするとき

福祉系部署や，教育委員会などへ，警察署から，突然本設問のような照会が来たことはないでしょうか。そうしたとき，「犯罪者の支援などとんでもない」と断ってしまったことはないでしょうか。

近年，刑務所で服役する受刑者のうち，万引きや器物損壊などの軽微な犯罪をくり返してしまう人の中には，軽度の知的障害が疑われる者や認知症傾向がみられる者など，何らかの障害が疑われる者が相当数いると指摘されています。こうした人たちは，なんら支援なく釈放されても自力で福祉制度とつながることが難しく，結局生活困窮や認知機能の低下ゆえに，生活のために再度万引きに及んでしまう悪循環に陥ってしまうことが少なくありません。平成18年に元衆議院議員の山本譲司氏が『累犯障害者』（新潮文庫）の中で，刑務所で服役する知的障害者の現実を明らかにしてから後，出所時に支援を要する者を福祉へつなぐ施策が試行錯誤で展開されています。

また，平成28年12月には，再犯の防止等の推進に関する法律（以下「再犯防止推進法」といいます）が成立し，罪に問われた者を支援する施策に国を挙げて取り組むべきことが定められています。自治体も例外ではなく，「国及び地方公共団体は，再犯の防止等に関する施策が円滑に実施されるよう，相互に連

携を図らなければならない（同法5条1項）」とされるなど，自治体の事業として正面から位置付けられています。

しかし，大多数の自治体は，これまで刑事司法機関と連携して住民を支援した経験が少ないと思われます。そこで以下では，主に福祉関係部署が刑事司法手続に係属した住民への対応を求められた場合，どのような点に留意して対応すべきかにつき，簡単に紹介します。

2．刑事司法への対応の留意点

(1)　警察署から「○○さんの支援内容について教えてほしい」といわれたら

警察署が逮捕した人に認知症や知的障害，発達障害などが疑われる場合，警察官が自治体に対してこれまでの支援の経過や内容について照会することがあります。ときには警察官が直接役所を訪れ，その場で支援経過や自治体が把握しているその方に関する情報を教えてほしいといわれることもあります。しかし，自治体が預っている情報は，その方への福祉サービスの支給をはじめとする支援のために預っているものです。警察の捜査協力のために情報提供をすることは，どの自治体の個人情報保護条例によっても「目的外利用」となります。このため，捜査のためとはいえ，訪問した警察官に対して個人情報を提供することは違法のおそれが高いです。

この点につき，警察は，刑事訴訟法197条2項に基づき，自治体などの公務所に対して必要な報告を求めることができます。このため，自治体が回答するためには，警察署から，照会事項とともに同項に基づく照会であることを文書で明示してもらう必要があります。訪れた警察官に強く情報を求められても，口頭での照会要求に対して応じることができないことを丁寧に説明した上で，改めて文書で照会いただくよう，お願いするようにしてください。

(2)　刑務所から「釈放予定の○○さんの帰住の準備に協力してほしい」といわれたら

1で述べたような状況に陥る原因として，刑務所出所時に帰住先自治体が本人の福祉的ニーズを把握することができず，なんらの支援策なく釈放せざるをえなかったことが考えられます。刑務所は，釈放するとその方のその後の生活

には関わることができません。かつて罪を犯した人も，刑期を終え，出所すれば前科のない人と同様，支援を受けながら地域で生活していかなければなりません。出所後すぐの人は，生活に困窮していることが圧倒的に多いため，まずは住居を確保し，生活の資として生活保護の申請をし，当面の生活を安定させなければなりません。生活に困窮している他の住民と同様，帰住先となる自治体が，本人のニーズを受け止め，釈放後の支援を構築する必要があります。

　具体的には，出所前から刑務所が帰住先の福祉行政へ連絡し，出所と同時に支援を提供できるような取組みが必要となります。また，本人は，必ずしも帰住先自治体の近隣の刑務所で服役しているとは限りません。こうした場合，全国の都道府県に設置されている地域生活定着支援センター（以下「定着支援センター」といいます）という機関が調整に動きます。自治体は，刑務所または定着支援センターから支援の要請があった場合，定着支援センターと連携しながら本人のニーズを把握して必要な支援体制を整えます。知能検査で知的障害が認められるものの療育手帳などを取得していない場合には手帳取得を，介護保険の申請がなされたことがない場合は申請と要介護認定を，所持金がなく，当面の生活資金に困窮し，親族などの支援者もない場合は生活保護の申請を検討します。こうして，帰住先の地域と断絶してしまった生活を一つひとつ回復していくことができるのは，自治体ならではの役割といえます。

(3)　弁護士や検察官から「○○さんの支援にかかわってほしい」といわれたら

　服役中の者に福祉的ニーズのある者が含まれるということは，その前，すなわち捜査され，刑事裁判を受ける段階から認知機能の低下や障害が疑われる場合もまた少なくないのです。100円のおにぎりを万引きした人をコンビニの店長が捕まえ，警察に連絡をしたとします。ところが取り調べてみるとどこか挙動がおかしい上に，聞いていることにきちんと答えることができない。知能検査をしてみると，軽度の知的障害が認められる，家族からは見捨てられ，日雇いの仕事で食いつなぐもお金がなくなり，おなかがすいておにぎりを万引きしてしまった，というようなことが刑事裁判の実務上よくあります。

　しかし，もし万引きをきっかけにそれまで気付かれなかった支援ニーズが明らかになれば，刑務所で服役して地域生活と断絶してしまう前に，支援につな

げることができるかもしれません。

　こうした人たちの支援を自治体が行うべきことは(2)と同じなのですが，(3)の場合気を付けるべきことがあります。それは，逮捕されたり勾留されたりして本人が捕まっている場合，支援の準備のために与えられる期間が非常に短い，ということです。本人が捕まった場合，警察官や検察官による捜査，取調べが行われ，最終的に検察官が起訴するかどうかを判断するまで原則最大23日間と刑事訴訟法で決まっています。また，起訴されてから裁判（公判といいます）までの間は，約1カ月〜1カ月半程度です。こうした事情から，刑事裁判にかかわっている人（警察官，検察官，弁護士等）から支援依頼が寄せられた場合，非常に厳しいスケジュール感覚でいろいろとお願いをされることが予想されます。ただ，人によっては支援計画を検討するのに時間を要する方も多いでしょう。そのような場合にまで，無理をする必要はありませんが，自治体は，こうした刑事司法の事情を理解しつつも，できる範囲で協力することが求められます。

152　第3章　個別の分野における法務

Q34　障害者差別解消法と自治体の責務

来年度，小学校に入学予定の児童の中に，気管切開をして人工呼吸器を使用している子がいます。この子どもと親は，地域の小学校への入学を希望されています。しかし，小学校には，痰の吸引を行える環境はありません。いきなり呼吸器のケアが必要な子どもの受入れを求められても無理なので，地域の小学校は難しいのではないか，と伝えてもいいでしょうか。

A

障害を理由として通常提供すべき教育，行政サービスの提供を断ると「不当な差別的取扱い」に該当し，違法の疑いがあります。本当に受入れが難しいのか真摯に検討してください。その結果，本当に無理であれば，その理由を根拠をもって丁寧に子どもと保護者へ説明しなければなりません。

1．障害者差別解消法

(1)　はじめに

平成28年4月，障害を理由とする差別の解消の推進に関する法律（以下「差別解消法」といいます）が施行されました。この法律は，その名のとおり，障害のある人に対する差別の解消に向けた法律であるため，一般的には障害福祉に関する部署にのみ関連する法律と考えられがちです。しかし，この法律は，元をたどれば障害者権利条約を批准するための環境整備として定められた経緯があります。障害者権利条約は，障害のある者と障害のない者との平等を希求し，当事者が制定に向けた議論に参画して成立した条約です。この条約も，法律も，これまで主に福祉の対象として捉えられてきた障害のある者を，社会の一員として障害のない者すべてで支えていくことを基本理念としています。このため，この法律の対象者は，障害のある者ではなく，むしろ「障害のない者」と考えられます。自治体に引き直せば，市民と接触するすべての部署において，障害を理由とする差別と評価される行為が行われれば，直ちに差別解消法違反となり，ひいては訴訟リスクとなります。障害を理由とする差別解消は，住民サービスの一環として捉える時代からコンプライアンスとして求められる

時代になったと言えるでしょう。

(2) 障害を理由とする差別とは

　差別解消法と、障害を理由とする差別の解消の推進に関する基本方針（平成27年2月24日閣議決定）（以下「基本方針」といいます）によると、障害を理由とする差別には、2種類あります。①不当な差別的取扱い（同法7条1項・8条1項）と、②合理的配慮の不提供（同法7条2項・8条2項）です。自治体は行政機関等（同法2条3号）に該当し、不当な差別的取扱い、合理的配慮の不提供ともに禁止されています（同法7条1項・2項）。

　不当な差別的取扱いとは、正当な理由なく、障害を理由として、財・サービスや各種機会の提供を拒否するまたは提供にあたって場所・時間帯などを制限する、障害者でない者に対しては付さない条件を付けることなどにより、障害者の権利利益を侵害することです。たとえば、下肢機能が全廃しており車いすユーザーであることを理由に公共交通機関（バス、電車、飛行機など）の利用を拒絶したり、遊園地の遊具を利用するにあたり知的障害があることのみを理由として介助者や保護者の同伴を求めたりすることなどが不当な差別的取扱いにあたります。

　合理的配慮の不提供とは、差別解消法の条文を参照すると非常に難解な用語で説明がされており、一読するだけではどのような行為を指すのかよくわからないでしょう。簡潔に述べれば、障害があることによって障害のない者と同じ行動をとることができないため、障害のない人が、障害のある者から何らかの配慮（変更や調整）を求められたのに、その配慮が特に過重な負担を伴うものでもないのに断ることです。具体的には耳が聞こえない方から筆談での接遇を求められたのに、窓口職員がこれを無視して口話だけで対応し続けた場合や、視覚障害があり、白杖を利用している方から庁舎の玄関までの案内をお願いされたのに、職員がこれを断った場合などが該当します。自治体の場合、合理的配慮の提供は法的義務であり、本人が必要としている配慮（作為）が自治体にとって社会通念上過重な負担とまでは言えない場合、配慮を断れば違法となりえます。

　地方自治体は、こうした差別を行わないよう適切に対応するために、対応要領を定めるよう努めるものとされています（同法10条）。国の差別対応要領の

154 第3章 個別の分野における法務

場合は，公務員の服務規律の一環として定めるものであり，その形式は訓令等によるべきとされており，自治体においても同等の取扱いをもって策定されることが期待されています（基本方針第3‐2‐(1)）。

(3) 自治体の責務

このように，自治体が障害のある人に対して差別をしてはならないということはもちろんですが，その他にも障害のある人からの障害を理由とする差別に関する相談に的確に応じるとともに，障害を理由とする差別に関する紛争の防止または解決を図ることができるよう必要な体制の整備を図るものとされています（差別解消法14条）。ただ，どの部署で，どのように責任ある相談体制を構築するか等については，法律からは一義的に明らかではありません。そこで，法律とは別に，障害者差別解消条例を制定し，責任ある相談体制を構築する自治体も増えてきています（23都道府県，5政令市，6中核市。「平成29年度障害を理由とする差別の解消の推進に関する国外及び国内地域における取組状況の実態調査報告書」（内閣府））。

2．医療的ケア児に対する支援

近年，医療技術の発展とともに，新生児が重篤な疾患に罹患しても，命を取りとめることができるようになってきました。その代わり，気管を切開して人工呼吸器を装着したり，胃ろうを装着したり，毎日定刻に注射を打ったりして生活することを余儀なくされる子どもも増えています。このように，日常生活をおくる上で，医療的なケアを常時必要とする子どもを「医療的ケア児」と呼ぶことがあります。気管は切開しているものの，その他の運動機能や知能には全く問題がないような子どももいます。これらの医療的ケアは，法的には看護師などの医療職か，専用の研修を受けた者のみに許された行為です。医療的ケア以外には能力的に地域の学校へ通えるとしても，専門の職員が確保できないため，保護者の同伴を求めたり，特別支援学校への進学を勧めたりしがちです。

医療的ケア児の支援は，医学の発展により生じた比較的新たな問題であるため，その支援体制は法的にはいまだ確立への過渡期です。平成28年5月の改正児童福祉法56条の6第2項において，医療的ケアが必要な障害児が適切な支援を受けられるよう，自治体において，医療，介護，福祉の連携促進に努めるも

のとされました。現在，全国各地で，医療的ケア児の支援構築に向けた積極的な議論が始まったところです。

3．呼吸器を利用している子どもが地域の学校への入学を希望したら

人工呼吸器を利用して生活をしている子ども，とだけ聞くと，非常に重病のように思われます。地域の学校などとうてい無理ではないかと思われるかもしれません。しかし，現在の上記のような法律の下では，脊髄反射的な危機感だけで，地域の学校への入学を諦めることはあまりお勧めしません。まず，呼吸器を利用しているということだけで，障害のない子であれば当然入学できる地域の学校への入学をお断りすることは，障害者差別解消法で言うところの「不当な差別的取扱い」となります。入学をお断りするだけの正当な理由が説明できない限りは，違法の評価を受けることになる可能性があります。

また，改正児童福祉法56条の6第2項に基づき，医療的ケア児支援のための社会資源が構築されつつあります。

実際，医療的ケア児の幼稚園，保育園への入園拒否の事例ですが，徳島地決平17・6・7判自270号48頁，東京地決平18・1・25判時1931号10頁などで保育園入園の仮の義務付けが認められています。このように，医療的ケアを理由とする入園拒否は，差別解消法施行前においても裁判で認められないことがありました。差別解消法施行後の現在であれば，受入れへ向けた要請がより強く働くでしょう。

これらの法律に基づき，自治体は，医療的ケア児を地域の学校へ受け入れる方策を，積極的に検討していく必要があります。

156　第3章　個別の分野における法務

2　児童相談所の法務

Q35　児童相談所，市区町村子ども家庭福祉機関の役割と連携

　私は，市の子ども家庭福祉課の職員です。市が所管する地区の保育園から児童虐待に関する相談がありました。担当課の職員としては児童相談所へ通告すべきだと考えたのですが，保育園からもしばらく待っていてほしいといわれています。どのように対応すべきでしょうか。

A

　児童虐待の防止等に関する法律（以下「児童虐待防止法」という）により市町村も通告受理機関として規定されているため，市は通告として扱い対応していく必要があります。組織として通告内容を精査して緊急対応の要否等を判断し，保育園からしばらく待っていてほしいといわれていることも含めて児童相談所に積極的に情報共有をして対応していくべきでしょう。また，その場合には保育園がどのような理由から市への相談に至ったのか，そしてしばらく待っていてほしいのかを整理しておくと今後の対応がよりスムーズになるでしょう。

1．児童虐待の通告と対応

　児童虐待に関する実務は主として児童相談所が行い，児童や妊産婦に関する相談支援に関する実務は市町村等の基礎自治体が行うという二重構造がとられてきましたが，法改正や社会情勢の変化を受けて市町村が児童虐待の通告先機関に加えられ，基礎自治体においても児童虐待対応が求められるようになりました。基礎自治体は市民とより身近な関係にあることから保護者から子育てに関する相談を受けやすい立場にあると共に児童虐待対応とも常に隣合わせの立場でもあることを理解し，児童虐待に関する適切な助言や対応が求められます。

　しかし，実務においては基礎自治体での児童虐待に関する体制整備が不十分であり，児童相談所とのやりとりの中で齟齬が生じることもしばしばあります。

Q35　児童相談所，市区町村子ども家庭福祉機関の役割と連携　157

基礎自治体内の機関において児童虐待に関わる情報に接しながらも対応に不慣れなために，担当者限りで情報が留まったり，相談者をたらい回しにしてしまったりした結果，対応が遅れ深刻な虐待死事件等を引き起こしてしまうような事態は決してあってはなりません。

　以下では児童虐待対応に関する基本事項を概説した上で，主に基礎自治体機関が児童虐待に関する対応を求められた場面を想定して実務上起こりうる問題や判断のポイントを解説していきます。

2．児童虐待対応の一般的な流れ

(1)　児童虐待の考え方

　法律上「児童虐待」とは保護者がその監護する児童に対してなす行為として規定され，児童虐待の類型として「身体的虐待」「性的虐待」「放任虐待（ネグレクト）」「心理的虐待」が定義されています（児童虐待防止法2条）。

　法律上の「児童虐待」は，個人の養育観とは切り離された医学や心理学に基づいた客観的な指標として理解する必要があります。よく「しつけ」と虐待の違いがわからないとか，「愛情」を持って接している場合には虐待ではない等と言われることがありますが，法律上は「しつけ」や「愛情の有無」による区別はなく，客観的に子どもの安心安全が害されているような状況があれば，「児童虐待」として判断して対応していくことになります。

　なお，保護者以外の者から子どもへ加害行為が行われるような場合は，法律上の「児童虐待」には該当しないですが（保護者が適切な監護をしていないということで「放任虐待」として扱う余地はあります），加害内容によっては刑事事件として警察等の機関に通報する等の対応が求められます。

(2)　発見から通告までの対応

　児童虐待防止法では虐待の疑いやおそれを発見した者に通告が義務付けられています。基礎自治体が通告を受けた場合には然るべき対応を行う必要があります。

　実務上よく生じる問題として，市民や地域の関係機関から寄せられた情報のうちどのような場合に「通告」として扱えばよいのか，どのような場合に児童相談所による対応を求める必要があるのか判断に迷うことがあります。

どこからが「通告」として扱うべきかは明確な基準がないため悩ましいところではありますが，担当者ごとによる恣意的な判断では虐待のリスクを見落とす危険があるため，必ず組織として情報を共有した上で判断していくようにしましょう。そして提供された情報がある程度具体的であり，児童虐待が疑われる内容であれば予防的な観点から積極的に「通告」として扱うべきでしょう。通告段階では虐待の証拠を揃える必要はありませんが，通告内容が漠然としすぎていると後の調査に支障が生じるため，通告を受けた時点で可能な限り具体的な情報の聴き取りを行うように努めましょう。

　そして，児童の一時保護や立入調査等の行政権限の行使が必要となるような場合や緊急対応が必要とみられる場合には，基礎自治体のみでの対応には限界がありますので児童相談所と積極的に連携しながら対応していくべきでしょう（市町村が通告を受けた場合の児童相談所との役割分担やケースの取扱いの詳細は自治体ごとに運用が異なりますので自治体の取り決めを予め確認する必要があります）。

　実務では児童相談所が対応することで保護者との関係が壊されるのではないかといった懸念から市町村の担当者が対応に慎重になることがあります。しかし，仮に児童相談所の判断として子どもが保護されるような事態に至るようなケースであればそれだけリスクが高い状態であり，むしろ通告を機会に不適切な養育を見直したり，子育てに関する親の不安を解消したりするきっかけになったと考えるべきでしょう。児童相談所が介入的な関わりをする一方で市町村の担当者が引き続き保護者に寄り添った関わりをするといった役割分担をしていくことも有用です。

3．その他実務上起こりうる問題

(1)　自治体内の幼稚園，保育園，放課後児童クラブ等との連携

　児童虐待発見の端緒となるのは日頃から子どもや家族と接している幼稚園や保育園等の地域機関です。しかし，これらの機関では必ずしも児童虐待に関する実務対応が周知徹底されているわけではないため，有事の際にスムーズな連携ができるように自治体内で研修やマニュアル整備等を行い周知に努める必要があります。

こうした地域の関係機関からの通告の際に通告元を秘匿して欲しいという要望がなされることがあります。児童虐待に関する通告受理機関には通告元の秘匿義務が課せられているため、通告元の情報がいたずらに開示されるようなことは通常ありません。もっとも、通告内容によっては通告元を明示しなくても事実上、誰から通告があったのかわかってしまうこともあります。また、通告段階では通告元を秘匿しても、最終的に裁判手続を行う必要が生じた場合には、通告機関に証言等の積極的な協力が求められることもあります。予め裁判協力の可能性があることまで含めて説明をすると関係機関が通告に消極的になってしまうおそれがありますが、後になって裁判協力を求めた際に協力を拒まれてしまうと虐待対応の柱となるような証拠を用いることができなくなってしまうリスクもあります。児童虐待対応としての記録や写真作成、通告は適法性が担保されていることの説明をすると共に虐待対応への理解と協力を得られるように日頃から信頼関係の構築に努めていく必要があるでしょう。

(2) 障害者虐待，高齢者虐待の場合

本設問では児童虐待を中心として解説しましたが、障害者虐待や高齢者虐待についても制度の細部に違いはあるものの基本的な仕組みや自治体に求められる対応の流れは同様です。もっとも、障害者虐待や高齢者虐待に関しては都道府県ではなく市町村の責務とされていることから、より基礎自治体内の各機関が主体性を持って対応することが求められます。

児童虐待として接したケースの家庭の中で別に障害者虐待や高齢者虐待としての対応が求められるようなこともあるため、児童福祉、障害者福祉、高齢者福祉や生活保護等の福祉部局間での横の連携が重要となります。

4．児童虐待防止対策の強化を図るための法改正

近年、相次いだ虐待死事件を受けて児童福祉法や児童虐待防止法の改正が重ねられています。改正の重点項目として地域における虐待対応や児童相談所との連携強化があげられており、各自治体職員の専門性向上や体制整備がより求められています。また、虐待の口実として「しつけ」が用いられがちであったことから体罰禁止が明文化されました。

Q36 権利行使上の留意点

私は，児童相談所の担当ケースワーカーです。保護者は，精神疾患を有していて精神科に通院をされているようで，子どもに対して虐待をしていたことは認めているものの，当所からの指導に応じてくれない状況です。今後，手続を進めるにあたって留意することはありますか。

子どもと保護者の権利利益が衝突する場合，保護者の権利利益の制約は必要最小限度に留められるべきこと，支援は児童相談所による行政行為でもあり，保護者の「手続保障」という視点が求められます。

1．児童虐待と親権者等保護者の権利（総論）

子どもは家庭において衣食住が確保され，安全，安心が保障されなければなりません。児童虐待によってこれらが脅かされている疑いがある場合，行政機関による個別具体的な支援がなされます。子どもの権利を守るために，時には親権者等保護者（以下「保護者等」といいます）の権利利益と衝突することもしばしば起こります。

もっとも，子どもを守るために保護者等と対立する場合であっても，保護者等の権利利益の制約は必要最小限度に留められるべきです。すなわち，ケースワーカー等支援者は，子どもの権利利益を守ると同時に，保護者等の権利利益が守られるようにすることも求められています。では保護者等に直接対応していくケースワーカー等支援者は，具体的にどのようなことに気を付けなければならないのでしょうか（もちろん，一時保護には子どもの権利制約的側面もあり，子どもの権利保障という点からも論じられるべき課題ではありますが，ここでは省略します）。

2．保護者の権利保障

(1) 支援の前提「権利保障」

児童相談所が子どもや保護者等の支援に伴い，権利利益を制約する代表的な

場面は，一時保護や児童福祉施設入所措置です（児童福祉法33条１項２項・27条１項３号）が，在宅での支援，一時保護等の分離によって実施する支援，家庭復帰後の支援等支援の全過程において，子どもと保護者等の権利が保障されることが前提です。もちろん，子どもの安全，安心が最優先に考えられるべきですから，必要かつ相当な範囲内で保護者の権利利益が制約されることは当然想定されます。しかし，「制約」が生じる場合であっても，その制約の手続が適切になされているか，制約されている権利利益の回復を可能とする制度（不服審査請求等）を保護者等が理解し，保護者等の意思決定の機会が十分に保障されているか，支援という名の下で，保護者等親権者や子どもの権利が必要以上に制約されていないか等に留意していかなければなりません。

(2) 支援と手続保障

① 手続保障という視点

支援にあたり見落とされがちなのが「手続保障」です。手続保障は，保護者に保障されている権利がいわば「絵に描いた餅」にならないようにするには必要不可欠な視点です。

たとえば，児童相談所が一時保護を決定した場合，一時保護の同意を得るにあたって，保護者が適切に意思決定できるよう，一時保護の決定理由や引き続いて一時保護する場合のその必要性に関する説明内容や説明の仕方を十分に配慮すること，児童相談所の決定に納得していない場合，どのような制度を利用できるか案内すること等が挙げられます。

特に，保護者等に精神障害，知的障害をはじめ，何らかのハンディキャップを有しているおそれがある場合は，より一層の配慮が求められます。

たとえば，保護者に精神障害，知的障害がある場合，保護者の特性に十分に配慮することなく，一時保護について説明して同意を得たとしても，後から，保護者が有効に意思決定できなかったとして，一時保護の同意は無効であったということにもなりかねません。そうなると，子どもの一時保護の目的も達成できずに一時保護解除せざるをえないことになってしまう可能性があります（児童福祉法33条４項・５項・６項参照）。

このようなトラブルを避けるという意味でも，ケースワーカーは手続保障という視点を常に持ち合わせることが求められます。

②　行政処分を実施するべき場合

　また，一定の制約を伴う指導等を実施する場合，行政処分を実施するべきであるにもかかわらず，行政指導で留めてしまい，結果的に保護者等の権利利益の制約につながってしまうこともあります。たとえば，一時保護中，子どもと保護者等の面会通信等の交流を一部ないし全部制限することがあります。子どもの安心安全が保障されない以上，保護者等との面会通信等交流を実施することは相当ではありません。このような場合，保護者等側からすれば，面会等を制限するのであれば，その理由を明確にしてもらいたい，面会通信が制限されていることに不服を申し立てたいと考えるかもしれません。もし，面会通信制限につき児童虐待の防止等に関する法律12条に基づく行政処分がなされていれば，事前に行政処分について意見を述べる「弁明の機会」が保障され（行手法13条1項2号），文書により面会通信制限の理由が明記され，面会通信制限処分への不服申立ての機会が保障されます。一方で，行政指導で行う場合は，弁明の機会も付与されませんし，不服審査請求の対象にもならないため，保護者等は，自己の権利利益を回復するための機会が基本的に保障されません。行政指導が必ずしも行政処分より権利制限の程度が小さいとは限りません。児童相談所が，児童虐待の防止等に関する法律に基づいて行政処分をするかしないかは，制限の方法，制限により生じる不利益の程度，面会通信制限をする必要性，面会通信制限が見込まれる期間の長さ，保護者等の意思等を考慮して判断することになります。任意による行政指導を続けることが，保護者等の権利利益の制約になりうること，行政処分として決定する方が保護者等の権利利益に資することがあることに留意してください。

(3)　支援は時に権利利益の制約にもなりうる

　在宅や一時保護解除後，児童福祉施設退所後の支援にあたり，児童相談所をはじめ，保健センターや市区町村等関係機関が家庭に関わることになります。関係機関による家庭訪問や面接に応じることや，関係機関によって提供されるサービスを受け入れること等，支援の内容はケースバイケースですが，「支援」が，実は，保護者等の権利利益の不当な制約につながらないかどうか，内容をより慎重に検討することが求められます。すなわち，保護者等に障害等ハンディキャップや課題が多ければ多いほど，関係機関による支援は手厚くなるわ

けですが，それが必要以上の内容になると，保護者等の権利利益を制約することになってしまうおそれがあることに留意してほしいということです。

　関係機関が保護者等との関係性の維持を優先するあまり，子どもが保護されない事態は避けなければなりません。同時に，支援という名の下で，障害や疾患等ハンディキャップを持つ保護者等が子どもを育てることについて必要以上の制約を受けることもまた避けなければなりません。そのためには，支援者らが，家庭が抱える虐待のリスクを具体的に検討し，子どもや保護者等の特性や障害疾患等に応じた個別具体的な支援策をどのように組み立てるのか，支援により保護者等にどのような支障が生じるのか，生じる支障についてどのように対応できるのか，どの機関がどの役割を担うのか，どのような事態が起きれば家庭に介入するか等を話し合い，明確化させておくことが求められるでしょう。また，支援内容が保護者等への単なる「押し付け」にならないために，保護者自身が関係機関と一緒に会議に参加する機会を設ける等して，支援策を一緒に考えていくこともあります。現に，いくつかの児童相談所では「サインズ・オブ・セーフティ・アプローチ」（アンドリュー・タネル＝スティーブ・エドワーズ『安全のサインを求めて―子ども虐待防止のためのサインズ・オブ・セイフティ・アプローチ』（金剛出版，2004））等が導入され，より効果的な支援策を検討して作成する取組みが行われていますので，このような手法を用いる等して，関係機関と連携したり，保護者を交えた会議を開くことで，より家庭のニーズに合った支援が可能となるでしょう。

3. 最後に

　子どもの安心・安全は支援における最優先事項でありますが，支援の過程において，保護者等の権利利益が必要以上に制約されたり，支援の「押し付け」になったりしないよう，支援者が工夫していくことが大切です。

《参考文献》
菱川愛ほか編著『子ども虐待対応におけるサインズ・オブ・セーフティ・アプローチ実施ガイド』（明石書店，2017）

Q37 記録作成上の留意点

私は児童相談所の担当ケースワーカーです。私が担当しているケースが今後，家庭裁判所での裁判の可能性もあるということで裁判を意識した記録を作成するようにといわれましたが具体的にどのようなところに気を付けて作成すればよいですか。

裁判官が事実認定できるように，実際に起こった出来事である「事実」とそれに対するケースワーカーの「評価」を分けて記載し，具体的に児童や保護者等の言動，養育状況等を記載することが大切です。

1．裁判と児童記録との関係

児童記録は，児童相談所の調査や支援の内容を残すものであり，児童相談所の組織内での検討や判断の資料として使用されるものですが，家庭裁判所の裁判との関係では，児童相談所の子どもや保護者等に対する調査内容や支援をしてきたことの証拠となります。たとえば，一時保護の必要性や手続の適法性，虐待の事実，不適切な養育がされている事実，保護者の同意の有無の根拠となる事実が児童記録に記載されていれば，児童記録が証拠となるのです。これは，児童記録が業務の通常の過程において日々記録されていることで，その内容に一定の信用性が認められるからです。

そのため，児童記録は，担当ケースワーカーのための備忘録ではなく，第三者に理解してもらえるように具体的に正確に記載をしていく必要があります。

2．児童記録の書き方の留意点

(1) 一般的な書き方

まず，①あいまいな表現は避け，明確で具体的な表現をすることです。たとえば，一時保護時に子どもの服の汚れを発見したときに，単に「子どもの服が汚れていた」と書くのではなく，「子どもの服に食べ物と思われる古いシミがついていた」等具体的にどのように汚れていたかを記載すると，より子どもの

養育状況が明確になります。このように，子どもや保護者の言動について明確で具体的な表現で記載することが大切です。他方で，不確かな情報や伝聞情報を記載するときには，たとえば「母方祖母が言うには，母が母方祖母に対して，妊娠している子どもの父は内夫であると言っていた」等その情報源を明記し，正確な情報と区別するとよいでしょう。

　次に，②一般化されていない専門用語や略語を避けることです。たとえば，身体的虐待を「身虐」，一時保護所から児童が無断外出することを「無外」と記載する等児童相談所特有の略語を記載してしまうと，裁判所等の第三者からみると，何のことを指しているのか判別が難しいことがあります。

　そして，③人の誹謗中傷，悪口は書かないことです。たとえば「頭が悪い」，「臭い。不潔だ」等のケースワーカーの主観的で感情的な表現は避けましょう。児童記録は，職員が職務上作成しまたは取得した個人情報にあたるため，個人情報保護法や条例に基づく開示対象となり，保護者に記録が開示されることがあります。相手を傷つけるような表現は避けるべきでしょう。なお，生活保護のケースワーク記録の開示についてですが，ケースワーカーの生活扶助などへの印象・評価の記載が開示の対象となると判断した裁判例もあります（東京地判平19・7・4賃金と社会保障1449号62頁）。

(2)　児童記録の記載の留意点

①　「事実」と「評価」は分けて記載すること

　児童記録が裁判所に証拠として提出されるとき，裁判官は記録の中の事実を見ます。そして，実際にどのような出来事があったのか，「事実」を認定します。裁判官は認定した「事実」がどのような意味をもち，法律に定める要件にあてはまるかを「評価」します。その「評価」の結果，法律に定める要件を満たせば，児童相談所の申立てが認められるということになります。つまり，裁判官は児童相談所の「評価」から，実際に起こった出来事，「事実」を認定することはできないのです。そのため，児童記録には，「事実」と「評価」を分けて記載することが大切なのです。

　具体的には，①相手の言動，②ケースワーカーが伝えたこと（聞いたこと），③担当ケースワーカーの所見は分けて記載するということです。たとえば，保護者が一時保護の同意をした場合に，単に「保護者が一時保護に同意をした」

と記載すると、「同意をした」という保護者の言動から推測したケースワーカーの「評価」を記載することになります。事実を記載するということは、具体的な保護者の発言内容、たとえば「子どものことをよろしくお願いします」、「今すぐに子どもが帰ってこないことはわかりました」等を記載すると、実際にあった出来事である「事実」を記載することになります。

他方で、児童記録は児童相談所の支援の経過を記録に残すものであり、ケースワークの積み上げた軌跡でもあるため、事実だけを記載すればいいのではなく、今後のケースワークを検討する上で、ケースワーカーの所見（評価）を記載することも大切です。その場合は、事実の記載とは記載する場所を分けて、所見を記載するとよいでしょう。

② 誰の言動なのかわかるように、必ず主語を記載すること

事実の記載にあたっては、5W1Hいつ、どこで、だれが、何を、なぜ、どのように明確に記載をします。特に「誰が」という行為の主体を意識した記載が重要です。

3. 虐待別の留意点

(1) 身体的虐待の場合

身体的虐待では「暴力」とだけ児童記録に記載しているケースがあります。しかし、「暴力」は「叩いた」という事実の評価であって、具体的な事実とはいえません。具体的にどのような暴力なのか、その内容を具体的に記載することが求められます。また、受傷の経緯、道具の使用の有無、損傷部位、暴力を振るわれた場所、暴力を振るっていたときの保護者の発言等を記載し、実際にどのような出来事があったのかが、イメージができるほど詳細に事実を残しておく必要があります。傷の写真を児童記録に添付する場合は、子どもの名前、撮影日時、場所、撮影した体の部位もあわせて記録しておきましょう。

(2) 心理的虐待の場合

心理的虐待では、つい保護者の「暴言」や「悪口」とだけ記録に残してしまいがちです。もし、子どもから被害内容を聞き取るのであれば、具体的な発言内容、暴言等を言われたときの保護者の子どもに対する態度、子どもの心情を子どもの言葉で具体的に残しておくことが重要です。

(3) ネグレクトの場合

ネグレクトの場合は，子どもの身なりなどの汚れを具体的かつ詳細に記録に残しておくことが求められます。たとえば，一時保護時の子どもの服や身体の汚れの様子（体のどこの部分が黒ずんでいたのか，臭いはどうか，服の大きさが体に合っていたか），虫歯の有無，虫歯の治療がされているか（口腔内の写真撮影もする）や子どもの表情や行動（椅子に座らず，歩きまわっていた等）について具体的に記載しておくとよいでしょう。

(4) 性的虐待の場合

性的虐待については，単に「性被害」と残してしまうのではなく，具体的ないつ，どこで，誰から，どのような被害を受けたのか等被害内容を記載しておくことが大切です。

(5) そ の 他

職員がどのように保護者や子どもに説明したのかも記載しておくことは大切です。どの時点の面接でどのような説明をしたのかを記載し，それに対する保護者や子どもの具体的な言動を残しておくとよいでしょう。

以上のように具体的な記載方法についてポイントを説明してきましたが，多忙なケースワークの中で，どこまで詳細に記録を残すかということはいつも頭を悩ますところではあると思います。家族を支援していくために，児童相談所が支援方針を考えるための重要な出来事は詳細に残す等，メリハリをつけて記載をしていかなければなりません。

4. 児童記録を裁判の証拠とする際の留意点

児童記録の一部を裁判の証拠とする際には，裁判所に提出される証拠は基本的に親権者等に開示される（家事事件手続法47条1項）ことを理解しておかなければなりません。裁判後の保護者や児童への支援を見据え，児童記録の開示を受けた保護者がどのように受け取るのかをよく考えて，工夫をしながら記載をしていくことが求められます。

Q38 情報共有上の留意点

裁判所や捜査機関，あるいは弁護士から情報提供を求められることがありますが，これについては回答をしなければいけないのでしょうか。

①その照会の法的根拠を確認し，②個人情報保護条例における第三者提供の要件を確認しましょう。その上で，③照会事項に疑義がある場合には趣旨を問い合わせ，④必要性，相当性を検討し，回答する利益が優越するかを検討します。

1．地方自治体における個人情報の第三者提供（総論）

地方自治体における個人情報の第三者提供は，各個人情報保護条例によります（行政機関個人情報保護法2条，個人情報保護法2条5項2号）。

一般的な個人情報保護条例では，「法令等に基づく場合」には第三者提供できることが多いため，条例の内容とともに情報提供の「法的根拠」を把握することが必要です。情報提供の求めが，調査嘱託（民事訴訟法186条，家事事件手続法62条），協力依頼（少年法16条），弁護士会照会（弁護士法23条の2），捜査関係事項照会（刑事訴訟法197条2項）である場合には，この要件は満たします。

ただし，個人情報保護法制は予防的な法令にすぎず，これに従った第三者提供でも，別途プライバシー権侵害により不法行為となることはありえます。特に，根拠規定が，「しなければならない」といった強制力のある定めではなく，「することができる」といった強制力のない定めの場合には，実施機関の「裁量」による適切な判断が求められます。個人情報保護法制施行前のものですが，弁護士会照会に対して市長が前科を回答したことが違法とされた判例（最判昭56・4・14判タ442号55頁）（以下「本件判例」という）があることは周知の事実です。

以下では，よくある情報提供依頼ごとに，注意すべき点を説明します。

2．弁護士会照会

弁護士会照会に応じなくとも不法行為は成立しませんが，判決の理由中で

「23条照会を受けた公務所又は公私の団体は，正当な理由がない限り，照会された事項について報告をすべきものと解される」とされます（最判平28・10・18判タ1431号92頁。なお，弁護士会が違法性の確認を行うこともできません。最判平30・12・21裁時1715号29頁）。

逆に，「正当な理由」がある場合には回答を拒絶しなければならず，拒絶せずに弁護士会照会に回答すると違法になります。本件判例にもとより，最近では，弁護士会照会に対して税理士が依頼人の確定申告書等の写しを提供したことが，不法行為とされた例（裁判で立証しようとした事項と関連性がないとされた）があります（大阪高判平26・8・28判タ1409号241頁）。

注意すべきは，弁護士会照会は多様な場面で利用され，実現される利益も多様であること，弁護士会から回答結果を受け取った弁護士が依頼者に対して回答を開示することもありえ（民法645条），依頼者がその回答を漏えい・濫用することを阻止する保障まではないことです。

弁護士会照会は，あくまで「必要な事項」（弁護士法23条の3）の報告を求めるものですので，どのような事件について，どのような証拠を求めているのか，それが必要な理由や，関連性があるのかが明確でなければ，まずそうした点について弁護士会に問い合わせを行うべきです。

弁護士会照会によって提供を求められている事項が，前科・病歴等の要配慮個人情報（個人情報保護法2条3項）である場合には，本件判例（「訴訟等の重要な争点となっていて」「他に立証方法がない」場合には回答できるとした）に照らしても，慎重に判断すべきです。

他方で，弁護士の依頼人がたとえば子ども本人であるような場合となると，個人情報保護条例上，子ども本人が開示請求を行った場合に開示すべき情報であれば，開示に応じることも考えられます。ただし，親権者が代理した場合で，子ども本人の利益と親権者の利益が異なるような場合は開示を制限すべきです（宇賀克也『個人情報保護法の逐条解説〔第6版〕』（有斐閣，2018）475頁））。また，千葉県野田市で平成31年1月に起きた事件で話題となったように，子ども本人の請求であっても，開示された書面を親権者等が見ることで子ども本人に危害が加わる可能性が高い場合も，開示の制限を検討すべきでしょう。

170　第3章　個別の分野における法務

3．裁判所の調査嘱託・協力依頼・その他任意の調査

　裁判所からの調査嘱託で最も多いのは特別養子縁組（民法817条の2）の場合に行われるものであり，これは悩むことも少ないと思います。

　それ以外に，親権や監護権の争い等で児童相談所に調査嘱託が行われること，少年事件で協力依頼（少年法16条2項）が行われることがあります。

　こうした手続への対応において，民事裁判における調査嘱託についてのものですが，「嘱託を受けた内国の団体は，正当な理由がない限り，当該調査嘱託に対して回答すべき義務を負うと解される」とした裁判例が参考になります（東京高判平24・10・24判時2168号65頁）。基本的に上記2の弁護士会照会と同様の検討が必要です。

　なお，家事事件の記録は，民事事件（民事訴訟法91条1項）と比べ，当事者のプライバシーに配慮して閲覧謄写を制限することも可能です（家事事件手続法47条3項・4項）。必要性・相当性があり提供することにした情報の中に，当事者に開示することに支障があるものがあれば，非開示とすることを裁判所に申し入れ，非開示部分を分けて提供するなどの対応をすべきです（児童相談所が，事実上立証責任を負う申立人の立場ではないのであれば，裁判所も応じる可能性があります）。

　また，家庭裁判所から，「調査嘱託」「協力依頼」ではなく調査官名で任意の協力を求められることもあります。この場合，調査官が作成した調査報告書は，少年事件では付添人（弁護士）が閲覧でき，家事事件では謄写も可能ですが，その元となった資料は直接には閲覧・謄写の対象になりません。とはいえ，調査報告書に挙げてほしくない事情については，調査官にきちんと説明しておくべきです。

4．捜査機関の捜査関係事項照会

　刑事訴訟法197条2項は，「必要な事項の報告を求めることができる」とありますので，上記2と同様，必要性や相当性を総合考慮して，回答すべき事項を判断することになります。また，照会事項があまりにも広範にすぎる場合には，捜査機関とやりとりして，趣旨を明確にすべきであることも同様です。

使用用途はある程度限られますし，被告人の弁護人以外に開示されることは稀ですが（刑事訴訟法47条，刑事確定訴訟記録法4条），裁判において立証に使われる証拠は，被告人の弁護人には開示されます。そのことを想定して回答を作成し，いざ記録が裁判で使用されることになった場合には，検察官に働きかけて，被害者特定事項の秘匿要請（刑事訴訟法299条の3）等を適切に行うべきでしょう。

　なお，児童相談所が資料の提供が適切と判断する場合に，どこまで資料を提供してよいかですが，児童が被害者になっている虐待事件であれば，資料の提供は児童の権利利益を守るために必要といえます。児童が犯罪行為等を行った場合も，児童相談所にも家庭裁判所送致の権限があること（児童福祉法27条1項4号）からすると，必要な資料であれば提供しても問題は少ないと思います。ただ，裁判所からの情報提供の求めを待つか，より早期に捜査機関に提供する必要があるかも考慮すべきでしょう。

5. 情報提供

　また，刑事事件として立件の可能性がある重篤な事案，保護者が子どもの安全確認に強く抵抗を示すことが予想される事案等，事案によっては，児童相談所から警察に積極的に情報提供をしたほうがよいこともあります。

　多くの個人情報保護条例には，いわゆる「行政共助」にかかる第三者提供を認める規定（行政機関個人情報保護法8条2項3号に相当する規定）があると思われるので，そうした規定等に基づいて提供することができます。

Q39 ケースワーク上の留意点

私は児童相談所のケースワーカーです。これまで継続的に支援をしてきた児童が来年3月に18歳を迎えますが，障害福祉サービス等の利用は難しく，他に活用できそうな制度もないため，これ以上支援の手立てが思いつきません。どうすればよいでしょうか。

児童本人の希望をよく聴き取った上で，複数の部署で情報を持ち寄り利用可能な制度がないか検討してみましょう。それでも利用可能な制度がない場合には，地域の若者支援を得意とする民間社会資源の活用も考えられます。

1．ケースワークと法務

児童相談所や福祉事務所等の職員が行うケースワークでは，市民の抱える生活上のニーズや諸問題の改善のためにさまざまなアプローチ手法を用いて相談援助が行われます。ケースワークに関して一定の指針やマニュアルが整備されていますが，人の生活を扱うという性質上，オーダーメイドの対応が求められるためマニュアルに記載のないような柔軟な対応が必要となることが少なくありません。ときには法的根拠が不明確であり適法性の担保も十分ではない中で一定のリスクを前提とした対応をせざるをえない場面もありますが，そうした制度からこぼれがちなニーズを把握して積極的に対応していくことこそが福祉行政のあるべき姿であり，ひいては当該自治体における福祉の向上や虐待，貧困の予防にもつながっていくことになります。

一方でこうしたケースワークの考えと法的リスクをできる限り回避しようとする法務の考えはしばしば衝突することがあります。法務担当者がケースワークをよく理解しないままアドバイスをすることで現場が混乱するようなことも起こりがちです。

もっとも，ケースワークと法務はいずれも権利擁護や社会正義の実現を目的とするものであり必ずしも相反する関係にはないと考えます。ケースワークは人の生活を扱うという性質上，対応を誤ればかえって権利を侵害してしまう側

面を有しているため法務による冷静な判断は必要不可欠です。法務がケースワークを理解した上で適切な法的リスクマネジメントと法的根拠の確認作業を行うことができれば，ケースワークを行う現場職員としても不安が解消され自信を持って相談援助にあたることができ，ケースワークの質の向上にもつながっていくでしょう。日頃からケースワーカーと法務担当者とでよく話し合った上で，対応を検討していくようにしましょう。

2. 公的制度の活用

　社会福祉に関する制度は近年，拡充が進められていますが，その反面，制度の要件や仕組みは複雑化していて，福祉専門職であっても制度を十分に理解し使いこなすことが難しくなっています。また，日本の福祉行政の実情として必ずしも福祉専門職が配属されているわけではなく，福祉制度について明るくない一般行政職が担っていることも少なくありません。そのため，実務では職員が制度に関する誤った説明をしてしまったり，適切な対応窓口がわからず複数の部署間で相談者をたらい回しにしてしまったりするようなことが起こりがちです。日本の公的福祉制度の多くは申請主義に基づいていて市民から申請がなければ給付が行われませんが，自治体職員の誤った対応により申請の機会を奪うようなことがないようにしなければいけません。そのため，福祉行政の担当職員が既存の公的制度を正しく理解した上で，市民に適切に制度を案内し，時には申請手続をサポートする等して利用申請につなげていけるような体制整備が求められます。

　福祉行政に寄せられる相談は必ずしも制度が想定するような整った内容のものばかりではなく，また相談者も自身の困りごとやニーズをうまく説明できないこともままあるため，簡単な聞き取りを行っただけでは制度の利用対象ではないように思われることも少なくありません。相談担当者としては相談者のニーズを丁寧に聞き取った上で，少しでも活用可能な制度はないかという姿勢で検討していくことが重要となります。こうした検討を進めるにあたり，「制度の対象として明確に規定はされていないが制度の趣旨からすればこうしたケースも利用対象に含まれるのではないか」といったリーガルマインドに基づく法解釈の思考が有用です。しかし，福祉専門職は福祉制度に関する知識は学

174 第3章 個別の分野における法務

んでいても，こうした法解釈に関する技法まで学んでいるわけではないため，法解釈に長けた法務の立場から適宜，制度の解釈，運用への助言をしていくとよいでしょう。

3．民間社会資源活用の意義と留意点

ケースワークにあたってまず公的制度の活用を検討する必要がありますが，公的制度だけですべての市民のニーズに対応することは不可能です。制度外のニーズに対応するために企業やNPO等が提供する民間社会資源の活用を検討していくことが考えられます。民間社会資源は，公的機関が苦手とするような対応を可能とするものや公的制度の整備が行き届いていない領域へのサービス提供を行っているものが多く，公的機関が連携することで市民のニーズへの切れ目のない対応が可能となります。

一方で，行政機関として民間社会資源の活用を進めるにあたっては，適切な社会資源の選別や，責任の所在等について特別な配慮が求められます。

活用を検討する民間社会資源について事前に担当者が見学等を行い公的機関が利用を薦めるのに適当であるか判断する必要があります。公的機関としても信頼が置けてある程度継続的な協力関係が期待できるような機関との関係では，担当者ごとに対応にぶれが生じないように協定や覚書のようなものを作成することも考えられます。

多くの民間社会資源は税金ではなく自費で運営されており，寄付金やボランティアでのみ運営されているようなものも少なくありません。民間に公的機関と同程度の対応を求めるのは酷ですし，民間での対応に甘んじて本来公が賄うべき費用負担や責任の所在まで曖昧にしてはいけません。

4．高年齢児童・若者向けの支援制度の実情

18歳までの「児童」に関する相談は児童相談所が扱うこととされていますが，児童相談所はより低年齢の児童への虐待対応に追われていて高年齢児童の支援にまでなかなか手が回らないのが実情です。また，18歳以上の若者の相談に関しては，児童相談所のような専門機関がなく，利用可能な公的制度も限られます。障害のある方であれば障害福祉サービス，生活困窮状態にあれば生活保護

や生活困窮者自立支援法上の制度等の利用も考えられますが，これらの制度も
また若者のニーズに専門特化しているわけではなく限界があります。

　こうした実情から18歳前後の若者に関する相談は児童相談所に限らず自治体
のさまざまな窓口に寄せられるものの，既存の制度ではなかなかニーズにあわ
ないため担当者が頭を悩ましがちです。若者の相談ニーズはもとより多様であ
り，1つの部署のみで対処できるような性質のものではないため，抱え込むの
ではなく他部署や自治体間で連携した対応や民間社会資源の積極的活用がより
重要となってきます。

　なお児童相談所の措置を受けている社会的養護の児童・若者に関しては，近
年の法改正により18歳以降も継続的に利用可能な支援制度が創設されるように
なりました。たとえば，社会的養護自立支援事業，就学者自立生活援助事業，
身元保証人確保対策事業，退所児童等アフターケア事業等があります。もっと
も，これらの制度の整備が未了の自治体も少なくなく，実施内容についても自
治体間での格差が顕著です。先行する自治体の運用状況を参考にしつつも，地
域の実情に即した形で制度の運用改善に努めていく必要があるでしょう。

3　税務事務所の法務

Q40　租税情報の関係機関との共有等

当市の税務課宛に，他の自治体の税務課から，ある住民の収入，勤務先，財産等の情報について調査を依頼する文書が送られてきました。回答するにあたり，どのような点に気を付けるべきでしょうか。また，税務署（国税庁）との情報共有についても教えてください。

地方税法20条の11（官公署等への協力要請）に基づく照会に対しては，行政目的を阻害せず，業務上支障がないか事案ごとに判断し，回答します。税務署からの国税徴収法146条の2（官公署等への協力要請）に基づく照会についても同様です。

1．照会の根拠

(1) 地方税法上の調査権限

地方自治体が申告の適否等をチェックするためには，複雑多岐な経済取引に関する資料を的確に調査しなければなりません。重要な資料を他の官公庁が保有していることも多く，その調査もする必要があります。そこで，地方税法は，市町村長や徴税吏員等が官公署や政府機関等に対して資料の提供等を行うことができる権限を定めています。

(2) 一般的な調査権限

地方税法20条の11（官公署等への協力要請）は，「徴税吏員は，この法律に特別の定めがあるものを除くほか，地方税に関する調査について必要があるときは，官公署又は政府関係機関に，当該調査に関し参考となるべき簿書及び資料の閲覧又は提供その他の協力を求めることができる」と規定しています。同条に基づき，徴税吏員は，必要に応じ，随時，他の自治体に対して，収入状況や勤務先等の照会を行います。

もっとも，照会先の官公庁の守秘義務を解除するものではありません（地方税務研究会編『地方税法総則逐条解説』（地方財務協会，2017）716頁）。また，法律上の強制力を有するものでもありません。なぜなら，一般的規定によって守秘義務を解除し，回答義務を課することには，他の行政目的の達成の見地から慎重であるべきと考えられるからです（前掲・地方税務研究会編716頁）。

したがって，同条に基づく照会に対し回答をする際には，回答する自治体の行政目的の達成を阻害するおそれがあるか否かについて，事案ごとに判断する必要があります。この点については，下記2で解説します。

(3) 個別の調査権限

また，地方税法は，同法20条の11のほか，個別の税目ごとに特別の定めを設けています（同法46条（個人の道府県民税），63条（法人道府県民税），72条の59（事業税），325条（市町村民税）等）。たとえば，同法325条は，市町村長が市町村民税の賦課徴収のために，「政府に対し，所得税又は法人税の納税義務者が政府に提出した申告書……を閲覧し，又は記録することを請求した場合においては，政府は，関係書類を市町村長又はその指定する職員に閲覧させ，又は記録させるものとする」と規定しています。

これらの規定は，同法20条の11の特別規定であり，税務関係の官公庁の拒否を許さない強行規定と解されています（前掲・地方税務研究会編716頁）。

2．回答の内容

(1) 考慮すべき事項

前記1(2)のとおり，地方税法20条の11に基づく照会に対し回答をする際には，回答する自治体の行政目的の達成を阻害するおそれがあるか否かについて，事案ごとに判断する必要があります。

(2) 実務上の運用

もっとも，実務上は，地方税法20条の11に基づく照会について回答を拒絶する，または拒絶されるという例はほとんどありません。一般的には，「実態調査」という名称の照会文書で，他の自治体に対して，個人の勤務先，収入，所得，家族構成，課税状況，滞納状況，滞納処分の執行状況，電話番号等の照会を行うことは，頻繁になされています。法人についても，所在，代表者，電話

番号，課税状況，滞納状況，担当税理士等の照会が行われることがあります。こちらも，回答が拒絶されることはほとんどありません。

　理由としては，税の適正な賦課徴収という公益上の必要性と重要性があり，かつ，照会側には地方税法22条の重い守秘義務（2年以下の懲役または100万円以下の罰金）が課されており，回答内容が外部に漏れることはないということが挙げられます（一般的な地方公務員の守秘義務は，1年以下の懲役または50万円以下の罰金（地公法60条2号・34条1項）。税情報は税務部門以外には「門外不出」（金子宏『租税法〔第23版〕』（弘文堂，2019）915頁）と解されており，実務上も，他の部局に税情報を提供することは，ほとんどありません（例外として，公営住宅法34条の賃料算定のための照会等があります）。そのため，回答をしたとしても，自治体の行政目的達成が阻害されるということは，通常考えられないといえるからです。

　その他にも，固定資産名寄帳，滞納状況，住民票，戸籍等も，地方税法20条の11を根拠にして照会が行われています。これらについても，実務上は，回答を拒絶する，または拒絶されることは，ほとんどないといってよいでしょう。

3．本設問についての検討

　以上のように，地方税法に基づく照会に対しては，税の適正な賦課徴収に協力するという見地から，協力をすることが望ましいといえます。そのため，住民の収入，勤務先，財産状況（固定資産，税の引落口座等）を回答することには，地方税法上問題はないといえます。

4．実務上の留意点

　もっとも，たとえば，住民票上の住所と実際の居所が異なることを把握しているときには，その旨を付記して，誤った相手方に郵便が送達されてしまうことのないよう注意を促すことも重要です。また，給与支払報告書や申告書上に勤務先の記載がある場合でも，既に退職していることを知っているようなときには，その旨を付記し，回答した情報が誤ったかたちで利用されてしまうことを避けるよう注意を払うべきでしょう。たとえば，既に退職しているのに，在職照会・給与照会を元勤務先に対し行ってしまうことは，税務調査の対象に

なっているということを不必要に元勤務先に知らせてしまうことになりかねません。電話番号の情報があっても，古い情報で現在は他人が使っている可能性があるとき等も，同様にその旨を付記するべきでしょう。

また，新年度に実態調査の照会書が届いた場合でも，時期によってはまだ最新の給与支払報告書がシステム上に反映されておらず，直近の勤務先の回答ができないときもあります。このような場合には，回答書にその旨を記載することや，照会元の自治体に電話連絡して回答の時期を相談すること等も，協力する上で重要な配慮と思われます。

5．税務署（国税庁）との情報共有

(1) 税務署からの実態調査

税務署からの国税徴収法146条の2（官公署等への協力要請）に基づく照会についても，前記1(2)の地方税法20条の11に基づく照会の場合と同様です。

(2) 確定申告書のデータ共有

住民税についても，所得税と同様，（一定の例外を除き）申告義務が課されています（地方税法317条の2）。しかし，税務署で確定申告を行った場合は，市町村民税の申告があったものとみなされます（同法317条の3第1項本文）。

税務署で提出された確定申告書については，国税連携システムおよびLGWAN（Local Government Wide Area Network）接続システムを通じて画像データとして市町村に送信され，課税資料として利用されます。e-Taxでの確定申告の場合は当日に，紙媒体の場合には週次〜月ごとに送信がなされることが多いようです。

《参考文献》
地方税務研究会編『地方税法総則逐条解説』（地方財務協会，2017）
金子宏『租税法〔第23版〕』（弘文堂，2019）
地方税事務研究会編著『事例解説　地方税とプライバシー〔改訂版〕』（ぎょうせい，2013）

Q41 固定資産税の減免

病気で失業し，預貯金を切り崩しながら生活している住民について，固定資産税の減免等をすることを検討しています。どのような点に注意すればよいでしょうか。

固定資産税の減免は，徴収猶予等の緩和措置によっても救済することが困難な場合で，客観的に担税力が薄弱と認められるときに，納税義務者の申請に基づき認められます。そのため，こうした要件に該当するか否かについて，個別具体的に判断する必要があります。

1．固定資産税の「減免」とは

(1) 地方税法の規定

固定資産税の減免については，地方税法367条が「市町村長は，天災その他特別の事情がある場合において固定資産税の減免を必要とすると認める者，貧困に因り生活のため公私の扶助を受ける者その他特別の事情がある者に限り，当該市町村の条例の定めるところにより，固定資産税を減免することができる」と規定しています。

(2) 「減免」とは

ここで「減免」とは，一度課税権を行使した後，納税者の申請に基づき，税額の一部または全部を免除することをいいます（固定資産税務研究会編『平成30年度版 要説固定資産税』（ぎょうせい，2018）204頁）。

一度は課税権が行使されているという点で，初めから課税権を行使することができない「非課税」とは異なります（非課税の具体例としては，国，都道府県，市町村等の所有者の性格によるもの（人的非課税），宗教法人が本来の用に供する境内建物および境内地，学校法人等が直接その用に供する固定資産，商工会議所等が一定の事業の用に供する固定資産等固定資産の性質または用途による非課税（物的非課税）があります）。

また，本来課税の対象になるが，公益上の理由等のために課税権を行使しな

い「課税免除」（地方税法6条）とも異なります（課税免除の具体例としては，自治体が企業誘致を促進するために，条例によって一定の要件で課税免除とするといった事例があります）。

2. 要　件

(1) 減免の要件

固定資産税を減免することができるのは，次の3つの場合に限られます（地方税法367条）。

---

① 天災その他特別の事情がある場合において減免を必要とすると認める者
② 貧困により生活のため公私の扶助を受ける者
③ その他特別の事情がある者

固定資産税は，課税客体の有する価値に着目して課税がなされるものです。そのため，同一の価値を有するにもかかわらず所有者によって異なる課税を行うことは，不公平な結果となります。所有者の資力に着目することは，例外的なことです。また，一度課税された租税債権を消滅させるという重大な法律効果を有しています。そのため，免除することができるのは，前記①〜③の場合に限定されると解されています。

この点について，「減免の要件を満たさない場合に減免を許すべきではなく，減免の要件の判断に課税主体の裁量の余地がある場合でも，その判断は厳格に行うべきであるという意味で租税条例主義の趣旨が及ぶものと解すべきである（同法367条の文言によれば，減免が許される者の拡張解釈は予定されていない。）」と判示した裁判例があります（東京高判平20・4・23裁判所ウェブサイト〔平19（行コ）266〕。同判決の解説として，柴由花「判批」ジュリ1387号190頁）。

(2) 要件の認定

こうした要件の認定について，前掲・東京高判平20・4・23は，「固定資産税の減免事由については，その要件が課税庁の判断，評価に係る場合であっても，既に述べたとおり租税条例主義の趣旨が及ぶものと解すべきであるから，減免事由に該当する要件はそれに関する規定の文言に即して理解されるべきであり，要件該当性の判断の前提となった事情が事実的基礎を有し，その判断が

182　第3章　個別の分野における法務

社会通念に照らして，当該要件に該当するとき（要件判断の裁量に合理性があるとき）に限り，減免処分が許されるものと解すべきである」と判示しています。

　また，減免対象となる固定資産にも，換価可能性がないのか等を慎重に検討しなければなりません。たとえば，金融機関の抵当権が設定されているため，差押え，公売等を行っても，換価価値がない場合等が考えられます。

3．徴収猶予等の緩和制度との関係

　前記1(2)のとおり，減免は，一度課税された租税債権を消滅させるものです。そのため，徴収猶予等の納税の緩和措置によっても救済されない場合の最後の手段といえます。したがって，納税が困難な住民について，まずは徴収猶予等の緩和措置を検討すべきです（昭和47・1・11自治固第109号神奈川県総務部長あて自治省固定資産税課長回答）。なお，徴収の緩和措置等の制度については，Q43を参照してください。

4．手　　続

　固定資産税の減免を受けようとする者は，納期限前で，かつ，条例の定める日までに減免の申請書を提出しなければなりません。ここで，「納期限前」とは，当初（第1期）の納期限ではなく，各納期をさすものとされています（固定資産税務研究会編『固定資産税実務概要』（ぎょうせい，加除式）1629頁）。

5．本設問の検討

　本設問の住民は，病気のため失業していますが，預貯金で生活しており，生活保護や私人の援助で生活をしているわけではないので，前記2(1)の②「貧困により生活のため公私の扶助を受ける者」には該当しません。そこで，前記2(1)の③「その他特別の事情がある者」に該当するかを検討することになります。この「その他特別の事情」については，条例によって具体化されるべきものと解されています（固定資産税務研究会編『平成30年度版　要説固定資産税』（ぎょうせい，2018）205頁）。その条例の内容も，客観的にみて担税力を喪失した者，公益上必要があると認められる者等をいうものとされます（前掲・固定資産税

務研究会編205頁）。

　本設問の住民については，預貯金という資産を有し，客観的に担税力を喪失したとまではいえないと思われます。

　よって，減免を行うことは難しいと考えられます。

6．実務上の留意点

　以上で検討したように，固定資産税の減免が認められる段階というのは，減免を受けようとする者の生活状態が極めて困窮する状況に至っているということができます。そのため，そうした状況に至らないうちに，他の徴収の緩和制度等を検討することが必要です。

　そのためには，納税の相談を受けた際に，日常の生活の実態をよく聴取することが重要です。

　また，徴収の緩和制度等には，申請による換価の猶予等の新しいものもあります。しかし，その活用は，自治体によって差もあるようです。新しい法制度や運用方法について理解するために，参考文献や資料で学ぶことをいとわない職場環境を作ることも重要です。

《参考文献》

固定資産税務研究会編『平成30年度版　要説固定資産税』（ぎょうせい，2018）

古郡寛「Q&Aで理解する実践固定資産税運用の手引き　第103回　固定資産税の減免制度」税2016年4月号294頁

地方税務研究会編『地方税法総則逐条解説』（地方財務協会，2017）

金子宏『租税法〔第23版〕』（弘文堂，2019）

184 第3章 個別の分野における法務

Q42 財産調査，差押え等（滞納処分）

市税を滞納している住民に対し，早期の納税を求める催告書を送付しました。しかし，納付がないため，財産調査，差押え等を行うことを検討しています。実際には，どのようなことを行えばよいでしょうか。

A

銀行等への預貯金調査，保険会社への生命保険の調査，勤務先への給料等の調査を行います。また，固定資産の名寄帳や登記簿を調査し，不動産等についても調査を行います。これらのうちから，適切な財産を選択し，差押えを行います。

1．財産調査，差押え等（滞納処分）とは

滞納処分とは，納税義務者が税金を滞納した場合に，国税徴収法の規定に基づき行われる強制徴収手続をいいます。

地方税において，同法が根拠条文になるのは，地方税法上，税目ごとに「国税徴収法に規定する滞納処分の例による」と規定し，国税徴収法を準用しているからです。たとえば，市町村民税については地方税法331条6項，固定資産税については同法373条7項，国民健康保険税（水利地益税等）については同法728条7項という規定があります。

差押え等の強制徴収手続を行う前には，各種の財産について財産調査を行います。この財産調査についても，国税徴収法141条（質問および検査）に基づいて行われます（他の官公署へは地方税法20条の11（官公署等への協力要請）に基づく調査によります）。

2．財産調査の実際

(1) 差押財産の調査

① 預 貯 金

差押えといっても，財産にはさまざまな種類があります。金銭債権のほか，動産，不動産，自動車，無体財産権等です。

今日では，差押えの対象は，預貯金が多くを占めています。そのため，地域の金融機関（地銀，信用金庫等），メガバンク，ゆうちょ銀行，ネットバンク等の調査も多く行われています。また，最近では，店舗を持たないネットバンクも普及してきています。

根拠条文は，国税徴収法141条（質問および検査）です。

調査方法は，金融機関の窓口に臨場し，調査書を提示し，履歴を閲覧する方法があります。また，郵送で調査書を送付し，履歴を送ってもらう方法もあります。ゆうちょ銀行の場合には，管轄の「貯金事務センター」へ調査書を郵送し，貯金の履歴を送付してもらいます。メガバンクに全店照会を依頼するには，調査担当へ郵送で調査書を送付します。回答書には，どの支店に口座があるかが記載されます。過去の履歴を調査するには，再度，各支店に個別に調査書を送る必要があります。

どの金融機関を調査するかは，事案によりますが，たとえば，滞納者の自宅近くに支店がある金融機関，勤務先のメインバンク，市町村税等の引落口座の金融機関等が考えられます。

② 生命保険

生命保険も，重要な調査対象の1つです。生命保険には，貯蓄性のあるものも多く，解約返戻金を取り立てることがあります。

生命保険契約の有無は，各保険会社に調査書を郵送して行います。

③ 給　　与

勤務先に対して，調査書を送付し，毎月の支給額，賞与の時期，振込口座等の照会を行います。勤務先の中には，回答を拒むところもあります。しかし，法律上回答義務があり，また，罰則も定められている（国税徴収法188条）ので，回答をするよう説得を行います。

④ 不 動 産

不動産については，法務局において，不動産登記を調査します。また，市町村の固定資産の名寄帳を調査します。これらの調査は，地方税法20条の11（官公署等への協力要請）が根拠となります。

(2) 差押財産の選択

どの財産を差し押さえるかは，徴税吏員の合理的な裁量に委ねられています。

186　第3章　個別の分野における法務

もっとも，第三者の権利を害することのないよう努めるものとされています（国税徴収法49条）。実務上は，次の事項に留意して選択を行います。

---

① 第三者の権利を害するおそれが少ないこと
② 換価が容易であること
③ 滞納者の生活維持，事業継続等への影響が少ないこと

---

(3)　差押禁止財産

　注意をしなければいけないのは，一定の財産については，差押えが制限されていることです。たとえば，国税徴収法上では，給与の一定部分の差押えを禁止しています（同法76条）。年金についても，同様です（同法77条1項）。また，個別法で差押えが禁止されているものも多くあります（たとえば，児童手当（児童手当法15条）等）。

　問題になるのは，これら差押禁止財産が，預金口座に振り込まれ，預金債権に転化した後も，なお制限が及ぶのかという点です。最高裁の判決では，原則として，預金口座に振り込まれれば，預金債権に転化し，差押禁止財産とならないとしています（最判平10・2・10金法1535号64頁）。しかし，最近の裁判例では，預金の原資が差押禁止財産であることを認識しつつ，実質的に差押禁止財産を差し押さえることを意図して，差押えを行ったものと認めるべき特段の事情がある場合には，例外として違法となるとした裁判例があります（広島高松江支判平25・11・27判自387号25頁（児童手当），前橋地判平30・1・31判時2373号21頁（給与），前橋地判平30・2・28判自438号46頁（年金））。

(4)　差押手続

　債権の差押えを行う場合，第三債務者に対して，差押通知書を送達します（国税徴収法62条）。債権を取り立てたときは，その限度において，滞納者から税を徴収したものとみなされます（同法67条3項）。

　生命保険の場合は，差押通知書を第三債務者に送達し，解約権を行使してから1カ月経過しないと解約の効果は生じません（介入権者の権利を保障するためです）。

　不動産の場合には，差押え，公売によって換価し，滞納税に充当します。

3．本設問の検討

本設問の場合，まずは預貯金調査を行うことが一般的と思われます。

差し押えるべき預貯金がない場合には，勤務先へ給与調査書を行い，毎月の支給額等の調査を行います。給与調査を行った場合でも，直ちに給与を差し押さえるのではなく，振込口座を調査し，預金の差押えを先に行うことも考えられます。給与本体を差し押さえた場合，取り立てる際，勤務先に取込可能額（差押禁止部分を除いた金額）の計算に協力してもらう等，勤務先の事務の負担もあるからです。

生命保険については，受取人の生活保障という趣旨もあることから，預貯金等の次に検討するべきでしょう。

不動産については，債権に比して換価にコストが掛かり，また，滞納者にとっても重要な資産ですので，十分な検討が必要と思われます。

4．実務上の留意点

(1)　情報分析は慎重に

実務を行っていて，国税徴収法141条に基づく調査に対し，回答を拒絶されるということはあまりありません。税法上の手続ということもあって，一般の方々も情報提供等に協力をしてくれているからだと思います。

しかし，たとえば，回答があった預金の名義人が同姓同名の別人であることも少なくありません。また，法人については，代表者が同一人物で，かつ，法人の名称もよく似ている別法人というケースも珍しくありません。こうした場合に，誤って別人の財産を差し押さえるようなことになっては，大きな損害を生じさせてしまいます。

回答のあった情報を慎重に分析するのは，重要な職責です。

(2)　財産の多様化

現在，差押財産の多くは，預金です。一昔前は，電話加入権の差押えが多く行われていた時期もありました。しかし，今日では，ほとんど行われていません。

最近では，ネットバンクや電子マネーが普及する等，財産の所有形態も時代

と共に変わり続けています（なお，電子マネーの方は，現在のところ差押えの客体にならないと解されています）。また，再生可能エネルギー（太陽光発電）の売電契約に基づく料金債権，FX（外国為替証拠金取引）の証拠金，投資信託等を差し押さえるというケースも増えています。

　社会の実態に遅れることのないよう，適正な滞納整理を行う必要があります。

《参考文献》
吉国二郎ほか『国税徴収法精解〔平成30年改訂〕』（大蔵財務協会，2018）
小林徹編著『国税徴収法基本通達逐条解説〔平成30年版〕』（大蔵財務協会，2018）
東京都主税局徴収部監修『滞納整理事務の手引〔第19版〕』（東京税務協会，2018）
日高全海『地方税の徴収実務事例集〔第1次改訂版〕』（学陽書房，2010）
地方税務研究会編『地方税法総則逐条解説』（地方財務協会，2017）
金子宏『租税法〔第23版〕』（弘文堂，2019）
藤井朗『地方税の徴収担当になったら読む本』（学陽書房，2018）

Q43 徴収の緩和制度等（換価の猶予，信用情報の調査等）

市内の企業が，今年は業績が悪化してしまい，市税を滞納しています。納税交渉するにあたって検討すべきことや，同時並行で調査すべきことはありますか。

徴収の緩和措置制度等には，地方税法上の制度として，①徴収猶予，②職権による換価の猶予，③申請による換価および④執行停止の制度があります。また，法律上に根拠のあるものではありませんが，事実上，分割での納付を認める⑤「分納」も用いられています。

1．徴収の緩和制度等

税金を滞納している場合でも，直ちに差押え等を行うのではなく，一定の猶予を設けて自主的な納付によるほうが，かえって徴収に有利なときもあります。また，個人の生活維持や企業の経営継続の観点からも，徴収の緩和制度は必要です。

そこで，地方税法は，①「徴収猶予」，②「職権による換価の猶予」および③「申請による換価の猶予」の3つの制度を定めています。また，④一定の場合には，強制徴収を停止し，最終的に納税義務を消滅させる「執行停止」もあります。

さらに，法律上に根拠があるものではありませんが，事実上，分割で納付を認める⑤「分納」の方法も用いられています。

2．種類と概要

(1) 徴収猶予

① 定　義

徴収猶予とは，納税者または特別徴収義務者（以下「納税者等」といいます）が，徴収金を一時に納付・納入（以下「納付等」といいます）することができないと認められるときに，1年以内で，その徴収を猶予することをいいま

す（地方税法15条１項）。

② 要　件

　要件は，災害等に遭う等の事由が必要です（地方税法15条１項）。猶予期間内において，分割での納付等も認められます（同条３項）。

③ 担　保

　原則，担保（土地等）を徴さなければなりません（地方税法16条１項本文）。

④ 効　果

　徴収猶予の期間内は，新たに督促および滞納処分（交付要求を除く）をすることができません（地方税法15条の２の３第１項）。

　また，猶予期間中の延滞金は，２分の１に相当する金額または全部が免除対象となります（同法15条の９第１項・２項・附則３条の２第３項）等の効果があります。

(2)　職権による換価の猶予

① 定　義

　職権による換価の猶予とは，１年以内で，滞納処分による財産の換価を猶予することができることをいいます（地方税法15条の５第１項）。

　徴収猶予との違いは，既に滞納をしており，かつ，災害等の重大な理由以外の場合にも猶予を認める点にあります。

　職権による換価の猶予の場合には，滞納者からの申請は必要ありません。

② 要　件

　滞納者に納付等について誠実な意思があり，かつ，次の事由のいずれかに該当することが必要です。

（ⅰ）　財産の換価を直ちにすることにより事業継続・生活維持を困難にするおそれがあるとき
（ⅱ）　換価を猶予することが直ちにその換価をすることに比して徴収上有利であるとき

　猶予期間内において，分割での納付等も認められます（地方税法15条の５第２項・15条３項）。

③　担　　保

徴収猶予の場合と同様，原則必要です（地方税法16条１項）。

④　効　　果

差押えを猶予し，または解除することができます（地方税法15条の５の３第１項）。また，猶予期間中の延滞金は，２分の１に相当する金額または全部が免除対象となる（地方税法15条の９第１項）等の効果があります。

(3)　申請による換価の猶予

①　定　　義

申請による換価の猶予とは，滞納者の申請に基づき，１年以内で，滞納処分による財産の換価を猶予することができることをいいます（地方税法15条の６第１項）。滞納者の申請に基づく点で，職権による換価の猶予と異なります。

②　要　　件

滞納者に納付等について誠実な意思があり，かつ，次の事由のいずれかに該当することが必要です。

(i)　財産の換価を直ちにすることにより事業継続・生活維持を困難にするおそれがあるとき

(ii)　換価を猶予することが，直ちにその換価をすることに比して徴収上有利であるとき

猶予期間内において，分割での納付等も認められます（地方税法15条の６の２第２項前段・15条３項）。

③　担　　保

徴収猶予と同様，必要になります（地方税法16条１項）。

④　効　　果

徴収猶予と同様の効果です（地方税法15条の６の３第１項・２項等）。延滞金の免除については，職権による換価の猶予の場合と同様になります（同法15条の９）。

(4)　滞納処分の執行停止

①　定　　義

滞納処分の執行停止は，職権で強制徴収の手続を停止することができるもの

です。実務上「執停（しってい）」と呼ぶことがあります。最終的に納税義務の消滅につながるため，要件は，より厳格なものとなっています。

② 要　件

滞納者が，次のいずれに該当する場合であることが必要です（地方税法15条の7第1項）。

(i)　滞納処分をすることができる財産がないとき（1号）

(ii)　滞納処分をすることによって生活を著しく窮迫させるおそれがあるとき（2号）

(iii)　滞納者の所在および滞納処分をすることができる財産がともに不明であるとき（3号）

---

③ 効　果

新たな滞納処分（交付要求および参加差押えは除く）ができなくなる等の効果があります。

また，重要な点として，執行停止が3年間継続したときは，納税義務は消滅します（地方税法15条の7第4項）。

(5) 分　納

① 定　義

実務上，滞納者から分割での納付の希望があった場合，事実上の分割納付（「分納」と呼ばれます）を認めることがあります。これは，法律上の制度ではなく，事実上，滞納処分を猶予するものです。

徴収猶予等の法律上の制度は，手続が煩雑で，かつ，担保が必要とされること等の理由で，あまり利用されていません。そのため，実務上は，分納が多く活用されています。

② 要　件

法律上の制度ではありませんので，法定の要件はありません。

しかし，分納とすることの方が，徴収上有利で，かつ，滞納者の事業や生活状況からしても妥当といえることが必要と思われます。

その際，滞納金額を承認し，定期的に納付する旨を記載した「分納誓約書」を提出させる運用も多いかと思います。これは，時効中断，納付意欲の喚起な

どのためです。

③ 効 果

　事実上，納付を猶予しているだけですので，分納が不履行になれば，直ちに滞納処分が行われることになります。

　また，延滞金の免除もありません。

3．本設問の検討

　本設問の企業の滞納金額が大きい場合，法律上の①徴収猶予，②職権による換価の猶予，③申請による換価の猶予を検討することになります。いずれの要件に該当するか，調査・検討を行う必要があります。

　④滞納処分の執行停止に該当するのは，企業が倒産した場合等で，納税義務を消滅させてもやむをえない状況です。そのため，本設問の場合には，該当しないと思われます。

　⑤分納については，厳格な手続や担保も不要です。しかし，分納が不履行になった場合に，徴収が困難になるおそれがあります。また，延滞金の減免もない点で，滞納者に不利です。財産状況や納税意欲等も，十分見極める必要があります。

4．実務上の留意点

　実務上は，法律上の猶予制度よりも，事実上の猶予を認める「分納」が多く用いられています。手続が簡便であり，担保も不要で，滞納者にとっても負担が少ないことから，分納を選択する傾向があるようです。

　しかし，事案によっては，法律上の制度である①徴収猶予，②職権による換価の猶予，③申請による換価の猶予を活用していくことが望ましいものもあります。

　どの方法を選択するかは，滞納の金額，滞納に至った経緯，現在の財産状況，納付の見込み，納付意欲，メリット・デメリットの比較，他の納税者との公平等を考慮し，当該事案において妥当な方法を選択する必要があります。

　また，延滞金の免除も，実務上重要な事項です。

194 第3章 個別の分野における法務

《参考文献》

東京都主税局徴収部監修『滞納整理事務の手引〔第19版〕』（東京税務協会，2018）

地方税務研究会編『地方税法総則逐条解説』（地方財務協会，2017）

金子宏『租税法〔第23版〕』（弘文堂，2019）

藤井朗『地方税の徴収担当になったら読む本』（学陽書房，2018）

黒坂昭一「新任・地方税担当者のための「滞納処分の理論と実務」入門講座 第4回 納税の緩和制度〜徴収猶予，換価の猶予，滞納処分の停止等」税2018年7月号89頁

斎藤博史「分納誓約と換価の猶予（第1回）」東京税務レポート2018年夏季号（No.517）37頁

斎藤博史「分納誓約と換価の猶予（第2回）」東京税務レポート2018年秋季号（No.518）36頁

COLUMN 3

まちづくりと法務

　まちづくりに関する法律相談は，土木や建築等，技術系の専門職である職員からの相談となることが多く，前提となる知識や専門用語を互いに確認しながら，コミュニケーションを密にしていく必要があります。法務担当者としても，道路や橋などの構造物や，地域の地理や歴史の知識に触れる機会も多く，興味深いものがあります。

　そのうち，用地買収や建物移転補償は，整備の対象となる土地を所有または占有する住民を相手方とするものであり，相手方はさまざまな事情を抱えていることがあります。たとえば，契約を行う能力に問題があり，成年後見制度等の利用が必要と思われる場合，相続が行われているにもかかわらず，長期間相続登記が行われていない場合，法人であっても代表者の選任手続に不備がある場合などです。また，マンションの管理組合，自治会，神社の氏子等で，相手方の意思形成が難しい団体との折衝に関するものもあります。

　このような事案の法律相談の場合，民事法に関する広い知識が必要となることがあり，法務部門の助言が必要とされることが多いです。

　また，土地区画整理法に基づく仮換地指定，換地処分，直接施行といった行為や都市再開発法に基づく権利変換および管理処分，道路法や河川法に基づく監督処分，行政代執行等の法律に基づく権限の行使については，実体的要件に該当するかを丁寧に検証するとともに，手続的要件を確実に充足させていく必要があります。

　他方，事業を遂行するための工事請負契約や業務委託契約は，金額も他の事業よりも多額に上り，官製談合防止等のコンプライアンスに関する問題も重要となります。契約等の財務に関するコンプライアンスについては，橋本勇『改訂版 自治体財務の実務と理論―違法・不当といわれないために』（ぎょうせい，2019）が参考になります。

　また，現場では，典型的な形の行政対象暴力や不当要求等が問題となる場合があり，弁護士による内容証明郵便による警告書を送付したり，警察への相談を促す場合もあります。

　ところで，まちづくりは，政治問題化しやすく，民間事業者による行為を阻止するために，違法と評価される行為が行われる圧力がかかりやすいこと

に注意が必要です（例として最判昭53・5・26民集32巻3号689号の事案，新しい事案では東京地判平25・7・19判自386号46頁等があります）。

第 **4** 章 ▶▶

自治体の争訟

198 第4章 自治体の争訟

▌1▐ 審査請求—申立てから裁決まで

Q44 処分庁の立場から—弁明書作成の留意点

生活保護の保護廃止決定処分に対して審査請求がなされ，審理員から，弁明書の提出を求められています。処分庁としては，どのような点に留意して弁明書を作成したらよいでしょうか。審査請求の趣旨と理由は，次のとおりです。

第1　審査請求の趣旨：保護廃止決定処分の取消しを求める。

第2　審査請求の理由

　　1　ケースワーカーから就労について指導を受けたが，無理な内容だった。

　　2　弁護士に相談したが，弁護士も，指導の内容は無理な内容だと言っていた。

　　3　指導に応じなかったら，いきなり，保護廃止決定処分を受けた。

A

処分庁としては，処分に違法・不当な点がないことをわかりやすく伝える弁明書を作成すべきです。処分の内容および理由の記載のみではなく，審査請求人の主張に対する認否や処分に至る経緯といった事実の主張も記載する必要があります。

1．弁明書の役割と記載内容

審査請求人から審査請求がなされると，審査請求を受けた審査庁（行審法9条1項本文）は，（却下する場合等の同条1項ただし書に規定された場合を除き）審理員を指名します。指名を受けた審理員は，審査請求書の写し等を処分庁（同法4条1項）に送付（同法29条1項）し，弁明書の提出を処分庁に求めます（同条2項）。この時点において，審理員は，審査請求書に記載された審査請求人の主張を知るのみで，当該処分についての処分庁の考えや処分に至る経

緯等を知らないことが通常です。審理員は，処分庁から提出された弁明書を読むことで初めて，処分庁の考え等を知ることになります。すなわち，処分庁が提出する弁明書は，処分庁の考え等を審理員に伝える役割を果たします。

審査請求の審理手続において，審理員は，審査請求人の主張および処分庁の主張を確認した後，必要に応じて資料の提出を求め，最終的に審理員意見書を作成します（同法42条1項）。そのため，弁明書には，処分の内容および理由の記載（同法29条3項）に加えて，審理員が証拠調べの要否を整理できるよう（争点整理に資するよう）に，審査請求人の主張に対する認否を記載する必要があります。また，処分庁の主張（処分に違法・不当な点がないこと等）を理解してもらうためには，処分に至る経緯等を審理員に伝えることも重要です（審理員は，処分に至る経緯等を知らないことが通常です）。処分庁としては，審理員による早期の争点整理を可能にするとともに，処分の適法性や妥当性について審理員が適切に判断できるように事件の全体像を伝える等，わかりやすい弁明書を作成する必要があります。

2．弁明書の作成

(1) 弁明書作成の準備

弁明書の提出要求を受けた際，まずは，審査請求の対象となっている処分について，違法または不当な点があるのか否かを検討します。このとき，処分に至る経緯を資料等で確認し，処分の根拠法令に規定された要件に該当する事実（実体的要件）の有無と，処分に際して必要な手続が踏まれていたのかを検討することが重要です。手続面の検討を要するのは，手続違反が処分の取消事由となってしまう可能性があるためです。

たとえば，生活保護法27条1項の規定による就労指導に違反したことを理由として保護の廃止決定処分（同法62条3項）が行われた事案であれば，同処分の適否について議論されたケース診断会議の議事録を確認する方法等があります（実体的要件の検討）。また，書面による指導（同法27条1項，同法施行規則19条）が行われていたのか，弁明の機会（同法62条4項）が付与されていたのか等の手続面の確認を行うことも必要です（必要な手続が踏まれていることの検討）。

200 第4章 自治体の争訟

　実体的要件および手続面の確認を行った結果，処分に違法または不当な点がないとの結論に至れば，その旨を弁明書で述べることになります。弁明書には，「処分の内容及び理由」を記載することが求められている（行審法29条3項）ところ，記載の程度としては，法令の条項および処分基準等を示した上で，どのように事実を評価しあてはめたのか等を具体的に記載する必要があります。

(2)　弁明書の記載例（紙面の都合により一部を抜粋）

　1　弁明の趣旨　…注1
　「本件審査請求を棄却する。」との裁決を求める。
　2　審査請求の理由に対する認否　…注2
　(1)　第1項については，審査請求人に対して，担当のケースワーカーが審査請求人に対して就労指導をしたことは認め，その余は争う。なお，当該就労指導は，令和●年●月●日，指導事項等を具体的に明示した指導書を読み挙げて手交する方法により行われた。
　(2)　第2項については，不知。
　(3)　第3項について
　　ア　審査請求人に対して，令和●年●月●日付けで保護廃止決定を通知したことは認め，その余は否認する。
　　イ　処分庁は，保護廃止の決定に先立ち，審査請求人に対して，弁明の機会が付与されること等を記載した書面を送付している。処分庁は，審査請求人が弁明を行わなかったことから，本件処分を行ったものである。
　3　処分の内容　…注3
　　令和●年●月●日付けで，審査請求人に対して，保護廃止決定処分を行った。
　4　処分の理由　…注4
　(1)　本件処分に係る法令等の規定について　…注5
　(2)　本件処分が適法であることについて　…注6

注1：弁明書の結論部分です。審査請求の対象とされた処分庁の行為に処分性がない場合には，「却下」（いわゆる門前払い）を求めることになります。
注2：審理員が争点整理を行いやすいように記載しています。「認める」とは，審査請求人が主張する事実があったことを認めるという処分庁の応答です。他方，「否認する」とは，審査請求人が主張する事実がなかったという応答であり，理由の記載も必要となります（記載例2項(3)イで記載）。これらと異なり，審査請求人が主張する事実の有無が処分庁にはわからない場合（審査請求人の経験に基づく主張であって証拠がな

い場合等）には，「不知」（知らない）と応答します。また，事実についての主張では
ない審査請求人の意見（法的意見を含みます）等に対しては，「争う」と応答します。

注3：行審法29条3項で求められている記載です。

注4：行審法29条3項で求められている記載です。処分の理由には，処分の根拠法令や関係
通知を引用し，処分基準がある場合には当該基準を示すこと等により，あてはめるべ
き規範を示します。その上で，処分庁が認定した事実，認定した事実をどのように規
範にあてはめたのか等の記載を行います。ここでは，適宜，処分に至る経緯や審査請
求人の主張に対する反論等も加えながら，本件処分の適法性をわかりやすく述べるこ
とが重要です。

注5：本件の場合，根拠法令としては，生活保護法26条1項，同法27条1項，同法62条およ
び同法施行規則19条を記載することになると考えられます。また，法令の適用に際し
て用いられた基準や関係通知（「生活保護法による保護の実施要領の取扱いについて
（昭和38年4月1日付け社保第34号厚生省社会局保護課長通知）」等）も記載する必要
があります。

注6：本件処分を行う際に処分庁が認定した具体的な事実，本件処分を選択した理由等を記
載することになります。その際，審理員は処分に至る経緯等を知らないことが通常で
すから，「処分に至る経緯」とのタイトルを付す等して，事件の全体像を伝えるため
の工夫をすると良いでしょう。併せて，審査請求人の主張（事実や法的評価）に対す
る反論等も記載しておきます。

3. 補足—再弁明書，再々弁明書…

　審査請求人から反論書が提出されると，処分庁としては，反論書に対して再
弁明書を提出すべきか否かを悩むことがあるかもしれません。そのような場合
は，反論書で新しい主張がなされているのか，あるいは反論書の内容に反論
（主張）しない場合に認容裁決が出る可能性があるのかといった観点等が，再
弁明書を提出するか否かの判断基準になるものと考えられます。

《参考文献》

行政事件訴訟実務研究会編集『初めてでもわかる行政訴訟マニュアル』（ぎょうせい，
　2002）
中村健人ほか『ケーススタディ行政不服審査法』（第一法規，2018）

202 第4章 自治体の争訟

Q45 審査庁の立場から―審査請求の受付等

　住民から，市の福祉事務所での生活保護に関する対応に不満があり，県に審査請求をしたいとの問い合わせがありました。どのような場合に審査請求ができるのか，審査請求をするとどうなるのかを教えてほしいということです。審査庁として，どのような点に気を付けて回答すればよいでしょうか。

A

　審査請求手続の案内を適切に行うためには，審査請求の対象となる事項（行政庁の処分・不作為）や審査請求書の提出先（審査庁となるべき行政庁），審査請求期間の定め等を正確に理解しておく必要があります。

1．審査請求の対象

　行審法は「処分についての審査請求」（2条）と「不作為についての審査請求」（3条）を定めており，審査請求の対象となるのは行政庁の処分または不作為となります。

　行政庁が処分をする場合には，行手法（8条・14条）等の規定により処分の理由を示した書面（いわゆる処分通知書）を処分の相手方に交付しなければならないことになっています。そして，行審法82条1項によれば，行政庁は審査請求をすることができる処分をする場合には，処分の相手方に対し，①「当該処分につき審査請求をすることができる旨」，②「審査請求をすべき行政庁」，③「審査請求をすることができる期間」を書面により教示しなければならないとされています。したがって，本設問のように審査請求書に関する問い合わせを受けた場合には，まず福祉事務所から何らかの書面を交付されていないか，書面がある場合にはそこに記載されている教示の内容を確認することが重要になります。

2．審査請求をすべき行政庁（審査庁）
(1) 行審法4条の規定

　審査請求をすべき行政庁と処分庁が異なる場合には，処分庁を経由して審査請求書の提出を行うこともできます（行審法21条）。ただし，審査請求書の宛先（○○県知事殿，○○市長殿など）は審査請求をすべき行政庁を正しく記載する必要があります。たとえば，△△市長を審査庁とすべき場合の審査請求書に○○県知事宛てと記載されている場合，これを△△市長宛ての審査請求書と取り扱うことは通常できないと考えられます。

(2) 上級行政庁とは

　都道府県知事は区市町村長の上級行政庁ではないことに注意が必要です。すなわち，「上級行政庁」とは，当該事務に関し，処分庁等を直接指揮監督する行政庁をいうとされていますが，国と地方自治体あるいは都道府県と市町村はそれぞれ上下関係にはありませんので，普通地方公共団体の長には上級行政庁は存在しません。市長の行った処分について審査請求先が知事となるのは，次項の法律の特別の定めによるものです。

　また，普通地方公共団体の長以外の執行機関（教育委員会，人事委員会，公安委員会等）は，長の所轄の下に置かれますが（自治法138条の3第1項），**職権行使について独立性を保障されていますので，上級行政庁は存在しない**ということになります。したがって，たとえば，県教育委員会が行った処分の審査請求先は，県知事ではなく，行審法4条1号の規定により当該処分庁である県教育委員会となります。

　同条4号の規定により上級行政庁が審査庁となるのは，たとえば，東京都において固定資産税等賦課処分の権限が都知事から新宿都税事務所長に委任され，新宿都税事務所長が行った賦課処分の審査請求先が上級行政庁である都知事に

204 第4章 自治体の争訟

なる場合などがあります。

(3) 法律に特別の定めがある場合

法律に特別の定めがある場合の典型である法定受託事務に係る処分は，自治法255条の2の規定により，市町村長等の処分については都道府県知事，都道府県知事の処分については当該処分に係る事務を規定する法律を所管する大臣がそれぞれ審査庁となります。

また，市町村の福祉事務所長が処分庁として行った生活保護の決定・実施に関する審査請求の審査庁が都道府県知事となるのも，法律の特別の定めによるものです（生活保護法64条）。

3．処分通知書に教示がない場合，審査請求先の教示に誤りがある場合

教示が付された処分通知書が交付されていないような場合は，審査請求の対象となる処分がなされていない可能性が高いですが，本人が強く希望する場合には，不適法な審査請求として却下されることがありうる旨を説明した上で，審査請求書の提出を受け付けることになると思われます。

行審法83条によれば，審査請求をすることができる処分について行政庁が教示をしなかった場合には，処分庁に不服申立書を提出することができ，処分庁以外の行政庁が審査請求先となる場合には，正しい審査庁に不服申立書が送付されることになっています。したがって，審査請求の対象となる処分かどうか不明であり，審査請求先も不明である場合には，ひとまずは処分庁に対して必要事項を記載した審査請求書を提出するよう案内することになるでしょう。なお，審査請求の対象とはならない事項について誤って教示が付されていたとしても，そのことによって審査請求ができることにはなりませんので，裁決で却下することになります。

4．審査請求書の記載事項

審査請求書自体には法定の様式はありませんが，審査請求書に記載すべき事項（必要的記載事項）が法定されています（行審法19条）。ウェブサイト等で必要的記載事項を網羅した様式を公表するのが望ましいです。

審査請求書の記載から審理対象となる処分の内容が速やかに特定されるよう，

処分通知書のコピーも添付するよう案内するとよいでしょう。また，「審査請求の趣旨」は，審査請求が認容された場合の裁決の内容に対応するものである必要があるため，処分の取消しや変更（同法46条・47条・49条）を求めるものではない場合（たとえば，福祉事務所職員の謝罪や質問に対する回答を求める等）には，不適法な審査請求となる可能性がある旨を説明する必要があります。

審査請求手続は書面審理により行われるものであり，口頭により審査請求ができるのは個別法（国民健康保険法，介護保険法，障害者総合支援法，地方公務員等共済組合法等）で定めがある場合のみとなります（行審法19条）。同条は「審査請求書を提出してしなければならない」と規定することから，FAXや電子メールによる提出も認められていないと解されています。

5．審査請求期間・期間計算の方法

行審法18条では，審査請求期間は処分があったことを知った日の翌日から起算して3カ月（主観的審査請求期間），または処分があった日の翌日から起算して1年（客観的審査請求期間）と定められています。

「翌日から起算して」との規定は，民法の初日不算入の原則を明記したものであり，たとえば，処分通知書を受領したのが23時55分であったような場合に当該日の1日すべてを期間計算に含んでしまうことによる不利益を避ける趣旨です。他方で，民法143条2項では「起算日に応答する日の前日に期間は満了する」と規定されています。たとえば，1月20日に処分通知書を受領して処分があったことを知った場合には，その翌日である1月21日が起算日となりますが，3カ月目の「起算日に応答する日」（3月21日）の前日（3月20日）の終了をもって3カ月の期間が満了します。したがって，処分通知書の受領日（または手交日）が1月20日であれば，3カ月の審査請求期間は3月20日（の23時59分59秒）までとなります（行審法18条1項参照）。なお，不作為についての審査請求は，不作為状態が継続している限りいつでも行うことができると解されます。

また，同条3項によれば，郵便等の送付に要した日数に審査請求期間の計算については算入しないこととされていますので，審査請求書が審査庁に郵送された日が審査請求期間の経過後であっても，郵便の消印の日付が審査請求期間内である場合には審査請求期間は遵守されたことになります。

206　第4章　自治体の争訟

Q46　審理員の立場から

　Q44の審査請求で，審査請求人は，口頭意見陳述の実施を希望しており，当日は，生活保護の支援をしている団体の支援者の出席も考えているとのことです。口頭意見陳述を実施するタイミングや当日の進行など，審理員としては，どのような点に気を付けて対応すればよいでしょうか。

A

　口頭意見陳述では審査請求人から処分庁に対する質問も可能となります。手続を主宰する審理員は，審査請求事件の審理に必要な事項の範囲を把握し，審査請求人の陳述や質問を的確に整理する必要があります。

1．審理手続

　平成26年に全部改正され，平成28年4月1日に施行された改正行審法による審理手続は，審理員が主宰し，審査請求人と処分庁が主張および証拠の提出を行う対審的構造をとることになりました。

　審査請求の審理は，改正前の行審法25条1項本文の規定では「審査請求の審理は，書面による」として書面審理主義である旨が明示されていましたが，法改正後も書面審理主義は維持されていると解されています。また，行政不服審査では手続の公正性と合わせて迅速な救済にも配慮しなければならないことから，審理手続の計画的進行（行審法28条）の要請もあり，審査請求が到達してから裁決をするまでに通常要すべき標準的な期間（標準審理期間）の設定も努力義務として定められています（同法16条）。訴訟手続のように双方当事者からの準備書面を何往復もさせるということはせず，処分庁からの弁明書の提出，これに対する審査請求人からの反論書の提出をもって審理を終結させるのが通常であり，さらに処分庁の再弁明，審査請求人の再反論を求めるような複雑な事件の割合はそう多くないものと思われます。

　審理員は，審査請求書，弁明書，反論書に基づいて審査請求の対象とされる行政処分の違法性・不当性の有無を審理，判断することになりますが，それぞれの書面の役割を整理すると次のようになります。

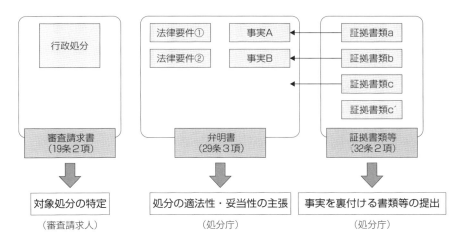

注　図中の（　）内は行審法の条項番号。

　①まず，審査請求人は，審査請求書において，審理対象となる行政処分を特定し，当該処分の違法事由を主張します。②これに対して処分庁は，弁明書において，当該処分の法律要件を充足する事実の存在を主張するとともに，当該事実の存在を裏付ける証拠書類を提出します。この際，審理員は，審査請求書の「審査請求の理由」欄の記載などから，特に争点となりそうな法律要件の解釈や事実関係などを想定し，処分庁に対して詳細な弁明を行うよう求めることが迅速な争点整理に資するものと思われます。③審査請求人が提出する反論書では，弁明書で主張された処分要件充足の各過程につき法令の解釈を争いまたは新たな事実の主張や証拠の提出をすることが考えられます。実務上は処分通知書において一応の処分理由は示されているものの，弁明書の記載から処分庁が処分の根拠とした具体的な事実関係や法適用の詳細が明らかになることも少なくないことから，反論書で審査請求人から新たな事情が主張される場合も想定されます。当該事情が処分の適法性を左右しうる事情であるかどうかによって，処分庁に対して再弁明を求めるかを判断することになります。

2．口頭意見陳述

(1)　口頭意見陳述の位置付け，実施時期

　書面審理主義の例外として，審査請求人に口頭で意見を述べる機会を与える

口頭意見陳述の手続が規定されています（行審法31条）。口頭意見陳述は書面審理を補充する手続であることからすると，弁明書・反論書が提出され，双方当事者の主張や立証が一通り出揃った時点で実施するのが効率的な審理に資するものと考えられます。

　審理員は期日および場所を指定して口頭意見陳述を実施することとされていますが，申立人が指定された期日に正当な理由がないにもかかわらず出頭しなかった場合には，口頭意見陳述権を放棄したとみなすことができ，再度口頭意見陳述の機会を付与する必要はないと解してよいと思われることから，同法41条2項2号の規定に基づき審理を終結することができると解されています。実務上は，①申立人に複数の期日候補日を打診し，②申立人からの回答を受け，③期日の指定という手順を踏むことになると思われますが，期日不出頭の場合には審理手続を終結するのが可能であることを念頭に置くと，これらのやりとりは書面で行い，期日指定通知も配達証明郵便等で送付するのがよいでしょう。

(2)　陳述事項

　行審法31条1項によれば「審査請求に係る事件に関する意見を述べる」ものと規定されていることから，処分の違法性・不当性に関する主張（処分の基礎とした事実の存否や法令の解釈）はもちろんのこと，処分性，不服申立適格のような審査請求の適法要件についても，本案の審理と関わるような論点については，審査請求人が口頭で意見を述べることを希望することがありうることから，陳述を認める趣旨であるとされています。

(3)　陳述の制限，質問の許可

①　審理員の権限

　審理員は，申立人（審査請求人）のする陳述が「事件に関係のない事項にわたる場合」や「その他相当でない場合」には制限することができるとされています（行審法31条4項）。この「その他相当でない場合」としては，同一の内容の発言の反復である場合や処分庁等の職員に対する誹謗中傷であって口頭意見陳述の趣旨に合致しない場合が考えられるとされています。

　また，審理員が許可した場合には，審査請求事件に関し，申立人から処分庁に対して質問を発することができるとされています（同条5項）。

② 陳述や質問を認めるべき範囲

改正行審法における対審的審理構造の下では，口頭意見陳述はすべての審理関係人を招集してさせるものとされ，処分庁の出席が義務付けられることなりました。口頭意見陳述の場における審理を充実したものにするためには，事前に審査請求人から質問事項を記載した書面を提出させ，処分庁には質問事項に対する応答を準備させることが望ましいとされています。もっとも，審査請求人と処分庁の職員が同席する場では，審査請求人から処分庁の職員に対する不満などの不規則発言がなされるような場面も想定されることから，審理員としては，「事件に関係のない事項にわたる場合」には陳述の制限をし，質問を許可しないとすることが重要です。口頭意見陳述が書面審理を補充する手続であることからすれば，審査請求人に許可すべき陳述，質問の範囲は反論書に記載されるべき事項と基本的には同一であると解されます。手続を主宰する審理員は，事前に事件記録を精査し，審査請求人の求める質問等が当該行政処分の処分要件充足の有無を左右する事項かどうかを的確に判断する必要があります。

(4) 補佐人の出頭，相互代理

審査請求手続を代理人に委任する場合，審査請求手続における書類の送付等は代理人宛てになされるのが通常です。他方で，審査請求人が，審査請求手続全般に関する代理人はなく，口頭意見陳述の手続に限って補佐人の同行を希望する場合があります。補佐人の出頭は審理員の許可を得る必要がありますので（行審法31条3項），期日指定通知書等で事前に補佐人同行の許可申請書を提出するよう案内しておくのがよいでしょう。

また，生活保護費の基準額の改定などでは，同種の行政処分に対して審査請求が大量に提起され，支援団体などを通じて多数の審査請求人が口頭意見陳述の場に出席（同席）することを希望することも想定されます。審査請求は非公開の手続であり，口頭意見陳述の手続も同様に解されるため，形式上は別の審査請求事件の審査請求人をそのまま同席させるのは個人情報の取扱いの観点からも難しいでしょう。そのため，審査請求人相互に代理人となる委任状を提出してもらった上で，相互代理人となっている者の審査請求事件をまとめて口頭意見陳述を実施するといった運用が考えられます。

210　第4章　自治体の争訟

Q47　第三者機関（審査会）の立場から

　当市では条例に基づき行政不服審査会を設置しています。審査会での調査審議手続や答申の作成など，審査会を円滑に運営していくために，審査会事務局の職員はどのような点に留意すればよいでしょうか。

A

　審査会が独自の調査を行う場合の行審法74条に基づく調査手続，審査会に提出された資料の閲覧，交付の求めがあった場合の拒否事由の判断（同法78条）の手続に特に注意が必要です。

1．根拠法令等

　地方自治体における行政不服審査会は，行審法81条1項（一部事務組合等の地方自治法の広域連携の仕組みを活用する場合も含まれます）または2項（条例に基づき事件ごとに設置する場合）の規定に基づき設置され，執行機関の付属機関としての諮問機関（第三者機関）と位置付けられます。付属機関（審査会）の組織および運営に関し必要な事項は，当該第三者機関を置く地方公共団体の条例等で定めることとされています（行審法81条4項）。

2．審査会の調査審議

　審査会の審査は，審理員による事実認定，法解釈に誤りがないかをレビューするものとされており，事件を一から審査することまでは求められていないため，審理員意見書を修文して答申を作成するのが通常の作業だと思われます。もっとも，審理員による審理が十分ではないと考えられる場合には，審査会が独自に審査関係人に主張書面または資料の提出を求め，適当と認める者に事実の陳述または鑑定を求め，その他必要な調査を行うことが法律上認められています（行審法74条）。たとえば，東京都行政不服審査会では，精神障害者保健福祉手帳の等級認定の考え方について処分庁の医師等に説明を求める（平成29年8月14日東京都行政不服審査会答申。http://www.soumu.metro.tokyo.jp/12houmu/toushinnaiyou.html），不動産評価とマンションの眺望との関係が争点となった

事件で審査会事務局の職員に実地を見分させて写真撮影報告書を作成させる（平成30年11月22日同答申）といった例がみられます。国の行政不服審査会運営規則では、審査会の調査審議の手続は非公開を原則としていますが（同規則28条）、各自治体が定める条例においても、審査会（あるいは部会）の行う調査審議も含めて同様に非公開とする定めが置かれているものが多いと思われます。

3. 審査会に提出された資料の閲覧・交付

　審査請求人から提出資料の閲覧、交付の求めがあった場合には、「第三者の利益を害するおそれがあると認めるとき」、「その他正当な理由あるとき」でなければ拒むことができません（行審法78条1項）。閲覧、交付の求めに応じる際には、当該書面の提出人（通常は処分庁）の意見（各自治体の保有個人情報保護条例で定める非開示情報の範囲と同一と考えられます）を聴かなければならないとされています（同条2項）。諮問の際に審査庁を通じて予め処分庁等の意見を記載した書面を提出させる方法または閲覧・謄写の求めがあった際に審査庁を通じて処分庁等の意見を個別に聴く方法が考えられます。審査会（あるいは部会）で拒否事由の有無を最終的に判断する必要があります。

　閲覧、交付の制度は審査会の調査審議手続における審査関係人の主張立証の便宜を図るためのものであることから、答申が行われた後は、閲覧・謄写を求めることはできないと解されています。

　また、同法81条3項の規定により読み替えて適用される同法78条4項の規定に基づき、各自治体の条例により閲覧・交付に係る手数料を定める必要があります。

4. 答申の公表

　審査会の答申は、説明責任を確保する観点から、その内容を公表することが義務付けられています（行審法79条）。答申の内容の公表は、審査庁が答申を尊重すべき義務（ただし法的拘束力まではないと解されています）を担保する意味を持つものと考えられています。個人を特定できる情報やいわゆるセンシティブ情報は被覆する必要があります。

Q48 審査庁の立場から―裁決書の作成・謄本の送達

裁決書の作成にあたり、再審査請求や訴訟についての教示など注意すべき点を教えてください。また、裁決書の謄本を審査請求人の住所に送付しましたが、配達されずに返送されてしまいました。このような場合に公示送達を行うことはできますか。

再審査請求の教示を付す必要があるかどうかは、事案ごとに個別法の規定を確認する必要があります。また、行審法51条2項の要件に該当する場合には、裁決書謄本の送達について、公示の方法による公示送達を行うことができます。

1. 裁決の時期

審査庁は、第三者機関（行政不服審査会）から答申を受けたときは、遅滞なく裁決をしなければならないとされています（行審法44条）。そのほか、審査庁による審査請求書の形式審査の段階で、審査請求人が審査請求書の不備を補正せず、または審査請求が不適法であって補正することができないことが明らかであることにより審査請求を却下する場合には（同法24条）、審理員を指名することなく裁決を行います。また、審理員意見書の提出後の段階でも、①審査請求が不適法であり却下すべき旨の審理員意見書が提出され、これを受けて審査請求を却下する場合、②審査請求に係る処分の全部を取り消すべき旨の審理員意見書が提出され、審査請求の全部を認容する場合、③審査請求人が諮問を希望しない旨の申出をした場合などには、行政不服審査会に諮問することなく、裁決をすることになります。

2. 裁決書の教示

裁決書には、①裁決の取消訴訟および②原処分の取消訴訟の教示（行訴法46条）、ならびに③再審査請求が可能な場合には、再審査請求ができる旨、再審査庁、再審査請求期間を教示する必要があります（行審法50条3項）。再審査請求は、個別の法律で定められている場合のみ（生活保護法66条、法定受託事務に

関する自治法255条の2等の規定）行うことができます（行審法6条）。審査請求が不適法であり却下する場合には，原処分に対する取消訴訟や再審査請求もすることはできないのが通常ですので，却下裁決の取消訴訟以外にも教示を付すことが適当かどうかは注意が必要です。

3．裁決書の送達

(1) 送達の方法

裁決の送達は，裁決書の謄本を審査請求人（または審査請求人代理人）に送付することによって行い，送達された時に効力が生じます（行審法51条1項）。裁決書謄本の作成方法は法律上特に定められていませんが，原本と同一の内容の文書の末尾に「謄本認証」を付す方法などが考えられます。

裁決書謄本の送達日については，取消訴訟の出訴期間や再審査請求期間が問題となった場合に，裁判所や再審査庁からの求めに応じて裁決庁が立証する必要がありますので，特段の事情がない限りは配達証明郵便により送付するべきであると考えられます。

(2) 裁決書謄本が送付できない場合

審査請求書記載の住所に送付した配達証明郵便が返送された場合には「送達を受けるべき者の所在が知れない場合」（行審法51条2項ただし書）として公示送達の方法によることを検討する必要があります。返送の理由が「不在のため持ち戻り」であれば「所在が知れないとは」いえないので，再度の送達を試みることになります。「宛所尋ねあたらず」により郵便が返送された場合でも，公的記録を調べることにより容易に所在が判明するような場合には，公示送達を行うことはできないとされています。①審査請求書に記載された住所地の住民票または除票を住民基本台帳法12条の2第1項により請求し取り寄せる（請求事由は「行政不服審査法51条の規定により，上記審査請求人あて裁決書謄本を送達する必要があるため。」等）。②取り

214 第4章 自治体の争訟

寄せた住民票等に転出先が記載されている場合には，当該住所へ配達証明郵便で送達する。③さらに転居先不明で返戻されたときは，再び住民票を取り寄せる等の調査が考えられます。

(3) 公示送達の方法

公示送達の方法は，①「審査庁が裁決書の謄本を保管し，いつでもその送達を受けるべき者に交付する」旨を審査庁の掲示場に掲示し，かつ，②その旨を官報（地方自治体の場合は公報）に掲載します。ただし，裁決書謄本は審査請求人が受領するまで審査庁で保管しなければならないことには注意が必要です。

【官報の記載の例】

- ○○県告示第○○○号

行政不服審査法（平成二十六年法律第六十八号）第五十一条第二項及び第三項の規定に基づき，左記のとおり公示送達する。

令和○○年○○月○○日

○○県知事　○○　○○○

記

一　送達を受けるべき者の住所及び氏名

審査請求時の住所　○○県○○市○○町四丁目三十五番一号

現住所　不明

審査請求人　甲野　太郎

二　公示事項

審査請求人が，平成二十八年十一月十三日付けで当庁に提起した審査請求について，当庁は，平成二十九年四月二十四日付けで裁決をしたが，審査請求人の所在が不明のため，同人に裁決書の謄本を送付できない。よって，右裁決書の謄本は，当庁（総務部法務課）において保管し，いつでもこれを交付するから，審査請求人は当庁に出頭の上受領されたい。

COLUMN 4
改正民法と自治体実務

　改正民法の施行により，自治体実務は影響を受けると考えられているため，以下では，その具体的な場面を簡単に指摘します。

　まず，消滅時効について時効期間と起算点が見直されるので，私債権を管理する部署は影響を受けます。たとえば，短期消滅時効の廃止により，水道料金債権や公立病院の診療報酬債権などの消滅時効の期間が変わります。時効期間についての改正後の規定は，改正民法の施行日以後に生じた債権に適用されます（もっとも，施行日以後に生じた債権であっても，その発生原因である法律行為が施行日前になされたものについては，改正民法が適用されないことに注意が必要です（改正法附則10条））。

　次に，保証人に対する保護が拡充されるので，自治体が債権者として保証契約を締結する場合には注意が必要です。たとえば，公営住宅の入居等の場面で個人と根保証契約を締結する際には，極度額を定める必要があります。また，自治体が事業融資を行う場合に個人との間で保証契約を締結する際には，一定の場合を除き（改正民法465条の9），公正証書による保証意思の確認が必要となります。さらに，保証契約締結後において自治体（債権者）は，委託を受けた保証人に対して，主債務者の履行状況等に関する情報提供義務を負いますので，個人情報保護条例等との関係を整理しつつ情報提供を行うことになります。ほかにも，連帯保証人に対する履行の請求が主債務者に対して効力を生じないこととなりますので，予め主債務者との間でこの点を意識した時効の更新に関する合意をしておくことが重要です。

　また，定型約款に関する規定が新設されるため，私法上の契約を締結する際に，例規等を約款として用いている部署は，同約款の定型約款該当性や運用等について整理が必要と考えられます。たとえば，給水契約における水道供給に関する規程や公営交通事業における規程については，それらの位置付けや改正時の手順等の整理が必要と考えられます。

　ほかにも，工事委託契約を締結する部署は請負に関する見直しにより，公営住宅を管理する部署は賃貸借に関する見直しにより影響を受けると考えられるため，契約書や関係例規の見直し等の準備が必要と考えられます。

2 自治体が当事者となる訴訟

Q49 指定代理人制度（権限法）

これまで県が当事者となる訴訟では，委任した外部の弁護士が訴訟代理人として訴訟対応を行っていましたが，今後は外部の弁護士に加えて職員も指定代理人として訴訟対応を行うことを検討しています。職員を指定代理人とする場合の手続や実務上の利点はどのようなものがあるでしょうか。

地方自治体の職員は，訴訟において当該自治体を代表する長の権限の委任を受け，訴訟における代理人となることができます。指定代理人となった職員は，裁判上，訴訟代理人弁護士と同一の権限を行使できますので，法廷での訴訟活動をはじめとする各種の裁判手続を自己の名をもって行うことができます。

1．指定代理人制度

(1)　「弁護士代理の原則」の例外

　民事訴訟法54条1項によれば，法令により裁判上の行為をすることができる代理人のほか，弁護士でなければ訴訟代理人となることができないとして，弁護士代理の原則が規定されています。

　地方公共団体が当事者となる訴訟において当該地方公共団体を代表するのは知事や市長となりますが，知事や市長が実際に法廷の場に出向いて陳述等するということは通常考えられません。そこで，委任を受けた弁護士が知事等を代理して訴訟活動を行うほか，当該地方公共団体の職員も指定代理人として訴訟における知事等の権限を代理して行うことができます。

(2)　根拠規定

　国の利害に関係のある訴訟についての法務大臣の権限等に関する法律（いわゆる「権限法」）では，国を当事者とする訴訟では法務大臣が国を代表するとされ（同法1条），法務大臣は，所部の職員でその指定するものに同法1条の

訴訟を行わせることができる（同法2条）と定められており，これを「指定代理人」と呼んでいます。

　地方公共団体の場合には，国の権限法のような訴訟における代理権を定めた特別の法律はありませんが，自治法の一般的な権限の委任に関する規定（同法153条1項）を根拠として，訴訟において地方公共団体を代表する知事や市長の権限の委任を受けることになります。

　また，地方公営企業の管理者は，地方公営企業業務の執行に関し当該地方公共団体を代表するとされていることから（地公企法8条1項），訴訟における代表者は管理者（水道局長等）となります。この場合，管理者（水道局長等）の訴訟に関する権限を公営企業職員（水道局職員等）が代理して行うことができます。

2. 指定代理人が行うことができる行為

(1) 訴訟処理体制のパターン

　地方公共団体が当事者となる訴訟の処理体制としては，①弁護士に対応を一任する，②職員（指定代理人）のみで対応する，③弁護士と職員（指定代理人）の共同で対応することが考えられます。自治体の規模や事件数の多寡，あるいは事案の特殊性（本人訴訟の場合や支払督促のように口頭弁論手続を要しない場合は指定代理人のみで対応し，専門性が高い事件や政治色の強い事件は外部弁護士に委任する等）に応じて処理体制を使い分けることも想定されます。

　指定代理人として訴訟に関与する場合の最も大きな違いは，法廷の場で傍聴席に座るのではなく，当事者（原告・被告）席で裁判所や相手方当事者（代理人）への対応を直接的に求められるといった点に現れますが，法廷での訴訟活動のほか，裁判上のさまざまな手続の主体として関与することができるようになります。たとえば，訴訟の当事者，訴訟代理人は準備書面等の送達場所を書面により裁判所に届け出なければならないとなっていますが（民事訴訟法104条1項，民事訴訟規則41条1項），指定代理人が指定されている場合には，弁護士事務所ではなく役所の法務担当課の住所・ファクシミリを送達場所として，準備書面等の受領を行い，指定代理人の名をもって受領書を送付することができます。そのほかに，口頭弁論の期日の指定がなされたときの期日請書の提出や

218 第4章 自治体の争訟

証人尋問調書等の謄写・閲覧の申請，判決正本の受領等も指定代理人の氏名と押印をもって行うことができます。代理人弁護士と指定代理人が共同して事件を処理する場合でも，弁護士を経由して書面の受送達等をする場合に比べて主体的かつ迅速な対応が可能となります。また，訴訟の終了後も，判決の確定証明（たとえば，控訴期間を経過したことにより判決が確定したことおよびその日にちを裁判所書記官が公証するもの）の申請や強制執行を行うための執行文付与の申立てなど，指定代理人が自ら行うことにより円滑な処理が可能となる手続も各種想定されます。

(2) 指定代理人制度の活用による法務能力の向上

訴訟の帰趨は，法令解釈以前に原告，被告双方がそれぞれ自己にどれだけ有利な事実を主張・立証するかという事実関係によって決せられるものであり，まず第一に事実関係の適切な把握が必要となります。たとえば，訴訟に至る前の段階で法律相談を受ける際，訴訟上の権利として認められるためにはどのような事実が必要か，どのような証拠が揃っていれば当該事実を立証することが可能かなどの具体的な事実関係や証拠に基づくことなく，所管課の述べる抽象的な事実関係を前提に判例等をリサーチするだけでは必ずしも妥当な結論を導くことはできません。訴訟業務（訟務），例規審査，政策法務等の法律に関連する分野の業務をどのような組織体制で分担するかは各自治体の体制によるものと思われますが，指定代理人としての経験は，当該自治体の法務能力の向上に資すると考えられます。

3. 代理人指定の手続

訴訟代理人の権限は，書面で証明しなければならないとされているので（民事訴訟規則23条1項），弁護士に委任する場合の訴訟委任状の代わりに「代理人指定書」を裁判所に提出する必要があります。また，訴訟代理人の権限が消滅した場合には，その旨を相手方に通知し，裁判所に書面で届け出なければならないとされていますので（同規則23条2項，民事訴訟法59条・36条1項），人事異動等により訴訟担当者が変わった場合には，新たに担当となった職員に訴訟の代理権限を委任する代理人指定書を提出することに加えて，担当から外れた職員についての「代理権消滅の通知」をする必要があります。

Q49 指定代理人制度（権限法） **219**

【代理人指定書」の記載例】

代 理 人 指 定 書

〒○○○－○○○○　○○県○○市○○町二丁目８番１号

○○県総務部法務課

電話　（○○○）○○○○－○○○○（直通）

ＦＡＸ　（○○○）○○○○－○○○○

　　　　　　　　　　　　　○○県職員　　甲野　太郎

　　　　　　　　　　　　　同　　　　　　乙野　花子

上記の者らを代理人に指定し，次の事項を行わせる。

1　原告○○県，被告○○外１名間の○○地方裁判所平成３０年（　　）

　　第　　　　　号建物収去土地明渡等請求事件…注１

2　上記事件に関し，民事訴訟法第５５条第２項に規定する行為をなす権限…注2

　令和○○年○○月○○日

　　　　　　○○県知事　　○○　○○○　公印

注１：事件の表示。地方自治体が原告となる場合には，事件番号は空欄。訴状を提出後に裁判所で事件番号が付される。

注２：民事訴訟法55条２項の規定により，訴えの取下げ，和解，請求の放棄・認諾などは特別の委任が必要となる（特別授権事項）。代理人指定書に記載がない場合には，和解等をする際に特別授権の委任状が別途必要となる。

【「代理権消滅の通知」の記載例】

　　　　　　　　　　　　　　　　　　　　３１総総法第１２３号

　　　　　　　　　　　　　　　　　　　　令和元年○月○○日

被告　中央花子

上記代理人　弁護士　経済次郎　殿

　　　　　　　　　　　○○県知事　　○○　○○○　公印

代理権消滅の通知

220　第4章　自治体の争訟

　原告○○県，被告中央花子人外1名間の建物収去土地明渡等請求事件（東京地方裁判所平成29年（ワ）第12345号）について，下記の者を代理人に指定していましたが，平成30年3月31日限り，同人の代理権は消滅したので通知します。

記

　　　　　　　　　○○県職員　　　　甲野　太郎

【「代理権消滅の通知」の記載例】

31総総法第123号
令和元年○月○○日

○○地方裁判所民事第12部B2係　　御中

○○県知事　　○○　○○○　[公印]

代理権消滅の届出

　原告○○県，被告中央花子外1名間の建物収去土地明渡等請求事件（○○地方裁判所平成29年（ワ）第12345号）について，下記の者を代理人に指定していましたが，平成30年3月31日限り，同人の代理権は消滅し，その旨を原告らに通知しましたので届け出ます。

記

　　　　　　　　　○○県職員　　　　甲野　太郎

　また，長からの権限の委任につき，当該自治体の組織規程等に基づき，訴訟業務を所管する法務担当課の職員が長からの権限の委任を受けることができるものと整理している場合が多いと思われます。法務担当課に加えて所管課の職員も指定代理人に入れる場合には，法務担当課との併任発令処理（人事異動があった場合には併任解除）も必要となります。

Q50　処分の取消訴訟等の抗告訴訟

本県では，県の住民らにより構成されている団体から，集会を行うことを目的として，公園を使用するための許可申請を受けました。不許可処分がなされた場合には，集会の予定日が迫っているため，弁護士と相談して直ちに法的措置を講じるといっています。法務担当の職員としては，どのような類型の訴訟が提起されることを想定して準備等をすればよいでしょうか。

処分の取消しの訴えと併せて仮の義務付けの訴えなどが提起される場合や処分の執行停止の申立てがなされた場合には，極めて短期間での訴訟対応が求められます。このような訴訟類型が想定される事案では，法務担当課は処分を行おうとする段階から所管課に関与する必要性が高いといえます。

1．抗告訴訟の種類

行訴法では，「行政事件訴訟」とは，「抗告訴訟」，「当事者訴訟」，「民衆訴訟」（住民訴訟，選挙訴訟等），「機関訴訟」（国・公共団体の機関相互における

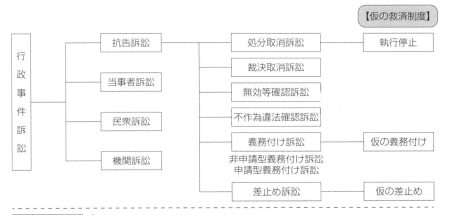

222 第4章 自治体の争訟

紛争）をいうと定義しています（同法2条）。このうち「抗告訴訟」は「行政庁の公権力の行使に関する不服の訴訟をいう」と定義され（同法3条1項），「処分の取消しの訴え」，「裁決の取消しの訴え」，「無効等確認の訴え」，「不作為の違法確認の訴え」，「義務付けの訴え」，「差止めの訴え」が法定されています（同条2項〜7項）。

2．処分の取消しの訴え・義務付けの訴え・仮の義務付け

　本設問の事例の場合，公園の使用を不許可とされることが不服の対象となるため，同不許可処分の取消しを求める取消訴訟（行訴法3条2項）を提起するのが直接的です。もっとも，不許可処分が取り消されたとしても，それだけでは使用申請に対する諾否の応答が存在しない状態となるのみであり，公園の使用が可能になるわけではありません。そのため，不許可処分の取消しを求めるとともに，許可処分の義務付けを求める訴えを提起する必要があります。義務付け訴訟には，申請行為を前提として許可の義務付けを求める「申請型義務付け訴訟」（同条6項2号）と申請行為を前提としない類型の処分の義務付けを求める「非申請型義務付け訴訟」（同項1号）があり，本設問は許可申請を前提として許可を求める申請型義務付け訴訟になります。

　さらに，訴訟の審理の結果，裁判所が不許可処分が違法であり使用を許可すべきであるとの判断に至ったとしても，集会の予定日が既に過ぎてしまっている場合には，使用の許可を義務付ける判決を出すことでは目的を達することはできません（なお，訴訟の審理中に使用期間を経過した場合には，不許可処分の取消しを求める訴えの利益は失われたものとして，訴えが却下されることになる可能性が高いです）。そこで，本設問のように使用予定日が差し迫っている場合には，同日までに公園の使用を義務付ける本案訴訟の判決が確定することはありえないといえるので，仮の義務付けを求める申立てをすることが目的に適った訴訟方法の選択ということになります。

3．行政処分の執行不停止の原則，その他の抗告訴訟

(1)　執行停止の申立て

　行政処分には公定力があり，処分の取消訴訟を提起しても当該処分の効力等

が妨げられることはありません（行訴法25条1項。執行不停止の原則）。そこで，営業停止処分のように処分が取り消されるまで不利益な状態が継続する場合には，処分の取消しに加えて，処分の執行停止の申立て（同法25条2項）を行う必要があります。同法にはこのような仮の救済手段として執行停止，仮の義務付け，仮の差止めがあります。

(2) 差止めの訴え・仮の差止め

また，具体的な行政処分が行われていない段階では，取消訴訟の対象となるべき処分が存在しないことになります。処分がされる前の手段としては処分の差止訴訟（行訴法3条7項）があります。本案判決がなされるまで待っていたのでは処分がなされてしまう場合には，仮の差止めを求める申立て（同法37条の5第2項〜5項）を併せて提起することになります。

(3) 不作為の違法確認の訴え

行政庁に対して法令に基づく申請を行ったものの，申請内容を変更するよう求める行政指導等が長期間にわたり続けられ，申請に対する諾否が示されない場合などには，不許可処分が存在しない以上，その取消しを求める取消訴訟も提起することができないため，「不作為の違法確認の訴え」（行訴法3条5項・37条）が想定されます。ただし，より直截な救済手段として義務付け訴訟があり，申請型義務付け訴訟は不作為の違法確認の訴えと併合提起しなければならないと定められています（同法37条の3第3項）。

(4) 無効等確認の訴え

行政処分には，行政行為の安定と早期確定の要請から出訴期間の制限の規定が設けられており，出訴期間の経過後は当該処分の効力を争うことができなくなりますが，処分に重大かつ明白な違法が存在することを要件として無効確認の訴えを提起することが想定されます。

4. 国家賠償請求等の関連請求

本設問の事例では，処分の取消訴訟と併合して，公園の使用を違法に不許可処分とされたとして国賠法1条1項に基づき慰謝料の支払いを求める訴えを提起することも考えられます。また，集会予定日までに訴訟が提起されなかったとしても，事後的に，違法な不許可処分がなされて集会を行うことができな

224　第4章　自治体の争訟

かったことにより損害を被ったとして同項に基づく損害賠償請求訴訟が提起されることも想定されます。

5．行政事件特有の規定

　行政事件は簡易裁判所や地方裁判所の支部では取り扱えないことと規定されていますので，当該地方公共団体の所在する都道府県の地方裁判所の本庁に係属することになります（行訴法12条1項）。訴状が送達された際の事件番号が民事訴訟（通常事件）は「ワ」，行政事件訴訟は「行ウ」とされていますので，民事事件か行政事件を判別する一つの基準となります。

　同法に定めがない事項については，民事訴訟法の例によるとされていますので（同法7条），基本的な手続は民事訴訟と同様になりますが，行訴法では処分性（同法3条2項），原告適格（同法9条），狭義の訴えの利益（同条1項かっこ書），出訴期間（同法14条1項），不服申立前置（同法8条1項ただし書）などの訴訟要件が定められており，却下判決の割合が少なくないことから，応訴方針を決める際には重要な考慮要素となります。

6．応訴対応

　公園使用の仮の義務付けを認容した大阪地決平26・9・16裁判所ウェブサイト〔平26（行ク）103仮の業務付け申立事件）の事案では，以下の時系列のように，処分庁に対して数開庁日で書面提出を求めた上で，裁判所の判断がなされています。

平成26年7月8日	公園の使用許可申請（集会予定日は9月21日）
平成26年7月30日	不許可処分
平成26年9月3日	不許可処分の取消訴訟提起，仮の義務付け申立て
平成26年9月10日	相手方（被告）が主張書面（意見書）を提出
平成26年9月12日	申立人（原告）が主張書面（意見書）を提出
平成26年9月16日	裁判所の決定（仮の義務付けの申立てを認容）

　許可申請がなされてから実際に不許可処分がなされるまでには，申請者と所管課の間で使用条件の調整や不許可の見込みを伝えるなどの何らかのやりとりがなされるのが通常だと思われます。交渉の経緯などから訴訟提起が予想され

る場合には，所管課と法務担当課で速やかに情報共有すべきでしょうし，日ご
ろからそのような体制を整備するのが重要だと考えられます。法務担当課では，
仮の義務付けや執行停止の申立てが想定される事案では緊急の対応が必要とな
ることを所管課に説明し，不許可処分を行おうとする段階から法的根拠や資料
を整理して，訴訟提起に備えておくことが大事です。

226　第4章　自治体の争訟

> **Q51　国家賠償訴訟における留意点**
>
> 　住民が，職員の違法行為により損害を被ったとして，5,000万円の支払いを求める国家賠償請求訴訟を提起しました。できれば和解をしたいと考えていますが，金額の折り合いがつかず，判決で決着をつけることになった場合，敗訴額によっては，控訴することも検討しています。和解する場合と控訴する場合について，それぞれ留意すべき点はありますか。

　和解・控訴の前に，議決または長の専決処分が必要となるので，どのタイミングで決裁をとるか，どの部署が議会対応等をするのか等について予め計画を立てておく必要があります。

1．議会の議決事項

　普通地方公共団体の議会は，「普通地方公共団体がその当事者である……訴えの提起……，和解……，あっせん，調停及び仲裁に関すること」について，議決しなければならないとされています（自治法96条1項12号）。

(1)　訴えの提起

　「訴えの提起」には，控訴等の上訴の提起や附帯控訴（民事訴訟法293条）が含まれますが，保全命令や保全異議の申立て（民事保全法13条・26条），支払督促の申立て（民事訴訟法383条），即時抗告（同法223条7項）は含まれないと考えられています。

　もっとも，支払督促に対して適法な督促異議の申立てがあり，訴えの提起があったものとみなされる場合（同法395条），議会の議決が必要になりますので注意が必要です（最判昭59・5・31判時1120号37頁）。

(2)　和　　解

　和解には，民法上の和解（民法695条），訴訟上の和解（民事訴訟法267条），訴訟提起前の和解（同法275条）のすべてを含みます。

2. 例　　外

　ただし，以下の場合は，議決を得る必要がありません。

(1)　自治法179条にあたる場合

　①議会が成立しないとき，②自治法113条ただし書の場合においてなお会議を開くことができないとき，③普通地方公共団体の長において議会の議決すべき事件について特に緊急を要するため議会を招集する時間的余裕がないことが明らかであると認めるとき，④議会において議決すべき事件を議決しないとき，当該普通地方公共団体の長は，その議決すべき事件を処分することができるとされています（同法179条1項。以下，本設問では上記③の専決処分を「緊急専決処分」といいます）。

　また，普通地方公共団体の長は，次の会議において専決処分について議会に報告し，その承認を求めなければならないので，注意が必要です（同条3項）。

(2)　自治法180条にあたる場合

　普通地方公共団体の議会の権限に属する軽易な事項で，その議決により特に指定したものは，普通地方公共団体の長において，これを専決処分にすることができるとされています（自治法180条1項。以下，本設問では同条の専決処分を「委任専決処分」といいます）。

　ただし，かかる場合においても，普通地方公共団体の長は，専決処分について議会に報告しなければなりません（承認は不要）ので，注意が必要です（同条2項）。

　「軽易な事項」は客観的にみて軽易であることが必要となります（後掲・松本631頁）。東京高判平13・8・27判時1764号56頁では，地方公共団体が応訴した訴訟事件に係る和解をすべて「軽易な事項」として扱っていたことについて，「およそ都が応訴した訴訟事件に係る和解のすべてを知事の専決処分とすることは，あまりに広範囲の和解を知事の専決処分にゆだねるものといわざるを得ない。」とし，「応訴事件に係る和解のすべてが軽易な事項であるとすることは，「和解」を原則として議会の議決事件とした法96条1項12号及び議会の権限のうち特に「軽易な事項」に限って長の専決処分にゆだねることができる旨を規定している法180条1項の趣旨に反するものであって，本件議決は，都議会に

ゆだねられた上記裁量権の範囲を逸脱するものというべきである。」と判断しました。

　もっとも，同裁判例においては，「法180条1項にいう軽易な事項に該当するか否かの判断は，第一次的には当該普通地方公共団体自身の意思，すなわち，住民の代表者で構成される議会の判断にゆだねられているものというべきである。」ともされているところです。

(3)　適用除外にあたる場合

　地公企法40条2項により，地方公営企業の業務に関するもので，地方公共団体がその当事者である訴えの提起，和解，あっせん，調停および仲裁については，条例で定めるものを除き，自治法96条1項12号の規定は，適用されないものとされていますので，かかる場合には原則として議決を得る必要はありません。

┃3．本件へのあてはめ

(1)　和解について

　1のとおり，原則として，議決が必要ですが，2の例外にあたる場合，議決は不要となります。ただし，和解の場合，控訴期間のような法律上の期間制限がないため，「特に緊急を要するため議会を招集する余裕がないことが明らかであると認めるとき」という要件を満たすことは難しいと考えられます。

(2)　控訴について

　1のとおり，原則として，議決が必要ですが，2の例外にあたる場合，議決は不要となります。なお，控訴の場合は，判決書等の送達を受けた日から2週間の控訴期限がありますので（民事訴訟法285条），控訴期間が満了するまで議会が閉会中である等の事情があり，「特に緊急を要するため議会を招集する余裕がないことが明らかであると認めるとき」との要件を満たす場合，緊急専決処分をすることができるものと考えられます。

┃4．実務上の対応

(1)　対内的な対応

　訴訟対応部門と事業部門が分かれている場合，事業部門に対して和解・控訴

の際には議決あるいは長の専決処分を要することを説明する必要があります。特に，控訴する場合は，訴訟の見通しや議会の開催期間と必要な手続等について情報共有する必要があります。

また，議会対応や長，決裁関与者への説明，議案の作成・提出等について，どの部署が行うか，どのようなスケジュールで行うかも調整した上で進めていく必要があります。

(2) 対外的な対応

和解をする場合，裁判所および相手方代理人に（さらに，地方自治体が当該事件の処理について弁護士に委任している場合は弁護士にも），議決または長の専決処分が必要であることを知らせておいたほうがよいでしょう。また，議決の場合はもちろん，専決処分の場合であっても議会への承認・報告事項であるため，住民に対して和解の内容が公表されることも場合によっては知らせる必要があります。

和解を成立させる期日も，議決が必要な場合は，議決が得ることができた後に，専決処分の場合，専決処分を得るのに必要な期間経過後に指定してもらう必要があります。

5．補足説明（三者間の和解の場合）

地方自治体が当事者となっている訴訟で国や他自治体，個人などの相被告がいる場合があります。地方自治体との関係では議決で指定した額に満たないものの，相被告が議決で指定した額を超過した金額で和解する場合，当該地方自治体において議決が必要となるか問題となりますが，当該地方自治体との関係では議決で定めた額を超過しないものとして，委任専決処分を得れば足りると考えることができるでしょう。

《参考文献》
松本英昭『新版　逐条地方自治法〔第9次改訂版〕』（学陽書房，2017）
地方自治制度研究会編『地方自治関係実例判例集〔第十五次改訂版〕』（ぎょうせい，2015）

230　第4章　自治体の争訟

Q52　自治体から見た住民訴訟

　住民である原告らは，現在の知事（執行機関）を被告として，住民訴訟を提起しました。原告らは，前知事が特定の団体に対して違法に補助金を支出した旨主張しており，被告に対して，前知事個人に損害賠償請求をするよう求めています。

　被告の担当者としては，どのような点に留意して訴訟に臨むとよいですか。

A

　住民監査請求の結果等被告が有する関係資料を確認し，訴訟方針を決定します。原告らの請求を争う場合には，訴訟要件の有無も確認しつつ，資料等に基づいて，適法に補助金の支出がなされたことを主張することになります。

1．住民訴訟の概要

　住民訴訟とは，地方公共団体の執行機関または職員の違法な財務会計上の行為（公金の支出や財産管理等）の是正等を求める訴訟です。住民訴訟については，自治法242条の2第1項に4つの類型の請求が規定されています。4つの類型中，地方公共団体の執行機関（知事等）または職員に対して，違法な財務会計上の行為を行った職員等に損害賠償請求や不当利得返還請求をするよう求めるものを，4号請求といいます。

　本設問の事案において原告らが被告に求めているのは，（前知事が特定の団体に対して違法に補助金を支出した旨の主張を前提とした）現在の知事が前知事個人に損害賠償請求をすることです。すなわち，本設問の事案における原告らの請求は，いわゆる4号請求であって，訴状の請求の趣旨は，「被告は，△△（前知事個人）に対し金○○円及びこれに対する令和○○年○月○日から支払い済みまで年5分の割合による金員を請求せよ。」となっているものと考えられます。

2．訴訟対応の留意点―時系列に沿って

(1) 訴状受領直後

訴状等で原告の主張を確認し，（訴状と同時に送達される）「第1回口頭弁論期日呼出状及び答弁書催告状」で第1回の裁判が行われる日時や答弁書（被告が提出する書面）の提出期限等を確認します。答弁書の提出期限までは，訴状を受け取ってから1カ月程度しかないため，スケジュール管理が重要です。この段階で，訴訟対応を弁護士に委任するのか否かの検討も行います（今回は，被告の職員のみで対応する前提で説明を行います。弁護士に委任する場合も基本的には以下の留意点があてはまりますが，その他にも弁護士費用に関する予算措置等が必要となります）。なお，4号請求に係る訴訟が提起された場合，被告である執行機関等は，遅滞なく，損害賠償請求等の相手方（職員等）に対して訴訟告知を行う（訴訟に参加する機会を与える）必要がある（自治法242条の2第7項）ため，早期にこれを行います。

(2) 第1回期日に向けた準備（答弁書の作成）

① 訴訟方針の決定

被告としては，答弁書の提出期限までに，答弁書を作成して裁判所に提出する必要があります。この提出期限までに，被告の訴訟方針（原告の請求を認めるのか否か等）を決めた上で，答弁書を作成して提出する必要があります（事案が複雑な場合等具体的な主張を行う時間的な余裕がないときは，具体的な主張は追って行う旨の答弁をする場合もありますが，今回は，答弁書で具体的な主張を行う場合の説明を行います）。答弁書作成の準備の段階では，適法な訴えか否か（訴訟要件の有無）の確認も行います。たとえば，住民訴訟においては適法な監査請求の前置が訴訟要件となりますので，これを欠く場合には却下を求めます。

本設問の事案においても，適法な監査請求の前置がなされていれば，被告は，監査請求に関する資料を有しているはずです。被告としては，監査請求の結果や監査請求の対象となった事案に関して有する資料等を確認し，原告らの請求に理由があるのか否かを検討します。その上で，検討結果に基づいて訴訟方針を決定し，答弁書の作成にとりかかります。

232　第4章　自治体の争訟

②　住民訴訟における主張立証

　職員等による財務会計上の行為（公金の支出等）の違法性や相手方に対する損害賠償請求権の成立を基礎付ける事実の主張とその立証の責任は，基本的には，原告が負うと考えられています。もっとも，「原告のみならず被告においても，財務会計行為の適法性等について，自ら積極的な主張立証をしていくことが期待され，それがひいては，適切な審理及び判断の実現につながるものと思われる。」（定塚誠編著『行政関係訴訟の実務』（商事法務，2015）522頁）との考えもあります。この考えによれば，被告には，前知事による特定団体への補助金の支出について，当該支出が適法であったことの主張と立証が期待されていることになります。すなわち，補助金の支出は「公益上必要がある場合」に可能である（自治法232条の2）ことから，公益上必要があると地方公共団体の長が判断したことに裁量権の逸脱または濫用がなかったことの主張と立証を，被告のほうで行うことが期待されていることになります。被告としては，たとえば，最判平17・11・10判時1921号36頁（地方公共団体の長に裁量権の逸脱濫用が認められない旨を判示）で総合的に勘案された事情（事業の目的，地方公共団体と事業との関わりの程度，補助金の趣旨等に加え，地方公共団体の議会の関与の有無とその程度，さらには支出を受けた団体に不正の利益をもたらすのか否か等の事情）を答弁書等で主張立証していくことが考えられます。

(3)　訴訟における審理過程（第1回期日～結審まで）

　第1回期日では，訴状（原告提出）と答弁書（被告提出）に記載された双方の主張が法廷で陳述され，証拠の提出（証拠が原本として提出されていれば証拠の原本確認）等が行われます。第1回の期日以降，原告の請求に理由があるのか否かについて，双方から陳述された主張や，提出された証拠等に基づき審理が行われます。

　本設問の事案の場合，財務会計上の行為（前知事による特定団体への補助金支出）の違法性の有無が審理の中心となります。被告としては，当該団体に対する補助金の支出に公益性があったこと等を主張立証していくことになります。

(4)　結審後判決に向けた準備

　双方の主張立証が尽くされると，審理が終了し（裁判は結審となり），判決言渡期日（判決日）が示されます。被告の担当者としては，判決日までに，判

決内容に応じた被告の動き（必要な対応）をシミュレーションしておきます。まず，勝訴した場合については，判決文の内容の確認と検討（控訴される可能性等）が必要となります。他方，敗訴した場合については，判決文の内容を確認し，敗訴理由と控訴による勝訴（逆転）の可能性についての分析等が必要となります。控訴は，判決文を受領した日から2週間以内に行う必要がある（民事訴訟法285条）ことから，判決文の分析等を早急に行い，期間内に被告として控訴するか否かを決定しなければなりません。そのため，判決文受領後は控訴するか否かの判断に時間が割けるよう，控訴に向けた事務的な準備は，判決日前に行っておくとよいでしょう。具体的には，判決を行った裁判所に対して高等裁判所宛ての控訴状を提出すべきこと（同法286条1項）や控訴には議会の議決が不要であること（4号請求は執行機関が被告となるものであり，地方公共団体が当事者となる訴訟ではないため）の確認等をしておきます。

(5) 判決後の対応

判決後は，判決結果に応じて必要な検討と対応を行います（(4)参照）。上訴がない場合等判決が確定した際は，裁判所で確定証明書を取得します。

3. 補足—権利放棄の議決と平成29年地方自治法改正

地方公共団体は，住民訴訟の対象とされた損害賠償請求権等についても，議会の議決により放棄することができます。もっとも，当該議決の有効性については，判例上，個別の事案における事情を総合考慮するものとされています（具体的な考慮事情とその評価等については，伴義聖＝山口雅樹『実務 住民訴訟〔新版〕』（ぎょうせい，2018）205頁に掲載された図表が参考になります）。

なお，自治法の改正により，職員等への損害賠償請求を一定の額に限定する条例の制定が可能となります（同法243条の2。令和2（2020）年4月1日施行）。

《参考文献》
定塚誠編著『行政関係訴訟の実務』（商事法務，2015）
伴義聖＝山口雅樹『実務 住民訴訟〔新版〕』（ぎょうせい，2018）

Q53 道路管理瑕疵と自治体の責任

住民が，区域内の道路を自転車で走行中，道路のくぼみに自転車の前輪がはまり，転倒し，全治3週間のケガを負ったとして，治療費や慰謝料等を求める国家賠償請求訴訟を提起しました。

この場合，当庁は損害賠償責任を負うことになるのでしょうか。また，庁内でどのような調査が必要になるのでしょうか。

国賠法2条に基づき損害賠償責任を負う可能性があります。また，道路管理者が誰か，瑕疵があるといえるかなどについて調査する必要があります。

1．国賠法2条

国賠法2条1項は「道路，河川その他の公の営造物の設置又は管理に瑕疵があったために他人に損害を生じたときは，国又は公共団体は，これを賠償する責に任ずる。」と定めています。

そして，2条責任が認められるためには，①公の営造物の設置管理の瑕疵の存在，②原告の権利または法律上保護される利益が①によって侵害されたこと，③損害の発生およびその額，④②と③の因果関係，⑤被告が①の営造物の設置管理者であることを主張立証する必要があります。

どの事実が問題になるかはケースバイケースですが，以下の項目では，実務上注意を要する点を中心に説明します。

2．道路管理者

(1) 道路の種類と道路管理者

道路法上，道路は，高速自動車国道，一般国道，都道府県道，市町村道に分類されます（同法3条）。

そして，このうち高速自動車国道と，一般国道のうち政令で指定する区間（指定区間）内については国（国土交通大臣）が（同法13条1項・18条1項），指定区間以外の一般国道と都道府県道は原則として都道府県（同法13条1項・15

条・18条1項），市町村道は市町村が（同法16条）道路管理者とされています。

　道路法上の道路ではない道路（＝道路法の適用がない道路）としては，道路運送法上の道路や私道，里道等があります。

　里道とは，明治9年6月8日太政官達第60号で定められた道路の種類で，旧道路法制定後，道路認定されなかったものです（公図に赤色で示されているため「赤道」と呼ばれることもあります）。地方分権推進計画（平成10年5月29日閣議決定）の策定や地方分権の推進を図るための関係法律の整備等に関する法律による国有財産特別措置法の改正により，現に公共の用に供している里道であって，その敷地が国有財産（国土交通省所管）になっているものについては，国から市町村に譲与し，機能管理，財産管理とも市町村の自治事務とすることとされました。したがって，現在公共の用に供している里道の道路管理者は，原則として市町村になります。

(2) 道路管理者の調査方法

　では，当該事故が起きた道路の管理者はどのように調べればいいのでしょうか。

　道路の種類は，道路管理者が保管している道路台帳で確認することができます（道路法28条）。自治体によっては道路台帳をウェブサイトで公開しているところもあります。

　本設問では「区域内の道路」となっているので，これが国道なのか，都道府県道なのか，市町村道なのか，国道であったとして国または都道府県のいずれが管理するものなのか，さらに道路法の適用のない道路だとすると道路管理者は誰なのかを調査する必要があります。

３．瑕　　疵

(1) 瑕疵とは何か

　瑕疵とは，営造物が通常有すべき安全性を欠いていることをいい（最判昭45・8・20民集24巻9号1265頁），営造物が通常有すべき安全性を欠くか否かの判断は，当該営造物の構造，用法，場所的環境および利用状況等の諸般の事情を総合考慮して個別的具体的に判断すべきであるとされています（最判昭53・7・4民集32巻5号809頁）。

本設問において，「道路のくぼみ」が「瑕疵」にあたるかどうかの検討にあたっては，上記判例の基準に照らして，くぼみが存在した場所や大きさ，深さなどの調査をする必要があり，調査結果によって結論は変わるものと考えられますが，現に道路上にくぼみが存在し，自転車の前輪がはまって運転者が転倒したという状況が存在したのであれば，十分瑕疵の存在は認められうるものと思われます。

(2)　瑕疵の原因はどこにあるか

本設問とは異なり，住民が自転車走行中，地方公共団体が運営する地下鉄の影響により，突然道路が陥落したという場合はどのように考えるべきでしょうか。

この場合，具体的な状況にもよりますが，後述のとおり，回避可能性がないものとして，道路管理瑕疵が否定される可能性があります。そして，地下鉄の管理瑕疵を追及された場合，鉄道事業については地公企法の適用があるところ（地公企法2条1項5号），地方公共団体の代表者は知事や市町村長ではなく，管理者になりますので注意が必要です（同法7条・8条。知事や市町村長が代表者となっている場合，代表者が管理者である旨上申する等の対応が必要になると思われます）。ただし，道路の陥没が地下鉄の管理に問題があるとしながらも，責任原因として道路を常時良好な状態に保つように維持していなかったなどとして道路法42条等を根拠に道路管理瑕疵を追及された場合，代表者は知事や市町村長になります（かかる場合，代表者を鉄道事業の管理者とし，責任原因を地下鉄の管理瑕疵とする訴えの変更をしてもらうほうがよい場合もあります）。

4．想定される抗弁

国賠法2条に基づく国賠請求訴訟において想定される主な抗弁として，以下の4つが考えられます。

(1)　予見可能性の不存在

異常な用法で使用した場合など予見可能性がなかった場合，瑕疵が否定されることになります（最判昭53・7・4民集32巻5号809頁等参照）。

(2)　回避可能性の不存在

損害回避措置をとる時間的な余裕がない場合には，瑕疵は否定されることに

なります（最判昭50・6・26民集29巻6号851頁，最判昭50・7・25民集29巻6号1136頁参照）。

本設問において，道路のくぼみができた直後に自転車の前輪がはまり転倒してしまった等の事情がある場合は，回避可能性の不存在を主張することになりますので，道路のくぼみがいつできたものなのか等について調査する必要があります。

(3)　過失相殺

被害者に過失があった場合，過失相殺の主張をすることができます（国賠法4条，民法722条2項）。

本設問では，被害者がよそ見をしていたために，くぼみをよけられず前輪がはまり転倒してしまったなどといった事情がある場合は，過失相殺の主張をすることになりますので，事故が発生した具体的な状況を調査する必要があります。

(4)　消滅時効・除斥期間

被害者等が損害および加害者を知った時から3年または不法行為の時から20年が経過した時は，消滅時効・除斥期間を主張することができます（国賠法4条，民法724条）。

道路管理瑕疵が問題となる事件では，原告に生命ないし身体に被害が生じていることが多いと思われます。改正民法は，人の生命または身体を害する不法行為による損害賠償請求権の消滅時効について，「損害及び加害者を知ったときから5年」または「不法行為の時から20年」と定めており，短期消滅時効が一般不法行為の「3年」から伸長されていますので，注意が必要です（同法724条の2）。

《参考文献》

道路法令研究会編著『道路法解説〔改訂5版〕』（大成出版社，2017）

道路法令研究会編集『道路管理の手引〔第5次改訂〕』（ぎょうせい，2014）

岡口基一『要件事実マニュアル2〔第5版〕』（ぎょうせい，2016）

深見敏正『リーガル・プログレッシブ13　国家賠償訴訟』（青林書院，2015）

西埜章『国家賠償法コンメンタール〔第2版〕』（勁草書房，2014）

第 **5** 章 ▶▶

災害と自治体

Q54 災害対応に関する法律

当市では、最大震度6強の地震が発生したため、その直後から避難所を開設しました。避難所に避難した人の多くは、家屋にも被害が生じているようで、家屋の罹災証明書について尋ねられることがあります。避難所の開設や運営等の根拠となる法令や罹災証明書について教えてください。

避難所の開設や運営等について規定している法律は、災害救助法です。罹災証明書は、市町村長が発行する証明書であり、確認された住家の被害の程度（4つの区分）に応じて証明書が発行されます。

1．災害対応に関する主な法律

災害対応に関する主な法律としては、災害対策基本法、災害救助法、被災者生活再建支援法、災害弔慰金の支給等に関する法律などがあります。

災害対策基本法は、災害時に適用される法律のうち基本法として位置付けられており（同法1条参照）、地震に限らず暴風や豪雨等を「災害」として位置付けています（同法2条1号）。同法では、防災計画の作成等に係る都道府県や市町村の責務（同法4条および5条）を規定しており、災害発生時等（災害発生時または災害発生のおそれがある時）には防災計画の定めに沿った応急措置の実施が市町村長に義務付けられています（同法62条1項）。また、市町村長は、災害が発生するおそれがある場合において生命または身体を保護する等のため特に必要があると認めるときは避難勧告を、さらに、急を要すると認めるときは避難指示を行うことができます（同法60条1項）。なお、自衛隊の出動要請は都道府県知事により行われます（自衛隊法83条1項）が、災害が発生した市町村の長は、都道府県知事に対して、自衛隊の出動を要請するよう求めることができます（災害対策基本法68条の2）。罹災証明書の発行についても同法に規定がありますが、この点については3で後述します。

災害救助法については、2で述べます。

被災者生活再建支援法は、地震等の自然災害により生活基盤に著しい被害を

受けた者に対し，都道府県が相互扶助の観点から拠出した基金を活用して被災者生活再建支援金を支給することにより，その生活の再建支援を行うことで，住民の生活の安定と被災地の速やかな復興に資することを目的（同法1条）とした法律です。同法の対象となる自然災害は，同法または同法施行令が定める一定規模以上の被害を発生させたものに限られています。同法が適用されると，対象世帯（住宅が全壊した世帯等）に，一定の額の支援金（被災世帯の被害の程度に応じた基礎支援金と住宅の再建方法に応じた加算支援金）が支給されます。全壊となった世帯はこれらの支給対象となりますが，大規模半壊または半壊となった世帯については，支給対象となるための一定の要件があることに注意が必要です。

　災害弔慰金の支給等に関する法律は，災害弔慰金（災害により死亡した者の遺族に支給），災害障害見舞金（災害により精神または身体に著しい障害を受けた者に支給）および災害援護資金（災害を受けた世帯の世帯主に対して貸し付ける）について規定しています（同法1条）。災害弔慰金の支給，災害障害見舞金の支給および災害援護資金の貸付けについては，いずれも条例の定めるところにより，市町村により行われます。たとえば，災害弔慰金の支給については，同法施行令1条1項で定める災害により死亡した住民の遺族に対して，条例の定めるところにより行われます（同法3条1項）。同項の「遺族」とは，配偶者等であり（同条2項），死亡者と遺族の関係性（遺族の生計を主として維持していたか否か）に応じて，災害弔慰金の額が異なります（同条3項，同法施行令1条の2）。

2．災害救助法の概要

　災害救助法による救助は，同法施行令1条で定める程度の災害が発生した市町村の区域内において，災害により被害を受け，現に救助を必要とする者に対して，都道府県知事が行います（同法2条）。都道府県が救助の実施主体となっている（同法2条）ことから，同法4条の規定による救助に要する費用は都道府県が支弁するものとされ（同法18条1項），国庫は同法21条の区分に従って一部を負担することとされています。また，都道府県知事は，救助を迅速に行うために必要があると認めるときは，同法施行令17条の規定により，救助の実施

242 第5章 災害と自治体

に関する事務の一部を市町村長に委任することができます（同法13条1項）。この場合，都道府県知事は，市町村長が行う事務の内容および事務を行う期間を市町村長に通知し（同法施行令17条1項），その旨を公示する必要があります（同条2項）。なお，災害救助法の一部を改正する法律（平成30年法律第52号）により，内閣総理大臣が指定する救助実施市については，当該救助実施市の長が，自らの事務として被災者の救助を行うことが可能となる等の改正が行われました（一部の規定を除いて，平成31年4月1日施行）。

　災害救助法に基づく救助の種類としては，避難所の供与（同法4条1項1号），食品の給与と飲料水の供給（同項2号），被災者の救出（同項5号）等が規定されています。災害が発生したときは，二次災害の可能性等安全面を確認した後，予め防災計画等で定めた避難所が設置されます。この点，「避難所の開設は災害救助法に基づき，本来は都道府県が実施するものであるが，現実には，市町村に委任されており，市町村が開設することになっている」（佐々木晶二『最新防災・復興法制』（第一法規，2017）45頁）ようです。避難所の開設期間については，予測開設期間が7日を超える場合は内閣総理大臣と協議の上で当該期間，開設期間が定められない場合は災害発生から7日以内で定める期間とされています。また，飲食物の提供については，物流のストップやライフラインの停止により食べ物を得られない者を対象として行われます。なお，避難所における1日の食費は，基準額が1人1日当たり1,130円以内となっています（内閣府政策統括官（防災担当）付参事官（被災者行政担当）「災害救助事務取扱要領」（平成29年4月）別添4「平成29年度災害救助基準」）。

3．罹災証明書

　罹災証明書は，災害が発生した場合において，被災者から申請があったときに市町村長により発行される書面であり，災害による住家等の被害の程度を証する書面として発行されます（災害対策基本法90条の2第1項。罹災証明書の発行が市町村の事務とされている点と，被災者から申請があったときは「遅滞なく」発行を行う必要がある点に注意が必要です）。罹災証明書は，公的な被災者支援（被災者生活再建支援法に基づく被災者生活再建支援金の支給等）を受ける際や銀行が提供する特定の住宅ローンを利用する場合等に必要となったりします。

住家の被害認定に関する基準については国が被害認定基準を定めており，損害の割合に応じて，4つの区分（「全壊」,「大規模半壊」,「半壊」および「半壊に至らない」）で認定が行われます。被害認定に対して納得がいかない場合，再調査の申出をすることが可能ですが，被害認定そのものの変更（取消訴訟等）を裁判所に求めることはできません（日本弁護士連合会災害復興支援委員会編著『〔改訂版〕弁護士のための水害・土砂災害対策QA』（第一法規，2019）15頁参照）。これは，被害認定自体が，単に被災状況という事実を認定するものにすぎないからです。

　なお，応急危険度判定という建物被害の調査もありますが，これは罹災証明書の発行のために行われる住家の被害認定の調査とは別の被害調査です。応急危険度判定は，大規模な地震の直後に建築の専門家により実施されるもので，建物の倒壊等による二次災害を防止するために行われます。応急危険度判定は，建物被害の調査の結果，「調査済」,「要注意」および「危険」の3つに区分されます。もっとも，応急危険度判定の結果「危険」と判定された住家について，（罹災証明書の発行のための）住家の被害認定の調査結果として「全壊」や「大規模半壊」と認定されるとは限らないことに注意が必要です。

《参考文献》
佐々木晶二『最新　防災・復興法制』（第一法規，2017）
内閣府政策統括官（防災担当）付参事官（被災者行政担当）「災害救助事務取扱要」
　　（平成29年4月）

244 第5章 災害と自治体

Q55 地震と国家賠償責任

当市では，最大震度6強の地震が発生し，市内の多くの建物に被害が生じました。当市の庁舎でも外壁の一部が剥離する等の被害が生じ，剥離した外壁の一部が，庁舎に隣接するビルの窓ガラスを損傷させてしまいました。

当市は，窓ガラスを損傷させたことについて，賠償責任を負うのでしょうか。

A

庁舎が，その建設当時において通常発生することが予想された地震に耐えうる安全性を有していれば，市が賠償責任を負う可能性は低いと考えられます。安全性の有無は，庁舎の施工状況等諸般の事情に照らして判断されます。

1．賠償責任の法的根拠と地震

庁舎のような「公の営造物」の設置または管理に瑕疵があり，その瑕疵が原因で他人に損害が生じた場合，国または地方公共団体が賠償責任を負います（国賠法2条1項）。営造物が通常有すべき安全性を欠いていることを瑕疵といい，瑕疵の有無は，当該営造物の構造，用法，場所的環境および利用状況等諸般の事情を総合考慮して具体的個別的に判断されます。同項の責任については，無過失責任であると解されてはいるものの，「事故発生の予見可能性もしく事故発生の回避可能性がなく，損害の発生が不可抗力と認められるような場合には，国又は公共団体の賠償責任は否定される」（深見敏正『リーガル・プログレッシブ13 国家賠償訴訟』（青林書院，2015）191頁）と考えられています。なお，市が所有する土地工作物のうち「公の営造物」に該当しない物が原因で他人に損害が生じた場合には，民法717条（土地工作物責任）により市が賠償責任を負う可能性があります。この場合も，国賠法2条1項と同様に「瑕疵」の有無を中心に考えることになります。

本設問の事案では，地震で剥離した庁舎の外壁が他人（ビルの所有者）に財産的損害（窓ガラスの損傷）を与えているため，市は，同項により賠償責任を

負う可能性があります。本設問は地震に関連して発生した事故のため，発生した地震との関係で庁舎の設置または管理に瑕疵があったのか否かが問題となります。

2．地震と「通常有すべき安全性」

地震により倒壊したブロック塀が原因となって発生した事故について，賠償責任（民法717条の土地工作物責任）の有無を判示した仙台地判昭56・5・8判時1007号30頁（以下「仙台地裁判決」といいます）があります。仙台地裁判決では，ブロック塀が通常有すべき安全性を欠いていることが設置または保存の瑕疵であるところ，その安全性とは，（本件が地震に関連して発生した事故であるから）「通常発生することが予測される地震動に耐え得る安全性」であるとしました。そして，瑕疵の有無については，「地震そのものの規模に加えて，当該建築物の建てられている地盤，地質の形状及び当該建築物の構造，施工方法，管理状況等」諸事情を総合して，「その製造された当時通常発生することが予測された地震動に耐え得る安全性を有していたか否かを客観的に判断し，右の点につき安全性が欠如し或いは安全性の維持について十分な管理を尽くさなかった場合には，本件ブロック塀の設置又は保存に瑕疵があるものというべきである。」としました。以上を前提に，「本件ブロック塀築造当時通常発生が予想し得るべき地震の程度について検討するに，……日本全国に一律に地震が発生しているわけではなく，地震が多発する地域はある程度限定されているから，本件ブロック塀の安全性を考えるについても，仙台市近郊において通常発生することが予測可能な地震のうち最大級のものに耐えられるか否かを基準とすれば足り……諸事情を考慮すると，本件ブロック塀築造当時においては，震度「5」程度の地震が仙台市近郊において通常発生することが予測可能な最大級の地震であったと考えるのが相当」と判示しました。また，法令改正により本件ブロック塀が規制基準を満たさなくなっていた点については，特別な事情がない限り，異常がない場合にも基準に適合すべく補修等を行うことは必ずしも一般に期待できないものであるとして，これを怠ったからといって保存に瑕疵があったとは言えない旨判示しました（仙台地裁判決の事案では，本件ブロック塀の設置または保存に瑕疵が認められないとして，ブロック塀の所有者

246 第5章 災害と自治体

の責任は認められませんでした）。以下では，仙台地裁判決の考え方に沿って，本設問の事案の検討を行います（もっとも，震度5に耐えうる安全性の有無を基準に考える点については，仙台地裁判決の事案における基準であると考えられるため，この基準のみでの検討は行いません）。

　まず，庁舎についての瑕疵の有無，すなわち，庁舎が「通常発生することが予測される地震動に耐え得る安全性」を有していたのか否かについては，庁舎が建築された当時に予想された地震のうち最大級のものを（地震が発生した市における）過去の観測記録等から検討します。庁舎の建築時点において過去にその市で発生した地震の最大規模が震度5であった場合，庁舎が，地盤，地質，施工状況等の諸事情に照らして震度5の地震に耐えうる安全性を有していたか否かで，瑕疵の有無が判断されます。震度5の地震に耐えうる安全性を有していれば，最大震度6強の地震により損傷（外壁の一部剥離）が発生した本設問の事案においては，基本的には，不可抗力によるものとして，市は責任を免れるという結論になると考えられます（市内で最大震度6強ですので，庁舎が所在する場所の震度を確認しておく必要があります）。他方，過去にその市で発生した地震の最大規模が震度6であったとすると，震度6が発生した回数や頻度によっては，庁舎が通常有すべき安全性として，震度6の地震に耐えうる安全性を有していることが求められることも考えられます。もっとも，最大震度6強の地震が発生した本設問の事案でも，庁舎については，倒壊することなく外壁に一部剥離が生じている程度ですので，「地震動に耐え得る安全性」を有していたと判断される可能性も十分ある（瑕疵が否定される）のではないかと考えられます。また，庁舎が，その建築後の法令改正により規制基準を満たさないものとなっていた場合についても，仙台地裁判決の考え方に沿えば，（特段の事情がない限り）管理の瑕疵は否定されるものと考えられます。この点は，大地震の発生が予測されていた地域における規制基準を満たさない建物（耐震不足の建物等）が問題となる場合には，結論に影響することも考えられるところです（異常がない場合であっても大地震の発生に備えて補修等を行うべき，と判断されることも考えられます）。

3. 補足—震度5・震度6基準

　仙台地裁判決を検討し、「従前の判例は、震度5に耐え得るような土地の造成あるいは工作物の建築であれば、工作物の所有者、販売業者、請負業者の不法行為責任、瑕疵担保責任は、瑕疵、過失がないかまたは、不可抗力であるとして免責されると判断されているということができる。」（塩崎勤＝澤野順彦編『裁判実務体系28　震災関係訴訟法』（青林書院、1998）488頁）と述べたものがあります。また、前記仙台地裁判決や仙台地判平4・4・8判時1446号98頁を参考に、「一般的に、震度5以下であれば損害賠償責任を免れず、震度6以上であれば不可抗力に基づくものとして責任を免れると考えられているようです」（関東弁護士会連合会編『Q&A災害時の法律実務ハンドブック〔改訂版〕』（新日本法規出版、2011）30頁）と述べたものもあります。これらの考えは、震度5以下で発生した損害については賠償義務を免れず、震度6以上で発生した損害については不可抗力に基づくものとして瑕疵が否定される（賠償義務を免れる）との考えであり、「震度5・震度6基準」といわれたりしています。

　他方、震度5・震度6基準の採用については、慎重な見解もあります（第一東京弁護士会法律相談運営委員会編著『実例 弁護士が悩む不動産に関する法律相談』（日本加除出版、2015）363頁以降）。同書は、仙台地裁判決や仙台地裁判決以降の裁判例等の検討を行い、「裁判所が、土地工作物や建築物について、震度5を一つの基準あるいは目安にして責任判断をしているとは、到底できないと思います。」（同書364頁）と述べており、参考になります。

《参考文献》

関東弁護士会連合会編『Q&A災害時の法律実務ハンドブック〔改訂版〕』（新日本法規出版、2011）

第一東京弁護士会法律相談運営委員会編著『実例 弁護士が悩む不動産に関する法律相談』（日本加除出版、2015）

248 第5章 災害と自治体

Q56 津波の予見可能性の判断基準

懸念される大規模な南海トラフ地震が発生した場合，当市にも大津波が襲来するおそれがあります。もし，想定以上の津波により公共施設が浸水したとき，そこで被災・死亡した住民等に対する損害賠償責任が問題になると思いますが，いかなる事前の備えが求められるのでしょうか。

A

国・県等による最大の浸水想定が，法的責任の判断にあたって重要な基準となりますが，なお，自然現象には振れ幅があることを考慮した津波避難計画を立案することが求められます。

1. 津波の予見可能性についての法的判断

平成23年3月11日に発災した東日本大震災の際には，国の地震調査研究推進本部が公表していた最大の想定地震（宮城県沖地震（連動型）マグニチュード8.0）を上回る巨大地震およびこれに伴う巨大津波が襲来して，各自治体が想定していた津波浸水予測をはるかに超える浸水が生じました。

これにより，各自治体が津波避難場所として指定していた公共施設も多く浸水・被災し，中には，多数の人的被害を生じた施設もありました。

震災後，公共施設や民間施設における死亡者について，遺族から施設管理者等に対する責任追及が為されるケースも多発しました。その一部では，行政の視点からは厳し過ぎると感じられる判決も下されています。

東日本大震災後，「想定外」との言葉を安易に用いることが批判され，「想定外を想定する」ことを求めるような論説も目にするようになりました。公共施設を管理する自治体として，今後，どこまでの災害を想定して，どこまでの防災対策を行うことが求められるのか，その限界・境界について悩む自治体職員も多いと思われます。

(1) 東日本大震災に関する裁判事例から

公共施設および民間施設における人的被害について争われた損害賠償訴訟において，多くは，東日本大震災前の想定地震および津波浸水想定（範囲および

浸水深）を基準として（各自治体の津波ハザードマップを基準として）法的責任が判断されました。

山元東保育所の被災に関する判決（仙台高判平27・3・20判時2256号30頁），七十七銀行女川支店の被災に関する判決（仙台高判平27・4・22判時2258号68頁）および東松島市立野蒜小学校の被災に関する判決（仙台高判平29・4・27判自431号43頁）は，いずれも東日本大震災以前の宮城県公表の津波浸水域予測（宮城県予測）またはこれを踏まえて各自治体が作成・公表した津波ハザードマップに基づけば津波が到達しないとされていた場所または高所に本件津波が到来したことによって被災結果が生じた事案である点，共通しています。

これら各判決は，いずれも，施設管理者等に宮城県予測を批判的に検討することまで要求せず，宮城県予測において津波が到達しないとされていた場所または高所にまで津波が到来することについて，施設管理者等の予見可能性を否定しました（津波に対する防災対策を講じるについては宮城県予測を前提とすることに合理性があると明示した判決もありました）。

他方，石巻市立大川小学校の被災に関する判決（仙台高判平30・4・26判時2387号31頁）は，①宮城県予測について，相当の誤差があることを前提として利用しなければならなかった，②（現実に発生した東日本大震災ではなく）事前に想定されていた最大の想定地震（＝宮城県予測の前提とされた地震）によっても小学校を浸水させる危険があることを予見できた，③校長等は同小学校の実際の立地条件に照らしたより詳細な検討を独自に行う必要があり，これを行えば，津波被害を受ける危険性を予見することは十分に可能であった，等の判断を示しました。同小学校が，宮城県予測では津波が到達しないとされており，津波時の避難場所として指定されていたこと，判決に具体的に示された「詳細な検討」が高度に専門性な内容にわたることなどから，自治体側に対して，極めて厳しい判決であったといえます（なお，自治体側が上告しており，本書執筆時点で，この判決は未確定です）。

(2) 津波防災地域づくりに関する法律

東日本大震災後に立法された「津波防災地域づくりに関する法律」において，津波浸水想定の設定は，都道府県知事の役割であると明記されました（同法8条1項）。都道府県知事は，国が策定した「津波防災地域づくりの推進に関す

250 第5章 災害と自治体

る基本的な指針」に基づき，また，（地震調査研究推進本部の調査研究等を前提に）国および都道府県が実施する基礎調査の結果を踏まえて，最大クラスの津波を想定して，その津波があった場合に想定される津波の区域および水深を設定することになります。

その上で，都道府県知事は，津波浸水想定を踏まえて津波災害警戒区域を指定できるものとされ，その際には，津波からの避難等のための基準水位を明らかにすることが定められました（同法53条1項・2項）。

また，警戒区域の指定を受けた市町村の長は，避難施設その他の避難場所および避難路その他の避難経路等を記載した津波ハザードマップを作成・周知することとされ，かつ，これに都道府県知事が指定した警戒区域の範囲および基準水位を表示することも定められました（同法55条，同法施行規則30条）。

以上のとおり，津波浸水想定の設定およびこれに基づく津波ハザードマップ作成・周知の制度が立法により明確化されたことにより，最大クラスの想定津波による浸水区域およびその水深について，市町村（および施設管理者等）は，基本的には，都道府県による津波浸水想定を信頼して，これを踏まえた避難計画等を策定すればよいことになると考えられます。

(3) 予見可能性判断の基準

したがって，自治体等の損害賠償責任の判断にあたっては，原則として，都道府県による事前の津波浸水想定が津波の予見可能性の重要な基準となると考えられます。

東日本大震災後の損害賠償訴訟においては，事前の津波浸水想定（ハザードマップ）を基準とする司法判断に対して，判断が形式的・硬直的であるといった批判もありました。なぜ，家族が命を落とさなければならなかったのか，ハザードマップを鵜呑みにせず，施設管理者等がもっと的確な事前準備や発災後の判断をすれば，生き延びることができたのではないか，といった遺族の心情は，理解できるところです。

しかしながら，地震調査研究推進本部は，行政施策に直結すべき地震に関する調査研究の責任体制を明らかにし，政府が一元的にこれを推進すべく，地震防災対策特別措置法に基づいて設置された国の特別の機関です。このような法律上の位置付けから，自治体等は，同推進本部の調査研究に依拠して災害対策

を計画・実施することが当然に予定されています。

また，災害対策を講ずるにあたって，何らかの事前の「想定」を伴わないことは，ありえません。想定を厳しく設定するとしても，結局，どこかに「最大」の想定があり，「想定外」が残ることに変わりはありません。

もとより，災害が現在進行形で発生しつつある時点で，現場において，「事前の想定以上の災害」であると的確に判断し，避難行動等を適切に修正・実行することは，誰にも容易にできることではありません。

2．避難計画を策定する上での留意点

いかに「最大の」津波を想定するといっても，コンピューター上でのシミュレーションに導かれる津波浸水想定に振れ幅があることは当然であり，避難計画を策定するにあたって，都道府県による事前の津波浸水想定に基本的に依拠しつつ，多少の誤差にも対応しうる計画とすることが必要となります。

他方で，より深刻な災害を想定したり，災害発生時の避難行動の程度を強化したりすることが，常に「よい避難計画」に直結するわけでもありません。科学的・学術的な知見を背景としつつ，地域住民に対する説得力のある，地域の実情に即した避難計画を策定することによって，初めて，災害発生時に，多数の地域住民による避難計画に沿った行動を期待することができます。

そのためには，基礎自治体内の各地域において，住民の参加も得て，地域の実情を踏まえた避難計画を検討・協議することが重要です。また，避難計画を決定・公表してからも，再検討・再協議の機会を設けて，避難計画に新たな知見を採り入れたり，地域の実情の変化に対応したりすることが望まれます。

継続的な住民参加を得ることによって，避難計画の周知，ひいては住民の防災意識の向上といった，副次的な効果も期待されます。

避難計画は，自治体が法的責任を免れることを目標とするような発想で策定されてはなりません。災害の規模，条件や，その他災害時に発生しうる事象のバリエーションをさまざまに「想定」し，それら各想定に応じた避難行動を織り込んだ，災害時に現実に被害を最小化しうる，実効性ある避難計画の策定が目指されなければなりません。

Q57 災害発生に備える―個人情報に関する事前の検討

災害発生時の避難誘導等に備えて、自分だけでは避難することが困難な住民の名簿を作成し、NPO団体と共有することは許されるでしょうか。あるいは、災害発生直後期に、安否不明者の氏名等を公表することは許されるでしょうか。災害時の個人情報保護について、教えてください。

自治体は避難行動要支援者の名簿を作成しなければならず、その上で、災害の発生に備えて、予め、避難支援等を行う関係者に名簿情報を提供する余地があります。また、災害時の安否不明者の氏名公表のメリットは、通常、その場面におけるプライバシー保護の要請に優越すると考えられます。

1．避難行動要支援者名簿の作成および利用・提供のルール

災害は、突然、発生します。近年、日本全国で頻発している地震・津波、集中豪雨、土砂災害、噴火等の災害は、ひとたび発災すれば地元自治体を大混乱に陥れます。災害が現在進行形で発生しつつある時期の対応、あるいは、災害発生直後期の対応については、災害が現実化してから検討することでは遅きに失します。可能な限り事前に検討し、備えておくことが、災害時の被害を拡大させないために重要となります。

災害対応に関して、事前の検討・備えが必要となる重要な法的課題として、個人情報保護の問題があります。

平成26年4月に施行された改正災害対策基本法により、基礎自治体による避難行動要支援者名簿の作成、名簿情報の避難支援等関係者への提供等の規定が設けられました。

市町村は、特に防災上の配慮を要する者（＝要配慮者。高齢者、障害者、乳幼児ほか）のうち、災害時に自ら避難することが困難で、その円滑かつ迅速な避難の確保を図るため特に支援を要する者（避難行動要支援者）の把握に努めることとされ、これらの者の避難支援の措置を実施するための基礎とする名簿（＝避難行動要支援者名簿）を作成しておかなければなりません（同法49条の10

第1項）。

　作成した名簿情報は，避難支援等の実施に必要な限度で，市町村で内部利用することができます（同法49条の11第1項）。

　加えて，災害の発生に備えて，避難支援等の実施に必要な限度で，消防機関，警察，民生委員，社会福祉協議会，自主防災組織その他の避難支援等の実施に携わる関係者に対し，地域防災計画の定めに従って，名簿情報を提供するものとされました。ただし，当該市町村の条例に特別の定めがある場合を除き，これら名簿情報の提供について本人の同意を要します（同条2項）。

　さらに，災害発生時には，生命・身体の保護のため特に必要があると認められる場合，避難支援等の実施に携わる関係者その他の者に対し，本人の同意を得ることなく，必要な限度で名簿情報を提供することができます（同条3項）。

　したがって，市町村は，質問のような名簿を作成しておかなければならなず，また，（市町村の地域防災計画の定めに従って）災害時の避難支援等の実施を担いうるような活動を行っているNPO団体であれば，平時において，これに対して，予め名簿情報を提供する余地があります。

2．自治体における対応状況

　このような名簿作成・利用・提供が制度化されたことを受けて，現在，ほとんどの自治体において，ひととおり名簿を作成するところまでは到達しています（平成30年6月1日時点で，市町村の97.0%が作成済み）。また，予め名簿情報を提供する先としては，民生委員（作成済み市町村の90%超），消防本部・消防署等・警察・自主防災組織・社会福祉協議会（それぞれ約70〜80%），消防団（約55%）となっており，その他の団体・個人等への提供を行うとする自治体も約50%ありました（以上につき，消防庁「避難行動要支援者名簿の作成等に係る取組状況の調査結果等」（平成30年11月5日））。

　しかしながら，名簿作成済みであったり，名簿情報の一定の提供が実施されていたりしても，それだけで災害時に実効性を発揮する十分な整備に至っているとは言えません。

　前述のとおり，名簿情報の提供には原則として本人の同意が必要とされているところ，同意がなかなか得られなかったり，名簿作成には至っていても，避

難支援者が不足したり（そのため，具体的な避難の計画＝個別計画の策定が進まない）といった状況があると報道されています。

　加えて，ある時点における名簿が整備されたとしても，時の経過とともに，避難行動要支援者に該当する住民に変動が生じることが当然に想定されます。そのため，名簿のアップデートの方法や精度も問題になります。もしも，名簿の変動を逐次把握・反映できないとすれば，災害発生時に避難支援者を無用の危険に晒すことにもなりかねません。

　名簿作成・提供およびこれに基づく個別計画の策定は，したがって，途半ばの状況です。

　内閣府は，「避難行動要支援者の避難行動支援に関する取組指針」（平成25年8月）を公表しており，その上で，これに基づく全国の市町村の取組事例を収集し，場面ごとに整理した「避難行動要支援者の避難行動支援に関する事例集」（平成29年3月）を取りまとめており，参考になります。

　特に，個人情報保護との関係では，前述のとおり，原則として名簿提供に関する本人の同意を取得する必要があるところ，条例に特別の定めを置くことで，同意不要としたり，逆手上げ方式（いわゆるオプト・アウト方式。本人から拒否の意思表示がない限り，平常時から支援者に対する名簿提供を行うような制度）としたりすることが可能です。

　地域防災計画の策定を含め，各自治体が地域の実情を踏まえて判断・計画すべき内容が多くあり，災害対策は「全国一律」ではありません。国・県からの助言に従って最低限の形式を満たしてよしとするのではなく，災害時に実効性を発揮するような制度となるよう，各自治体が可能な準備を重ね，また，継続的に見直しをすることが求められます。

　本書の読者の皆様も，地元自治体や近隣自治体における取組状況を確認の上，先進事例との違い，改善の余地がある部分等につき，比較検討してみてはいかがでしょうか。

3．災害直後の安否不明者の氏名公表の判断

　近年，大規模な災害が発生する都度，被災した自治体による，安否不明者の氏名公表の判断の是非が話題となります。

たとえば，平成30年7月に発災した西日本豪雨（平成30年7月豪雨）の際，岡山県は，同月11日の午前に至って，安否不明者の氏名を公表する判断をしました。すると，同日午後2時時点における安否不明者が43人であったところ，公表後に生存情報が次々に寄せられて，うち25人の生存が確認され，同日午後8時時点では不明者が18人にまで減りました（県公表に基づく複数の報道による）。

　同じ災害でも，広島県は氏名公表について市町の判断を尊重するとしました。その結果，広島市は氏名非公表，東広島市はカタカナ表記で公表と，同県内でも対応が分かれました。

　このように各県や市町で対応が分かれた一因は，国が「各自治体が個人情報保護条例などを踏まえて判断すべき」であるとして，統一見解を示さないことにあります。確かに，各自治体は，それぞれ独自に個人情報保護条例を制定しているため，ルールが異なります。

　しかし，ほとんどの自治体の個人情報保護条例に，「個人の生命及び身体の安全」を守るため，「緊急かつやむを得ない」場合などには個人情報を公表等することを許容する，例外が定められています。

　被災者の救命可能性は，被災後72時間を境に大幅に低下するといわれます。災害発生後，早期に「真の」安否不明者を把握できれば，限られた資源をその救命に集中することができ，ガレキの下で救助を待つ被災者の救助の可能性を高めます。つまり，個人の生命の安全のための，緊急かつやむをえない場合と認められるはずです。

　しかしながら，現に災害が発生してしまってから，他に緊急を要する対応事項が山積する中で初めて検討・協議しているようでは，速やかに正しい決定を下すことは困難となります。発災後に最終判断を行うとしても，予め，各自治体がこの問題を直視し，明日にも災害に見舞われる可能性があるとの危機感をもって，対応方針を事前検討することが必要です。

COLUMN 5

救助実施市

　平成31年４月１日，政令指定都市９市が救助実施市に指定されました（平成31年内閣府告示第38号）。同日指定されたのは，仙台市，横浜市，川崎市，相模原市，神戸市，岡山市，北九州市，福岡市および熊本市の９市です。また，北九州市と福岡市以外の７市については，指定の効力が生ずる日も平成31年４月１日とされました（北九州市と福岡市については，指定の効力が生ずる日が令和元年10月１日とされました）。

　救助実施市は，災害救助法の一部を改正する法律（平成30年法律第52号。一部を除いて平成31年４月１日施行）で新たに設けられた制度です。これまで災害救助法に規定された救助の実施主体は都道府県知事でしたが，この改正により，救助実施市については，救助実施市の長が（自らの事務として）被災者の救助を行うことができるようになりました。救助実施市が指定された市を包括する都道府県の知事については，救助実施市の長および物資の生産等を業とする者その他の関係者との連絡調整を行うものとされました。また，救助実施市については，救助費用の財源に充てるため，災害救助基金を積み立てておかなければなりません（指定の効力が生ずる日が令和元年10月１日である北九州市は，同日までに災害救助基金の設置等必要な準備を進めるとのことです（北九州市ウェブサイト。令和元年９月30日現在））。

　救助実施市となるためには，内閣府令の定めるところにより救助実施市となろうとする市の申請が必要であり，この申請に基づいて内閣総理大臣が救助実施市を指定します。そして，内閣総理大臣がこの指定をしようとするときは，予め，指定をしようとする市を包括する都道府県の知事の意見を聴かなければならないとされています。

　なお，救助実施市の指定基準等については，救助実施市指定基準検討会議で検討がなされており，平成30年10月15日に公表された最終報告が参考となります（内閣府ウェブサイト）。たとえば，（救助実施市としての）指定日と指定の効力が生ずる日が分けられた理由や救助実施市としての指定が取り消される場合の考え方等は，実務において参考になるものと考えられます。

索　引

英字

PFI ································ 58

あ行

赤道 ······························ 235
空家等 ···························· 67
空家問題 ·························· 66
一般競争入札 ···················· 41
一般職 ···························· 26
医療的ケア児 ···················· 154
威力業務妨害罪 ·················· 104
応急危険度判定 ·················· 243
公の営造物 ·················· 234, 244
公の施設 ························ 54
覚書 ···························· 134
及び ···························· 127

か行

会計年度任用職員制度 ············ 28
瑕疵 ···························· 235
過失相殺 ························ 237
仮契約書 ························ 37
仮の義務付け ···················· 222
仮の差止め ······················ 223
官公署等への協力要請 ············ 176
機関委任事務の廃止 ·············· 5
起訴 ···························· 107
規則 ···················· 122, 126, 130
義務付けの訴え ·················· 222
虐待 ···························· 166
救助実施市 ······················ 256
教育委員会 ······················ 19
教示 ···························· 202
行政機関個人情報保護法 ······ 74, 144, 145,
168
行政機関情報公開法 ·············· 74

強制競売 ························ 62
行政財産 ···················· 50, 54
　　——の目的外使用許可 ······ 50, 51
行政事件訴訟 ···················· 221
強制執行 ························ 62
行政指導 ························ 90
行政処分の執行不停止の原則 ······ 222
行政手続 ························ 94
行政手続条例 ···················· 90
行政不服審査会 ·················· 210
協定書 ·························· 134
共同企業体 ······················ 43
共同所有型私道 ·················· 71
業務委託契約 ···················· 55
共有私道 ························ 70
国の利害に関係のある訴訟についての法務
　　大臣の権限等に関する法律 ······ 216
刑事手続 ························ 106
契約の解除 ······················ 45
契約の成立時期 ·················· 37
契約の分割 ······················ 38
ケースワーク ···················· 172
権限法 ·························· 216
建造物侵入罪 ···················· 105
公課 ···························· 62
公権力の行使 ···················· 114
抗告訴訟 ························ 221
公示送達 ···················· 213, 214
公租 ···························· 62
交通事故 ························ 114
口頭意見陳述 ···················· 207
公判期日 ························ 108
公文書 ·························· 78
　　——の廃棄 ················ 78, 80
公文書館 ························ 81
公文書管理条例 ·················· 80
公務起因性 ······················ 31

258 索　　引

公務災害の認定 …………………………… 30
公務災害補償 ……………………………… 30
公務執行妨害罪 …………………………… 104
公有財産 …………………………………… 50
勾留 ………………………………………… 107
高齢者虐待 ………………………………… 159
個人情報 …………………………………… 252
　——の漏えい …………………………… 82
個人情報保護 ……………………………… 144
個人情報保護条例 …· 74, 144, 145, 147, 168,
　171, 255
個人情報保護審議会 ……………………… 146
個人情報保護制度 ………………………… 74
個人情報保護法 …………………………… 168
個人の損害賠償責任 ……………………… 118
国家賠償請求 ……………………………… 223
国家賠償責任 ……………………………… 244
国家賠償訴訟 ……………………………… 226
国家賠償法 ………… 114, 118, 223, 234, 244
固定資産税の減免 ………………………… 180

さ行

災害救助法 ………………………………… 241
災害対策基本法 ……………………… 240, 252
災害弔慰金の支給等に関する法律 …… 241
裁決書 ……………………………………… 212
債権回収 …………………………………… 62
債権管理条例 ……………………… 122, 126
財産管理 …………………………………… 140
財産調査 …………………………………… 184
再犯防止推進法 …………………………… 148
再弁明書 …………………………………… 201
差押え ……………………………………… 184
差押禁止財産 ……………………………… 186
差押財産の選択 …………………………… 185
差押財産の調査 …………………………… 184
差押手続 …………………………………… 186
差止めの訴え ……………………………… 223
私債権 ……………………………………… 62
自治事務 …………………………………… 6
執行機関 …………………………………… 17
執行停止の申立て ………………………… 222

指定管理者制度 …………………………… 54, 55
指定代理人制度 …………………………… 216
児童虐待 …………………………… 156, 160
児童記録 …………………………………… 164
指名競争入札 ……………………………… 41
借地借家法 ………………………………… 52
住民自治 …………………………………… 4
住民訴訟 …………………………………… 230
障害者虐待 ………………………………… 159
障害者権利条約 …………………………… 152
障害者差別解消法 ………………………… 152
上級行政庁 ………………………………… 203
情報公開 …………………………………… 74
情報公開条例 ……………………………… 74
情報公開請求の権利濫用 ………………… 86
消滅時効 …………………………………… 237
条例 ………………………… 12, 122, 126
所轄 ………………………………………… 18
職務強要罪 ………………………………… 104
除斥期間 …………………………………… 237
職権による換価の猶予 …………………… 190
処分 ………………………………………… 90
　——の取消しの訴え …………………… 222
処分通知書 ………………………………… 204
所有者不明土地 …………………………… 70
侵害留保の原則 …………………………… 7
人権 ………………………………………… 136
審査請求期間 ……………………………… 205
申請による換価 …………………………… 191
身体的虐待 ………………………………… 166
審理員 ……………………………………… 206
心理的虐待 ………………………………… 166
性的虐待 …………………………………… 167
成年後見制度 ……………………………… 140
成年後見人 ………………………………… 68
接見 ………………………………………… 109
相互持合型私道 …………………………… 71
捜査関係事項照会 ………………………… 170
即時強制 …………………………………… 13
即時執行 …………………………………… 13
組織共用性 ………………………………… 79
訴訟法務 …………………………………… 9

索　引　259

租税情報 ………………………… 176
その他 …………………………… 128
その他の ………………………… 128
損失補償 ………………………… 52
存否応諾拒否 …………………… 76

た行

第三者機関 ……………………… 210
第三セクター方式 ……………… 60
滞納処分 ………………… 62, 184
　――の執行停止 ……………… 191
逮捕 ……………………………… 106
団体自治 ………………………… 4
地域共生社会 …………………… 140
地域包括ケアシステム ………… 144
地方教育行政の組織及び運営に関する法律
　………………………………… 19
地方公営企業 …………………… 22
地方公務員制度 ………………… 26
地方自治の本旨 ………………… 4
地方分権改革 …………………… 5
懲戒処分 ………… 110, 112, 120
調査嘱託 ………………………… 170
徴収の緩和制度 ………………… 189
徴収猶予 ………………………… 189
聴聞手続 ………………………… 95
通勤災害 ………………………… 32
通常有すべき安全性 …… 235, 245
津波の予見可能性 ……………… 248
津波防災地域づくりに関する法律 …… 249
定着支援センター ……………… 150
答弁書 …………………………… 231
道路管理瑕疵 …………………… 234
道路管理者 ……………………… 234
道路交通法 ……………………… 120
徳島市公安条例事件 …………… 14
特措法 …………………… 14, 66
特定空家等 ……………………… 67
特別職 …………………………… 26

な行

内部統制制度 …………………… 98

並びに …………………………… 127
日常生活自立支援事業 ………… 140
入札参加者 ……………………… 41
任命権者 ………………………… 27
ネグレクト ……………………… 167

は行

非強制徴収公債権 ……………… 62
被災者生活再建支援法 ………… 240
避難行動要支援者の避難行動支援に関する
　取組指針 ……………………… 254
避難行動要支援者名簿 ………… 252
不作為の違法確認の訴え ……… 223
不祥事対応 ……………………… 110
普通財産 ………………………… 50
不当な要求 ……………………… 102
不利益処分 ……………………… 94
分納 ……………………………… 192
弁護士会照会 …………………… 168
弁護人 …………………………… 108
弁明書 …………………………… 198
弁明手続 ………………………… 96
法制執務 ………… 9, 126, 130
法定受託事務 …………………… 6
法律相談 ………………………… 9
暴力団員による不当な行為の防止等に関す
　る法律 ………………………… 105
法令の範囲内 …………………… 13
補佐人 …………………………… 209
補助金 …………………………… 15

ま行

又は ……………………………… 128
身柄拘束中の職員 ……………… 108
民営化 …………………………… 60
民間委託 ………………………… 60
民法の一部を改正する法律（平成29年法律
　第44号） ……………………… 130
無効等確認の訴え ……………… 223
若しくは ………………………… 128

や行

予見可能性 ……………………………… 236, 248
予算 ………………………………………… 16

ら行

履行管理 …………………………………… 45

罹災証明書 ……………………………… 242
里道 ……………………………………… 235
理由の提示・付記 ………………………… 96
臨時的任用職員 …………………………… 29

《監修者紹介》

日本組織内弁護士協会（JILA）
Japan In-House Lawyers Association

　日本組織内弁護士協会（JILA）は，組織内弁護士およびその経験者によって2001年8月1日に創立された任意団体。組織内弁護士の現状について調査研究を行うと共に，組織内弁護士の普及促進のためのさまざまな活動を行うことにより，社会正義の実現と社会全体の利益の増進に寄与すること，および会員相互の親睦を図ることを目的としている。

　現在の会員数は1,616名（2019年5月17日時点）。全会員向けのセミナーやシンポジウムの開催，会報誌や専門書の発行，各種政策提言などを行っている。また，全会員が所属する業種別の10の部会，任意参加の11の研究会，関西支部，東海支部，中国四国支部，九州支部の4つの支部などを通じて，多様な活動を展開している。

　主な監修・編集書籍に，『公務員弁護士のすべて』（第一法規，2018），『事例でわかる問題社員への対応アドバイス』（新日本法規出版，2013），『契約用語使い分け辞典』（新日本法規出版，2011），『最新　金融商品取引法ガイドブック』（新日本法規出版，2009），『インハウスローヤーの時代』（日本評論社，2004）がある。

≪編者紹介≫

幸田　宏（こうだ　ひろし）

JILA第4部会所属
さいたま市　弁護士　埼玉弁護士会研修委員会委員長
1998年　東京都庁入庁（～2012年）
2014年　弁護士登録
　　　　　さいたま市役所入庁
＜主要著作＞
「はんれい最前線」判自383号，390号，398号，406号，413号，421号，428号，436号（共同執筆）
「現役職員が語る実践自治体法務のポイント　（第3回）不利益処分における理由の提示」自治体法務研究49号
「現役職員が語る実践自治体法務のポイント　（第8回）行政権の濫用と条例制定の違法」自治体法務研究54号

加登屋　毅（かとや　たけし）

JILA第4部会所属
東京都　総務局総務部法務課（訟務担当課長）
2005年　東京都庁入庁
2014年　司法修習修了

＜主要著作＞

「現役職員が語る 実践・自治体法務のポイント （第1回）訴訟における事実認定の重要性
について（事実認定と法的判断の区別）」自治体法務研究47号

≪著者紹介≫

青木　志帆（あおき　しほ）

JILA第4部会所属
日弁連高齢者障害者権利支援センター　幹事
明石市　弁護士
2009年　弁護士登録
2015年　明石市役所入庁

＜主要著作＞

『今日からできる障害者雇用』（共著，弘文堂，2016）
「自治体は人権保障の最前線～障害者差別解消法で果たすべき自治体の役割」実践成年後見
66号
「自治体における弁護士の活動領域の拡大　Ⅱ（福祉分野）福祉行政と地域福祉にコンプラ
イアンスを」自由と正義2018年5月号
「明石市職員の平等な任用機会を確保し障害者の自立と社会参加を促進する条例」自治体法
務研究57号

海老原　佐江子（えびはら　さえこ）

JILA第4部会所属
弁護士
1996年　横浜市役所入庁
2013年　弁護士登録
2015年　葛飾区役所入庁
2019年　都内法律事務所入所

＜主要著作＞

『そこが分かれ目！公務員のための住民も納得の窓口対応』（共著，第一法規，2017）

大山　亮（おおやま　りょう）

JILA第4部会所属
シャープ株式会社　弁護士
2010年　弁護士登録
　　　　弁護士法人菊池綜合法律事務所入所
2014年　福山市役所入所（任期付職員）
2017年　岡山中央法律事務所入所
2019年　シャープ株式会社入社

黒田　修平（くろだ　しゅうへい）

JILA第4部会所属
東京都　総務局コンプライアンス推進部コンプライアンス推進課
2016年　司法修習修了
2017年　東京都庁入庁（総務局総務部法務課）

里　雅仁（さと　まさひと）

JILA第4部会所属
熊本市　財政局財務部債権管理課　参事
2011年　弁護士登録
　　　　愛知県内の弁護士法人入所
2015年　弁護士登録を請求により抹消
　　　　熊本市役所入庁
＜主要著作＞
「民法が変わる！自治体実務への影響とその対応　（第11回）定型約款」自治実務セミナー
　2018年6月号

霜垣　慎治（しもがき　しんじ）

JILA第4部会所属
沼田市　市民部収納課
2012年　司法修習修了
2013年　沼田市役所入庁
＜主要著作＞
『Q&A 自治体のための空家対策ハンドブック』（共著，ぎょうせい，2016）
「空家特措法における法的サンクションの構造（課税と過料）」判時2288号
「空き家バンク制度の分析と展開」法律のひろば2015年7月号
『自治体法律顧問シリーズ　Q&A地方公務員の個人責任』（共著，ぎょうせい，1993〔加除
　　式〕）
『コンシェルジュデスク　自治体のための債権管理・回収実務Web』（共著，第一法規，
　Web版）
「自治体法務の風を読む　（第49回）「法制執務」と「法務」の異同と協同」判自444号

中野　智昭（なかの　ともあき）

名古屋市　東部児童相談所　弁護士
2001年　裁判官任官
2011年　裁判官退官・弁護士登録
2018年　名古屋市役所入庁 東部児童相談所配属
　　　　法務・相談業務に係る特命事項の処理を担当
＜主要著作＞
「虐待が疑われる乳幼児頭部外傷について，法的観点からの考察」専門実務研究11号

永盛　雅子（ながもり　まさこ）

JILA第7部会所属
栃木市　総務部総務課　主幹　任期付公務員　弁護士
1984年　株式会社リクルート入社
1986年　株式会社リクルートコスモス（マンション事業に従事）
2005年　株式会社ノエル（不動産ファンド事業に従事）
2015年　株式会社ザイマックス（商業用不動産管理業等に従事）
　　　　　弁護士登録
2018年　栃木市にて弁護士として勤務
＜主要著作＞
『Q&Aでわかる業種別法務　不動産』（共著，中央経済社，2019）
『マンション管理のトラブル解決Q&A』（共著，ぎょうせい，2018）
『マンション判例ハンドブック』（共著，青林書院，2018）

根ケ山　裕子（ねがやま　ゆうこ）

JILA第4部会所属
名古屋市　西部児童相談所　弁護士
2011年　弁護士登録
2012年　日本司法支援センター（法テラス）のスタッフ弁護士
2016年　名古屋市役所入庁 西部児童相談所配属

野村　裕（のむら　ゆう）

JILA第4部会所属
日弁連法律サービス展開本部自治体等連携センター　副センター長
のぞみ総合法律事務所　弁護士
2001年　弁護士登録
　　　　　のぞみ総合法律事務所入所
2004年　日本銀行在籍出向（〜2006年）
2013年　石巻市役所入庁
2016年　のぞみ総合法律事務所復帰
＜主要著作＞
『図解 新任役員のための法務・リスクマネジメント』（共著，商事法務，2018）
「大規模津波被災自治体・石巻市の復興に携わって」自治実務セミナー2016年3月号
「時の流れは解決してくれない─被災地で顕在化する登記制度の問題点」登記情報652号

橋本　佳子（はしもと　よしこ）

名古屋市　中央児童相談所　相談課　弁護士
法務・相談業務に係る特命事項の処理担当　主幹
2011年　弁護士登録
　　　　弁護士法人北千住パブリック法律事務所
2015年　名古屋市役所入庁 中央児童相談所配属

平林　敬語（ひらばやし　けいご）

JILA第4部会所属
南さつま市　総務企画部政策法務監　弁護士
2010年　弁護士登録
2013年　南さつま市役所入庁
　＜主要著作＞
「小規模自治体における自治体内弁護士の業務と課題」自由と正義2018年5月号
『公務員弁護士のすべて』（共著，第一法規，2018）
「自治体法務の風を読む　（第9回）成年後見市長申立てと法務力」判自400号

森　修一郎（もり　しゅういちろう）

JILA第4部会所属
青木・関根・田中法律事務所　弁護士
2008年　弁護士登録
　　　　青木・関根・田中法律事務所入所
2016年　所沢市役所入庁
2018年　青木・関根・田中法律事務所復帰

安井　飛鳥（やすい　あすか）

JILA第4部会所属
弁護士法人ソーシャルワーカーズ　副代表
千葉市　児童相談所　弁護士・社会福祉士・精神保健福祉士
2011年　弁護士登録
2016年　千葉市役所入庁 児童相談所配属
2018年　弁護士法人ソーシャルワーカーズ設立
　＜主要著作＞
『対話がひらく こころの多職種連携』（共著，日本評論社，2018）
「切れ目のない支援に向けて―「18歳の自立」を考える」子どもの虐待とネグレクト53号

吉永　公平（よしなが　こうへい）

JILA第4部会所属

春日井市　総務部　弁護士

愛知産業大学，名古屋学院大学，日本福祉大学　非常勤講師

2012年　弁護士登録

2014年　春日井市役所入庁

＜主要著作＞

「『情報公開請求権の権利濫用』の理論的分析と実務対応（上）（下）」自治実務セミナー655号，657号

「民法が変わる！自治体実務への影響とその対応　（第8回）法定利率」自治実務セミナー665号

Q&Aでわかる業種別法務

自治体

2019年11月15日　第1版第1刷発行

監　修　日本組織内弁護士協会
編　者　幸　田　　　宏
　　　　加　登　屋　　　毅
発行者　山　本　　　継
発行所　㈱中　央　経　済　社
発売元　㈱中央経済グループ
　　　　パ ブ リ ッ シ ン グ

〒101-0051　東京都千代田区神田神保町1-31-2
電話　03 (3293) 3371 (編集代表)
　　　03 (3293) 3381 (営業代表)
http://www.chuokeizai.co.jp/

© 2019
Printed in Japan

印刷／東 光 整 版 印 刷 ㈱
製本／誠　製　本　㈱

＊頁の「欠落」や「順序違い」などがありましたらお取り替えいた
しますので発売元までご送付ください。(送料小社負担)
ISBN978-4-502-31171-0　C3332

JCOPY〈出版者著作権管理機構委託出版物〉本書を無断で複写複製(コピー)することは,
著作権法上の例外を除き,禁じられています。本書をコピーされる場合は事前に出版者著
作権管理機構(JCOPY)の許諾を受けてください。
　JCOPY〈http://www.jcopy.or.jp　eメール：info@jcopy.or.jp〉

会社法・法務省令大改正を収録！

「会社法」法令集 第十一版

中央経済社 編 A5判・688頁

- ◆新規収録改正の概要
- ◆重要条文ミニ解説
- ◆改正中間試案ミニ解説

付き

会社法制定以来初めての大改正となった、26年改正会社法と27年改正法務省令を織り込んだ待望の最新版。変更箇所が一目でわかるよう表示。

本書の特徴

◆会社法関連法規を完全収録
☞ 本書は、平成17年7月に公布された「会社法」から同18年2月に公布された3本の法務省令等、会社法に関連するすべての重要な法令を完全収録したものです。

◆好評の「ミニ解説」さらに充実！
☞ 重要条文のポイントを簡潔にまとめたミニ解説。平成26年改正会社法と平成27年改正法務省令を踏まえ大幅な加筆と見直しを行い、ますます充実！

◆引用条文の見出しを表示
☞ 会社法条文中、引用されている条文番号の下に、その条文の見出し（ない場合は適宜工夫）を色刷りで明記。条文の相互関係がすぐにわかり、理解を助けます。

◆政省令探しは簡単！条文中に番号を明記
☞ 法律条文の該当箇所に、政省令（略称＝目次参照）の条文番号を色刷りで表記。意外に手間取る政省令探しもこれでラクラク。

◆改正箇所が一目瞭然！
☞ 平成26年改正会社法、平成27年改正法務省令による条文の変更箇所に色付けをし、どの条文がどう変わったのか、追加や削除された条文は何かなどが一目でわかる！

中央経済社